大师思想集萃

培根说

百味人生

〔英〕培根 著

高适◎编译

華中科技大學出版社
http://www.hustp.com
中国·武汉

图书在版编目（CIP）数据

培根说百味人生 /（英）培根（Bacon,F.）著 高适 编译.
—武汉：华中科技大学出版社，2012.9
（大师思想集萃）
ISBN 978-7-5609-8083-6

Ⅰ. 培… Ⅱ. ①培… ②高… Ⅲ. 培根，F.（1561 ~ 1626）—人生哲学
Ⅳ. B561.21

中国版本图书馆CIP数据核字(2012)第135274号

培根说百味人生
Peigen Shuo Baiwei Rensheng

（英）培根 著 高适 编译

总 策 划：杨志锋
策划编辑：闫丽娜
责任编辑：孙 倩 陈美鹿
封面设计：金 刚
责任校对：曾 婷
责任监印：张贵君
出版发行：华中科技大学出版社（中国·武汉） 电话：（027）81321913
武汉市东湖新技术开发区华工科技园 邮编：430223
印 刷：湖北新华印务有限公司
开 本：880mm × 1230mm 1/32
印 张：11
字 数：238千字
版 次：2018年1月第1版第6次印刷
定 价：35.00元

出版者的话

“大师思想集萃”系列丛书收入阿德勒、洛克、康德、弗洛伊德、罗素、尼采、荣格、培根、叔本华、马斯洛十位大师的智慧结晶，力图向读者展示大师们的思想精华，引领读者深刻理解人的本质、感悟人生真谛、关注生活现实、丰富自己的人生。

本丛书收集的作品，主要涉及思想大师们对人的本质和人生的深入思考和论述的内容，分为十卷，其中包括：

《阿德勒说自我超越》

《洛克说自由与人权》

《康德说道德与人性》

《弗洛伊德说梦境与意识》

《罗素说理想与历程》

《尼采说天才与灵魂》

《荣格说潜意识与生存》

《培根说百味人生》

《叔本华说欲望与幸福》

《马斯洛说完美人格》

为了适应读者的阅读要求，我们在编译的过程中，本着深入浅出、风格恬淡、常识与经典兼顾、推理与想象并用的原则，在保留大师经典思想原貌的基础上，依照从理论到实践的总体逻辑关系，对各大师的思想体系进行了梳理，并添加了部分标题。这样做，并非想完整而准确地概括大师们的学术思想体系，目的仅仅在于方便读者理解和接受大师的思想智慧，并与当下生存现实进行结合，自省、自励、自进。

我们建议读者阅读时，不必对各位大师的理论观点，句句视为经典、全盘吸收，同时明辨各位大师思想中的唯物与唯心、形而上学与辩证法之差别。我们乐意看到读者对此丛书进行批判性阅读，比较性借鉴，深思后践行。

在条件成熟时，我们会陆续推出大师们关于人与社会、自然的和谐发展，人的实践与约束等主题的作品。

本丛书编辑及出版事宜由本社“大师思想集萃”编辑组负责。出版此套丛书并非意味着本社赞同这些大师的所有思想和理论的立场、观点和方法。本社各位编辑同仁在编辑出版过程中付出了很多努力，希望本丛书的出版能得到广大读者的赞赏。

感谢广大读者的惠购、赏读！

华中科技大学出版社

2012年8月

序言

培根是英国与莎士比亚同时代的伟大作家，也是伟大的科学家、哲学家和政治家。他在许多方面都有显著的成就与表现，我们从这本书的字里行间，就可知道培根的成功是靠他的智慧。他把这些智慧写下来传给后人，对人类文化做出了巨大奉献。为了说明他在各方面的成就，我们得先从他的家世谈起。

1561年1月21日，培根生于英国伦敦。他的父亲尼古拉斯·培根爵士是伊丽莎白女王的掌玺大臣，培根后来也继承了父亲的爵位和官职。他的母亲安尼库克是爱德华六世的老师——安东尼库克爵士的女儿，她是尼古拉斯·培根的继室。培根家共有8个孩子，培根是最小的。培根小时候非常聪明，12岁就入剑桥大学攻读法律，16岁就派驻法国做见习外交官，工作两年后因父亲病逝，返回剑桥再学习法律。培根在他23岁那年成为国会议员，46岁当司法部长，57岁升任掌玺大臣——这时是詹姆斯一世王朝。当他61岁那年升到子爵时，因受贿案遭人指控而罢官，从此归隐田园，专门著书写作。1626年的4月，培根在伦敦雪地挖洞做冷冻鸟的实验，因高龄经不起风寒而一病不起，与世长辞，享年65岁。在成就方面，就文学而言，培根写下了许多论文，集印成册的有各种版本的《培根论文集》；就科学而言，他的《归纳法》、《学术的进步》和《新工具》对科学界的影响非常深远；他的《亨利七世传》既是历史著作，又是文学著作；他的《新大西洋》既是哲学著作，又是文学著作……不过，他最具代表性的著作应该还是《培根论文集》。

这本书可以说是培根一生智慧的结晶。我们在编译的过程中，为了满足读者的要求，对本书的后半部分内容，在原稿的基础上添加了部分标题，使读者更易于理解。

可以说，本书文字精练，行文流畅，深入浅出，风格奇突，常识与经典兼顾，推理与想象并用，与一般空想、肤浅的散文是截然不同的。我们可以从这本文集中读出培根的智慧，从而丰富我们的人生。

Contents
目 录

第一讲 幸福与人生

2 一、把握幸福的时机
4 二、父母与子女
6 三、婚姻与独身
8 四、爱情的得失
11 五、友谊与合作
16 六、顺境与逆境
18 七、友情的益处
24 八、养生与长寿
26 九、长寿与健康
28 十、情感研究与心理训练

第二讲 态度与人生

36 一、假装与缄默
39 二、大胆与冒失

41 三、迅速与效率
43 四、信任与疑心
45 五、愤怒与控制
48 六、性格与习惯
52 七、欲望与意志
56 八、煽动与纷扰
62 九、聪明与野心
66 十、残疾与心态
68 十一、礼节与仪容
70 十二、赞美与荣誉
72 十三、虚荣与自负
74 十四、光荣与声望
76 十五、理智与情感

第三讲　圈子与人生

80 一、帝国与君主
85 二、计议与策士
89 三、费用与理财
95 四、富国强兵之道
102 五、讲话的艺术
104 六、放债的利弊
108 七、从属与朋友

110 八、误解与分歧
115 九、高官重职
119 十、司法与国家
123 十一、权衡价值
131 十二、贵族的位置
133 十三、交涉与协商
135 十四、诉讼与辩护
138 十五、党派与中立

第四讲　科学与人生

142 一、无神论
145 二、迷信与宗教
147 三、历史、诗咏与哲学
158 四、自然科学与超自然科学
174 五、医药、医学与病症
182 六、技术与发明
193 七、语言与文字
201 八、知识传授

第五讲　智识与人生

206 一、对知识的误解
210 二、学问与政治
215 三、学问与学者
223 四、学问的三种病症

230 五、求知与学问
232 六、学问与品性
237 七、习惯与教育
239 八、读书与学问
241 九、社会知识与智慧

第六讲 性情与人生

260 一、慈善与性善
263 二、狡猾与聪明
269 三、改革与守旧
271 四、勇敢与鲁莽
273 五、善的差异

第七讲 艺术与人生

284 一、美的艺术
286 二、建筑与实用
290 三、庭园的设计
296 四、爱好与成就

第八讲 职业与人生

304 一、天性与职业
307 二、职业的缺陷

第九讲　假面与人生

314　一、关于真理
317　二、关于复仇
319　三、关于嫉妒
324　四、关于死亡
326　五、关于旅游
329　六、关于命运
331　七、关于青年与老年
334　八、关于革新
336　九、关于假聪明
338　十、关于狡猾

第一讲
幸福与人生

一、把握幸福的时机

二、父母与子女

三、婚姻与独身

四、爱情的得失

五、友谊与合作

六、顺境与逆境

七、友情的益处

八、养生与长寿

九、长寿与健康

十、情感研究与心理训练

一、把握幸福的时机

时机如同市场，只要你耐心地稍加等待，物价常会跌落。但是，情形有时候却像西比拉的买卖[①]。她最先送来的是完美的货品，如果你嫌价钱昂贵而不买，接下来她就会逐渐把货品减少，而仍索要原来所开的价钱，这便是时机，一旦失去便不会再来。正如古人所说："当时机把有发的头伸出而无人去抓时，回头它便伸出一个秃头来了。"或者说是时机传给你壶柄，而你不去接，等一下它便将壶腹转向你，叫你难以握住它。

所以，能在事情开始的时候准确地把握时机是最聪明的。乍看之下危险很小的事，其实是不小的。危险既会予人以威胁，又会欺骗人。有时候当危险尚未来临之时便迎向前去，半路将其截住，总比待在那儿眼巴巴地看着它逐渐靠近要好些，因为看久了，反而会对它无所恐惧。反之，当月光照在敌人的

① 西比拉曾将九本完整的法典卖给罗马王塔昆，塔昆嫌价钱昂贵，不肯接受。于是，西比拉毁弃三本，六本的价钱仍如原价，并问塔昆要不要，塔昆再度拒绝。接着，西比拉再毁掉三本，仅剩的三本仍是原来所开的价钱，再问塔昆要不要。这时，塔昆眼见宝典即将被全部毁掉，便以原来九本的价钱买下那剩下的三本法典。——译者注

背上，在我们的前面留下影子时，我们为影子所蒙骗，以为敌人已在眼前，因此便在敌人未到之时就轻易开枪射击，以致招来危险，这便是另一个极端的现象。时机成熟与否，一定要计算准确。对事情的开端一定要仔细观察，看准了就不可拖延。像地狱之神普鲁托那个隐身帽，固然是一个好的设计，但他成功的主要因素还是在于会守密与行事迅速。事情在执行时，守密不如速办，因为速办像是子弹在空中飞过，速度之快，人的肉眼是赶不上的。

善于在一件事的开端识别时机，这是一种极难得的智慧。例如，在一些危险关头，看来吓人的危险总是比真正压倒人的危险要多得多。只要能挺过最难熬的阶段，再来的危险就不那么可怕了。因此，当危险逼近时，善于抓住时机迎头痛击，要比犹豫躲闪更有利。因为犹豫的结果，往往会使你错过了克服它的机会。但也要注意警惕那种幻觉，不要以为敌人真像它在日光下的阴影那样高大，倘若在时机不到时过早地出击，结果反而会失掉获胜的机会。

总而言之，善于识别与把握时机是极为重要的。在一切大事业上，人在开始做事前要像千眼神那样考察时机，而在进行时要像千手神那样抓住时机。特别对于政治家来说，秘密的策划与果断的实行更是保护他的隐身盔甲。因为果断与迅速乃是最好的保密方法——要像疾掠空中的子弹一样，当秘密传开的时候，事情却已经做成了。

二、父母与子女

父母的喜悦隐而不宣，他们的忧虑与恐惧也都是这样。他们的喜悦无法以言语来形容，他们的忧虑与恐惧也不随便向别人透露。他们为孩子们辛劳而引以为乐，因孩子们的不幸而备感辛酸。他们因子女而增添了自己在生活上的忧虑与负担，但也因而减少了自己对死亡的挂怀与恐惧。虽然动物也都能传宗接代、延绵不绝，却只有人类才有记忆、功德和持续不断的伟大工作。有许多没有孩子的人对人类做了最有意义的工作，由于他们的肉体不能绵延下去，所以便把精力转移到努力创造事业上。因此，我们可以说，那些没有子女后嗣的人，才是最关心人类后代的人。

看重成家立业、光宗耀祖的人，对子女往往特别溺爱。因此，孩子不仅被看作是他们种族的延续，同时也被视为他们事业的继承人。于是，孩子既是他们的子女，又是他们生命力重现的个体。

父母——特别是做母亲的，对子女的爱都非常偏颇，而且父亲与母亲的爱差别很大，有时简直不合情理。所罗门说得好：“聪明的孩子使父亲高兴，愚笨的孩子使母亲担忧。”在孩子众多的家庭里，通常是较大的孩子获得重视，而较小的孩子则被宠坏，中间的孩子便易于被忽略，然而那些中间的孩子却常是最有出息的人。父母对子女在金钱方面不可太吝啬，不然，子女们便容易变得鄙贱或刁滑，或是与不正经的坏人交结，并且一旦他巨金在握或变得富有时，便会穷奢极欲，挥霍无度。所以，做父母的在金钱方面要保持权威，控制的尺度不可太紧。无论父母、师长或家属，他们都常会以一种傻而笨的态度去鼓励年幼的孩子之间互相竞争，结果孩子们成人以后便彼此不和，以致家庭中时起纠纷。意大利人对自己的子女和侄甥近亲都一视同仁，不分亲疏。由于血缘的关系，我们会看到，和我们有血缘关系的孩子像叔父或舅父的情况较多，而像自己父亲的情况反而较少。孩子因年纪轻，性情不稳定，兴趣容易改变，父母应该及早为他们择定一个适当的职业和一个发展方向。父母对孩子们的倾向不必太重视，别以为是他们性情所近的事他们就必定会做得大有成就。除非孩子们对某种事物特别感兴趣或倾向特别明显，这时当然还是要顺着他们的性情与天分去发展。不过，下面这句格言也有它的道理："选择那最好的，习惯会把它变得容易且有趣。"家庭中的小儿子通常最有成功的希望，按法令仅长子有继承权，小儿子没有继承财产的权利，于是他不得不凭借自己的力量，为自己开拓一条生存的道路。然而，如果他们的长兄失去继承权时，他们就未必会有所成就了。因为他们之中继承了财产的，则不愁衣食，自然便不求长进了。

三、婚姻与独身

人在结婚生子以后就像是给命运之神做了人质一般。因为妻儿使你牵挂，他们无形中成为你事业的包袱，你的许多计划和理想也都难以实现。的确，对公众有益的工作，无不是由独身或没有子女的人完成的，因为这些人的感情早就与大众相结合，他们一切也都奉献给了大众。但是，有子女的人，我们相信他们是最关心将来的人，因为他们会关心自己心爱的子女将来会如何。有的过独身生活的人纯粹是出于自私，他们只想到自身，不关心将来，他们觉得将来无关自己之事，有的则将妻儿视为讨债鬼。还有些愚蠢且贪婪的富人，竟然以子女多而洋洋得意，因为这样可以使他们显得更富有。他们或许会听到这样的话：“××真是个大财主。”但有人不以为然，插嘴说：“是的，可是他的子女很多呀！”好像有了子女就会使他们的财产分散或减少似的。

恪守独身主义者多半是为了要保持自由，特别是那些妄自尊大和性情古怪的人，他们对一切的约束都很敏感，甚至连腰带袜带都认为是犹如桎梏一般的束缚。独身者可能是最好的朋友、主人和仆人，但并非是最好的国民，原因是这种人无牵无挂，随时都可能远走高飞。所有的亡命之徒也大多是独身者。独身生活对于牧师倒是很合适的，因为这样他们的慈爱之心才会普惠世人。法官与地方行政官吏是否结婚倒不重要，如果他们有贪赃枉法和接受贿赂的行为时，下属与他们串通为恶的情况，比妻子与他们串通为恶的情况更多。对军人而言，结婚倒是好的，因为他们的长官可以拿他们的妻儿来提醒他们，他们便不敢胡作非为了。我想土耳其的下级军官之所以会变得更为卑劣，是因为他们不重视结婚。由此我们相信，妻儿会束缚一个人的行为。

独身的人在经济上固然显得较为宽裕，也较为慷慨大方，但他们会因为感情没有地方发泄而变得非常冷酷无情。因此，任命这种人去做严厉的审判官，倒是很合适的。能体贴妻子的丈夫大多是行为庄重的人，古希腊伊锡卡国王尤利西斯就是这样的人，人们说他是“不爱长寿爱妻子”。

贞节的妻子认为自己有贞节的美德时，常会变得骄傲而自以为是。如果一个妻子认为她的丈夫聪明，自然会对他忠实顺从；如果她对丈夫有了猜疑或嫉妒，那她就再也不会这样了。妻子是丈夫青年时期的爱人，壮年时期的伴侣，老年时期的保姆。所以，人们在任何时候都有结婚的理由。

但是，有人问希腊著名哲学家泰勒斯，一个人该在什么时候结婚，他却回答说：“年轻人不妨再等等，年老的人莫存此念头。”往往有些性情好的女人却嫁给了一个性情坏的丈夫，也许是因为她们认定自己的丈夫脾气坏，所以，如果她们的丈夫偶尔对她们和善些，她们就会认为那实在是难能可贵了。也许她们以能够容忍自己丈夫的那种坏脾气而引以为傲。有些女人不听亲友的忠告而选择一个坏丈夫，这样就更能表现她们容忍的美德，因为她们必须用这一点来为她们的愚蠢作辩护和掩饰。

四、爱情的得失

在剧场上比在真正的人生中更能看到爱情。因为爱情既是喜剧的题材，又是悲剧的题材。可是，在真正的人生中，爱情有时像是海上的女妖，有时又像是复仇的女神，老在那里搞恶作剧。你也许会说，古今的伟大人物中很少有为爱情而至颠倒发狂的地步，这也正可以说明伟大的人格与伟大的事业会摒除这种“脆弱的感情”。当然，也有例外，曾经统治过罗马帝国半边天下的马克·安东尼与罗马十大立法者之一的克洛迪斯就是两个明显的例子。安东尼固然是一个淫逸无度的人，但克洛迪斯是一个严肃而聪明的人。由此可见，脆弱的心灵固然容易让爱情闯入，而防御坚强守备不严的心灵，也会让爱情乘虚而入。人是造物主为创造高贵事物而创造出来的，然而，就如伊匹寇拉斯所说的一句不怎么高明的话：“人彼此之间都有好戏看。”这似乎是说，人除了跪在命运之神面前演戏以外，就别无他事可干。人类虽不会使自己像禽兽那样为嘴巴所驱使，却也甘心“你看我的戏，我看你的戏”，为眼睛所支配。但是，眼睛原是为了更高尚的目的而创造出来的，过度的热情会使人不顾事实真相而夸大其词。但说来也怪，在爱情方面，热情的夸张描绘很合适。热情不仅流露于恋人的言语之间，就是在他们的思想中也是这样的。有人说，谄媚不分大小，热情则有高低，一个恋人的热情是远超过一切的。一个人不管怎样骄傲，怎样自大，也不会像恋人那样，把他所爱的人捧到天上去。有句话说得好："人在恋爱中是不会聪明的。"这种弱点别人看得非常清楚，恋爱中的人自己却觉察不出来。

如果只是单相思，那么，被爱的人就会把这种情况看得较为清楚。爱情原本就有这么一个现象：如果对方不以同样的感情对待你，那就是在暗地里轻视你，这可以说是颠扑不破的道理。因此，人们对这种感情必须特别小心，因为它不仅会使你失去其他的东西，而且连爱情本身也会失去。荷马在《伊利亚特》和《奥德赛》中，对一个人因爱情而失去其他东西这一点，在故事的开端就写得很透彻。帕里斯选择了爱与美的女神阿芙罗狄忒，并接受了恩赐的美女海伦，于是他把财富女神朱诺和智慧女神雅典娜的礼物丢弃了。所以，凡对爱情过于重视的人都很容易丧失他的财富和智慧。

不管是处于顺境还是逆境，人们在脆弱的时候，这种热情最易泛滥成灾，只是在逆境中，这种热情不太引人注意罢了。因为顺境与逆境都易煽起爱情的烈焰，所以爱情是愚蠢的产物这一点也就由此更加显现出来了。如果不可避免地要发生爱情，那也要有所节制。也就是说，恋人要将爱情与生命中其他重大的事情分开，否则，一旦爱情干预到其他方面的事情时，那便会使他们的幸福丧失，因为他们再也不能实现他们过去的目标了。英勇的军人总是沉迷爱情，这一点我总是不明白，想必这与他们沉迷美酒是一样的道理，因为冒险总是以失去快乐为代价的。人们的天性中已暗藏爱别人的意向与动机，这种感情如果不是爱某个人或某几个人，便会倾向于大众，于是他们的爱转变为仁慈与博爱，我们所见到的有的僧侣便是这样的人。婚姻的爱使人类延续不绝，朋友的爱使人类臻于善境，淫逸的爱则使人类败坏堕落。

五、友谊与合作

古人曾说："喜欢孤独的人不是野兽便是神灵。"没有比这句话更把真理与谬误混为一谈的了。如果说，当一个人脱离了社会，甘愿遁入山林与野兽为侣，那么他是绝不可能成为神灵的。尽管这样做的目的，好像是要到社会之外去寻求一种更高尚的生活，就像古代的埃辟门笛斯、诺曼、埃辟格拉斯和阿波罗尼奥斯那样。

有些人之所以宁愿孤独，是因为他们在没有友谊和仁爱的人群中生活，那种苦闷犹如一句古代拉丁谚语所说："一座城市如同一片旷野。"人们的面目淡如一张图画，人们的语言则不过是一片噪音，这使得他们宁可逃避也不愿进入社会。

由此可以看出，人与人的友情对人生是何等重要。得不到友谊的人将是终身可怜的孤独者，没有友情的社会则是一片繁华的沙漠。因此，那种乐于孤独的人，其性格不是属于人而是属于野兽的。当你遭遇挫折而感到愤懑抑郁的时候，向知心挚友倾诉可以使你得到开导，否则这种积郁会使人致病。医学告诉我们，"沙沙帕拉"可以理通肝气，磁铁粉可以理通脾气，硫黄粉可以理通肺气，海狸胶可以治疗头昏。然而除了一个知心挚友外，却没有任何一种药物可以舒通心灵的郁闷。只有对朋友，你才可以尽情倾诉你的忧愁与欢乐、恐惧与希望、猜疑与劝慰。总之，那压在你心头的沉重的一切，通过友谊的肩头都被分担了。

正因为如此，连许多高高在上的君王也不能没有友谊，以至于许多人宁愿降低自己的身份去追求它。

本来君王是不能享受友谊的。因为友谊的基本条件是平等，而君王与臣民的地位太悬殊了。于是，许多君王便不得不把他所宠爱的人提拔为“宠臣”或“近侍”，以便与他们亲近。罗马人称这种人为“君王的分忧者”，这种称呼恰如其分地道出了他们的作用。实际上，不仅那些性格脆弱、敏感的君王曾这样做，就连许多性格坚毅、智勇过人的君王，也不得不在他的臣属中选择朋友。而为了结成这种关系，他们是需要尽量地忘记自己原来高贵的身份的。

罗马的大独裁者苏拉曾与庞培结交。有一次，苏拉竟容忍了庞培言语上的冒犯。庞培曾当着苏拉的面夸耀自己说：“崇拜朝阳的人自然多于崇拜落日的人。”伟大的恺撒大帝也曾经与布鲁图斯结为密友，并把他立为继承人之一，结果这人恰好成为诱使恺撒堕入圈套而被谋杀的人。难怪安东尼后来把布鲁图斯称为“恶魔”，仿佛他诱惑恺撒的魅力是来自一种妖术似的。

毕达哥拉斯曾说过一句神秘的格言：“不要损伤自己的心。”确实，如果一个人有心事却无法向朋友诉说，那么他必然会成为损伤自己心的人。实际上，友谊的一大奇特的作用是：如果你把快乐告诉一个朋友，你将得到双倍的快乐；而如果你把忧愁向一个朋友倾吐，你将被分掉一半的忧愁。所以，友谊对于人生，就像炼金术士要寻找的“点金石”一样，它能使黄金加倍，又能使黑铁成金。实际上，这也是一种很自然的规律。在自然界中，物质通过结合可以得到增强。而人与人难道不也是如此吗？

如果以上所说已证明友谊能够调剂人的感情的话，那么友谊的又一种作用则是能增进人的智慧。因为友谊不但能使人走出暴风骤雨的感情世界而进入和风细雨的春天，而且能使人摆脱黑暗、混乱的胡思乱想而深入光明与理性的思考。这不仅是因为一个朋友能给你提出忠告，而且因为任何一种平心静气的讨论都能把搅扰着心头的一团乱麻整理得井然有序。当人把一种设想用语言表达出来的时候，他也就渐渐看到了它们可能招致的后果。有人曾对波斯王说：“思想是卷着的绣毯，而语言则是张开的绣毯。”所以，有时与朋友一小时的促膝交谈可以比一整天的沉思默想更能令人变聪明。

其实，即使没有一个能对你提出忠告的朋友，人也可以通过语言的交流而增长见识。讨论犹如砺石，思想好比锋刃，两相砥砺，将使思想更加锐利。对一个人来说，与其把一种想法紧锁在心头，倒不如把它倾吐出来，哪怕倾吐给一座雕像，也是多少有点益处的。

赫拉克利特曾说过：“初射之光最亮。”但实际上，一个人自身所发出的理智之光，往往会受到感情、习惯、偏见的影响而不那么明亮。俗话说：“人总是乐于把最大的奉承留给自己。”而友人的逆耳忠言恰好可以治疗这个毛病。朋友之间可以从两个方面提出忠告，一是关于品行的，一是关于事业的。

就前者而言，朋友的良言劝诫是一味最好的药。历史上的许多伟人，往往由于在紧要关头听不进朋友的忠告，而做出后悔莫及的错事。尽管人也可以自己规诫自己，但毕竟如圣雅各所说："虽然照过镜子，可终究是忘了原形。"

就事业而言，有些人认为两双眼睛看到的未必比一双眼睛看到的更多，或者以为一个发怒的人未必没有一个沉默的人聪明，或者以为毛瑟枪不论是扛在自己肩上，还是支在一个支架上都会打得一样准。总之，他们认为有没有别人的帮助，结果都一样。但这些其实是十分骄傲而愚蠢的说法。在听取意见时，有人喜欢一会儿问问这个人，一会儿又问问那个人。这当然比不问任何人好，但也要注意，在这种情况下会有两种危险：一是这种零敲碎打来的意见可能是一些不负责任的看法，因为最好的忠告只能来自诚实而公正的友人；另外，这些不同来源的意见可能会互相矛盾，使你莫衷一是，不知所从。比如，你有病求医，这位医生会治这种病却不了解你的身体情况，结果服了他的药，这种病虽然好了，却又使你得了另一种病。所以，最可靠的忠告也还是只能来自最了解你事业情况的友人。

友谊对于人除了以上所说的这些益处外，还有许多其他方面的益处，这些益处多得如同一个石榴里的果粒，难以一一细数。如果一定要说的话，那么只能这样说：只要你想想一个人一生中有多少事务是不能靠自己去做的，就会知道友谊有多少种益处了。所以古人说，朋友是人的第二个"我"。但这句话其实还不够，因为朋友的作用比这一个"我"要大得多！

人生是有限的。有多少事情人还来不及做完就死去了。

但一位知心的挚友，却能承担你未做完的事。因此，有一个好朋友实际上是使你获得了又一次生命。人生中又有很多事，是一个人所不便自己出面去办的。比如，世人为了避免自夸之嫌，很难由自己讲述自己的功绩。人的自尊心又使人在许多情况下无法低首去恳求别人。但是，如果有一个可靠而忠实的朋友，这些事就可以很妥当地办到。又比如，在儿子面前，你要保持父亲的身份；在妻子面前，你要考虑丈夫的脸面；在仇敌面前，你要维护自己的尊严。但朋友，就可以全然不计较这一切，而就事论事、实事求是地替你出面主持公道。

由此可见，友谊对人生是何等重要，它给你带来的好处是无穷无尽的。总而言之，当一个人面临危难的时候，如果他没有任何可信赖的朋友，那么我只能告诉他一句话——那就自认倒霉好了！

六、顺境与逆境

罗马散文家辛尼卡以大儒学派的口气说了一句名言："顺境中的好事为人们所期望，逆境中的好事则令人们惊奇不已。"如果说奇迹能支配天命，无疑地，因为奇迹之事多半出现在逆境中。辛尼卡还有一句较深刻的名言："一个真正伟大的人同时具有人性脆弱的一面与神性安全的一面。"这种诗的语言显得尤其优美，超越性的意境常蕴藏在诗句中，其实诗人一直在忙于描述神秘的事物。希腊神话中说海克里斯是怎样地"乘着一个泥壶渡过重洋，去救释偷火种给人类的英雄普罗米修斯"，把这个以脆弱的小身躯用基督徒的毅力和决心，渡过世间惊涛骇浪的过程描写得十分生动。

一般说来，顺境的美德是节制，而逆境的美德则是坚忍。从道德的观点来说，坚忍是更勇敢的德行。《旧约》中视顺境为神所赐的福，而《新约》里则视逆境为神所赐的恩。神所赐的恩比神所赐的福含有更大的仁慈，并且更明白地显示了造物主的恩宠。如果你倾听《旧约》中大卫的竖琴声，你所听到的除了颂乐之外，还有无数的哀音。在《旧约》中，对约伯苦难所做的记载远比所罗门的福祉更多。在顺境里也有许多可怕的和不能称心如意的事情，而在逆境中不能说完全没有慰藉与希望。当我们看到妇女在沉重色调的布面上绣出明艳的花样时，比看到在鲜明的布面上绣出颜色沉重的花样更觉得赏心悦目。眼睛寻求这样的快乐，心灵所企求的快乐更可想而知了。

因此，德行同高贵的香料一样，越是压挤研磨，就越能散发出香味来，这是由于顺境易于暴露罪恶，而逆境更能显现德行的缘故。

七、友情的益处

“喜欢独居的人不是野兽就是神仙。”亚里士多德这番话概括和总结了孤独的人的特性。生来就不喜欢与人交往的人，说他有几分兽性，倒也是真的。可是，说他有几许神仙特质，倒也未必，除非这个人比较希望或喜欢做个曲高和寡的人，就像某些不信宗教的人，如克利特诗人埃匹门尼迪斯、传奇性的罗马皇帝奴马和希腊哲学家毕达哥拉斯的信徒亚波洛尼厄斯，以及古代的隐士和神父。然而人们并不了解孤独的真义和范畴。拥挤的人群并不是友好的伙伴，擦肩而过的面孔也无非是个画像，没有友情，相互之间的攀谈只不过是铙钹发出的噪音。有句拉丁谚语说得好：“一个大城镇就是一个孤寂的大地方。”因为在大城镇里，朋友是分散的，大都没有像较偏僻的地方那样敦亲睦邻。我们可以进一步说，没有真正的朋友的世界只是广漠的荒野。就孤独本身来说，凡是天生不会交友的人便带兽性，而非人性。

友情主要的益处是能将心头萦绕的种种心事向朋友充分表露或和盘托出。我们知道，阻塞和窒息是身体上最危险的病症，在精神上也是一样。你可以用肝精养肝，用富含铁的东西养脾，用杏仁养肺，用海狸香精养脑，但是除了真正的朋友之外，没有任何良方可以医治你的心灵。对朋友，你可以用真切的忏悔或自白来表达你的忧愁、快乐、希望、疑虑、忠告，以及压在心头的任何情绪。

说也奇怪，君王和独裁者也非常重视友情，他们不顾本身的安全与尊严，常一而再、再而三地去争取友情。就君臣这方面来说，除非臣仆都很能干，君王会罗致几个和他们智慧相当的人来做朋友，但常因地位的差距而不能产生友情。这种人现在的语言称为亲信或宠臣，意思似乎是恩宠或谈话的对象。但是，罗马人称他们为“患难与共的人”，这说明一种关系和友情。显然，不仅软弱而多愁善感的国君会这样，就是最精明能干的统治者也常会这样做。

当苏拉统治罗马时，他起用庞培（后来继位称帝），后来庞培因权势过高而成为苏拉的对手。他对苏拉的规劝使得苏拉能够听从，因为他采用的方法常常是赞美而不是打击。再有，就恺撒来说，布鲁图斯也是享有这样特权的人，恺撒在他的遗言中也明确指定布鲁图斯是他自己侄儿以外的继承人，这种大权的旁落是置恺撒于死地的主要原因。恺撒曾有几次不祥的预兆，恺撒的妻子卡尔普尔尼亚也有这样不祥的预兆，比如，恺撒想解散元老院，布鲁图斯便轻轻把他从座椅上拉到一旁，劝他等卡尔普尔尼亚决定之后再说。从这里，我们可以看出他的确很得宠，所以西塞罗在演讲词中一字不改地引用安东尼的话，称布鲁图斯“是妖冶的女人，把恺撒迷惑了”。另一位罗马皇帝西维拉斯与他的护卫统领普洛汀纳之间的友谊更是密切。西维拉斯强迫他的长子娶普洛汀纳的女儿为妻，又常庇护普洛汀纳而辱骂他的儿子，且致函给元老院说：“我要推崇这个人，愿他长生不老，后我而终。”如果在这些帝王中有一位像明君罗马皇帝屈简或罗马皇帝倭利留斯那样伟大的人，我们也许要大为称赞的是他们的智慧。他们不仅贤明，且意志坚定、热爱生命，但他们仍觉得自己的幸福是残缺的（其实他们是极其幸福的人），还必须有一个朋友，这样他们才认为幸福是完整的。虽然他们都是有妻室儿女的国君，但与朋友不能不结下情谊。

一位法国历史学家兼政治家科明牛对哈迪公爵做了深一层的观察，他说哈迪公爵从不把心事告诉别人，尤其是极为困难的事。后来他认为哈迪公爵的缄默的确对他的智力有损。如果愿意的话，科明牛也大可以批评第二任君主路易十一，他缄默不语，简直是在折磨自己。希腊哲学家毕达哥拉斯曾说了一句隐晦的话：“不要吃掉你自己的良心。”的确，将这句话说得明白而刻薄些，那些没有朋友安慰的人，就是吃掉自己心肝的人。不过，有件事是值得一提的（我就用这件事来把友情的第一种益处做个结语），向朋友倾诉心事会产生两种效果：可以使快乐加倍，也可以使忧愁减半。凡是把自己愉快的事告诉别人的，无不更感到快乐；凡是把自己不愉快的事告诉朋友的，无不忧愁倍减。这的确是一种医治心灵的手术，犹如炼丹者的药石，有时以毒攻毒。然而，不必求助于炼丹者，我们也可以在自然现象中找出明显的例证，因为就自然界的事物来说，二物合并可以增强力量，也可以产生活力。从另一方面说，二物结合可以减少或消除相异性，对心灵来说，也是这样。

友情的第二种益处就是使我们的理智健全而优异，正如第一种益处对于感情一样。在感情方面，友情能使内心从暴风雨中拨云见日；在理智方面，友情能使思想从黑暗昏眩中理出头绪来。这不仅是因为朋友的忠告，在一个人心烦意乱时，与朋友聊聊天，也可使纷乱的思绪理出条理来，而使人变得聪明些。也就是说，谈话一小时的收获，比思索一天的收获来得多。雅典政治家塞米斯克里斯对波斯王曾说过这样精辟的话："语言好比缀锦的花毡，把它摊开来展示，花样鲜明夺目，思想却像是包扎起来的东西。"就启迪理智而言，友情的益处不限于忠告（当然良友的忠告是最好的），即使没有忠告，也可互相切磋琢磨。总之，我们宁可把心事向一具雕像或一幅肖像倾诉，也不要闷在心里。

现在再为友情的第二种益处做补充说明。希腊哲学家赫拉克里塔斯有句隐语说得好："正直的见解永远是最好的。"的确，从朋友那儿得来的忠告，其中的见解总是比我们自己的高明，因为我们自己的见解常为感情或习俗所影响。朋友的忠告与自己对自己的忠告，这之间的差别犹如忠言与谀辞。世间善于阿谀的人莫过于我们自己，补救阿谀的办法莫过于朋友的忠告。忠告有两种：一是关于态度的，一是关于事业的。能使朋友的心灵健全的首先是忠告，它唤起对自我严格的检讨，就像一种药剂因过分刺激而有侵蚀性。阅读伦理之类的书则嫌单调死板，观察别人的过失，可借别人的过错警惕自己，但有时也未必适合自己的处境。最好的药方就是朋友的规劝。许多人因缺乏朋友的规劝而铸成大错，做出非常荒唐的事来，损害了名誉和财产，正如圣·杰姆斯所说，他们好像照镜子的人，顷刻之间就放大了自己的形象。谈到事业，一个人或许自以为是，常常看不到自己的弱点，是当局者迷旁观者清。当然，能够看重自己也是件非常重要的事。但是，忠告能使事业顺利发展。接受忠告的方式有很多，比如集思广益，这样做也可能遭遇两种危险：一是除忠实的朋友外，他或许得不到忠告，因为给人以忠告的人毕竟是少数，且要诚恳去征询；另外一种危险是他所得到的忠告立意虽好，但也许有害或不安全。换句话说，忠告可能是祸患，也可能是良药。就像你请了一位医生，你以为他能医治你的病症，而他对你的身体状况并不了解，这位医生一方面很可能会把你的病暂时医好，另一方面则损害了你的健康，结果他既医治了你的病，又伤害了你。但是，熟悉你事业状况的朋友，会注意如何使你的事业顺利进行。因此，不要听散漫而无全局性考虑的忠告，他们无异是在使你分心，使你迷惑，非但不能指导你，反而使问题越变越复杂而不能解决。

友情的益处除了这两种（感情方面的宁静与理智方面的支持）外，还有另外一种，就好像石榴，里面全是果核。这是说，朋友可以在一切活动或任何场合中帮助我们，他们也可参与其中。想要明白友情的多种功能，不妨看看有多少事无法亲自处理，而后我们就会明白古人所说的“朋友就是另一个自我”并非完全对，因为朋友不只是另一个自我。世上有许多人已经撒手人寰，却留下许多热切的愿望未能实现，如希望完成某种工作等。如果有一个真正的朋友，他就可以安心瞑目，因为这些事情在他死后会有人为他继续办到。所以，在实现我们的愿望方面，我们似有两种生命。我们只有一个躯壳，而且这个躯壳只限于一个地方。然而我们有朋友，人间的一切事情无不可以借朋友之手而实现。有许多事我们自己不好说出口，且不便去做的，可请朋友代行；对于自己的功劳不便自夸，也不肯随便叫别人去说，这时朋友则可代为言说。这类的事还有许多。再就是如果我们有了许多无法摆脱的关系，别人就不能抹杀它的存在。对儿子，我们只能以父亲的身份说话；对妻子，我们只能以丈夫的身份说话；对仇人，我们也不能不考虑身份说话。但是，朋友会代替我们，他可以不顾及刚才所说的那些关系而能因地制宜地说出真相。这类琐碎的事情太多了，我只提供了原则。我的意思是说，如果一个人不能很恰当地去担任一个角色，同时又没有朋友的话，他就可以下台而不必再演这个角色了。

八、养生与长寿

我们常发现某种食物吃了对身体有益，某种食物吃了则对身体有害，这种自我体验与观察的智慧，倒是一种医疗原则之外的好办法，也是最好的养生之道。我们常这样说："这东西吃了不会有什么不好，所以我可以吃。"但是，如果改成这样说会更妥当些："这东西吃了对我的身体不好，所以我不要吃。"

我们年轻时身体强壮，做什么事都容易犯下过度的毛病，但是到上了年纪时就不得不偿还这笔体力透支的债务了。年纪是不能拿来赌气的，当你上了年纪时就不可以去做你年轻时能做的事，这点要特别留意。

在饮食方面，如果因身体的原因，必须将主食改用另一种时，副食也应该予以配合而改变。日常生活与国家大事的改变是同样的道理，多种配合的改变总比单一的改变更稳当可靠。你最好时常对自己的饮食、睡眠、运动和衣着等各方面加以检查。如果发现你的某种习惯有害，你就得设法逐渐改掉它。但是，如果你的习惯改掉之后，你顿感不适的话，那还是把它恢复过来为好，因为即使改掉那种习惯是对健康有益的，而身体不能适应，那就不如不改。要辨别出什么才适合自己也不是一件容易的事。

最理想的长寿法则是，在饮食、睡眠或运动的时候，排除思虑，放松心情，保持愉快的精神。嫉妒、疑虑、烦恼、愤怒、焦虑与郁闷都要避免。心中要充满希望，如果高兴，最好放声大笑；娱乐不可过度，并且要有变化；要多欣赏美好的景物，探索新奇的事物；多阅读可以增长见识的书籍，如历史、小说和自然科学等。

在未生病的时候对药品要有些认识，这样在生病时就不会感到无所适从。饮食要配合时令，药品不可固定服某一种，如果既成习惯，则另当别论。配合时令的饮食较能增进健康、减少疾病。身体有什么不适，要马上去看医生，不能忽视。生病时方知健康最重要，健康时最重要的是运动。一个人平常如果能注意锻炼身体，一旦生病，如果病情不是太严重，大多数情况下只要注意饮食和作息便能康复。塞尔萨斯是一位医学专家，学识非常渊博，他为我们定下了高明的养生之道："在生活方面，我们确实会做出一些反常的事，以求调节、变换生活，但要多偏重有益的方面才是。"我们有时禁食，有时饮食，但吃饱是很重要的。睡觉时以沉睡较好。我们有时坐卧，有时运动，但运动是最为有益的。只要保持身体健康，自然不易感染疾病。

有的医生过于顺从病人的脾气，不急着给他们真正的治疗；有的医生却又呆板地按顺序对病人进行医治，而不去注意病人的情形。请医生最好是请这两种之间的。如果请不到这样的医生，那就将两种医生都请来。但要记住，请医生要请医术高明，又对自己身体状况有所了解的。

九、长寿与健康

人怎样才能长寿，这并非完全决定于医学。人对生理卫生的了解，也是最好的保健药品。对于一种欲望，如果人能断定“它对健康是不利的，因此我应该戒除它”，肯定比断定“它对我好像没什么害处，可以放纵它”要安全得多。要知道人在身强力壮的青少年时代所养成的不良嗜欲，将来到了晚年是要一并结算总账的。人要注意自己年龄的增长，不要以为自己永远可以做与过去相同的事情，因为岁月的确是不饶人的。如果需要改变一种饮食习惯，那么最好对饮食重新全面地调整一下。因为大自然中存在一条规律，就是改革一部分不如改革整体。当你在饮食、睡眠、运动等方面试图采用一种新的生活方式时，要注意循序渐进，不要操之过急，以免适应旧习惯的身体不能适应新方式。

经常保持心胸坦然、精神愉快，这是延年益寿的秘诀之一。人尤其应当克服嫉妒、暴躁，以及埋在心里的怒火、积郁不解的愁思、无节制的狂欢、内心的隐痛等。人应当经常保持一种怀有希望、愉快、明朗、朝气蓬勃的精神状态，从事一些对身心有益的学问的思考——如阅读历史、格言或者观察自然等。

无病时不要滥用药物，否则疾病降临时，药可能就不生效了。但也不要忽视身体的小毛病，应当注意防微杜渐。当有病时，就要努力恢复健康。健康时，则应当经常进行体育锻炼。许多体力劳动者在生病时容易较快地恢复健康，说明锻炼对增强体质是多么重要。

古人认为增强体质的方法之一，是设法适应两种相反的生活习惯。但我认为最好还是加强对生命有益的习惯——例如禁食与饱食，还是以饱食为好；失眠与睡眠，还是以睡眠为好；静止与运动，还是以运动为好。当然古人的说法也是有些道理的，因为进行广泛的锻炼是能够改善人的适应能力的。

有些医生很放纵病人，而有些医生则要求病人绝对服从自己。这两种医生都不好，理想的医生应当是介于二者之间的。在选择医生的时候，还要注意，医生的名望固然很重要，但一个了解你身体情况的医生则可能是最好的。

十、情感研究与心理训练

还有一件事是关于情感的研究。同对身体用药一样，我们应该先了解身体，其次了解各种病症，最后了解各种治疗方法。至于针对心理用药，在知道了人的性情的各种特质以后，其次就该知道心理的各种疾病，那无非是情感激动与扰乱。古代民主国中的政治家常把人民比作海，而把演说家比作风。因为如果没有风的吹动与扰乱，海自身是平静的；人民，如果没有那些煽动性的演说家来扰乱他们，也是平和与驯良的。所以我们可以很妥当地说，人心的本质是平静与止息的，如果情感不像风那样把它鼓动起来。在此处，同前面一样，我又觉得奇怪，亚里士多德写了好几册的《伦理学》，而从没有论到情感——伦理学的主要论题。而在他的修辞学中，情感只是附带的在次一级的地位被研究，他却论到了它们，并且，还把它们处理得很好，看来它们只限于这点篇幅。但在它们正当的所在，他把它们剔除了。因为不是他的关于快乐与苦痛的论辩就可以满足这种研究的要求的，如同我们不能概括说处理光的性质，就是处理色的性质一样。因为快乐与苦痛的各种情感是同光一样的。在这个题目上，我认为坚忍派的工作效果较好，我们可以在他人的记述上看出来。或者还是同他们一般的讲学态度一样，就是只在辨析的精微上，而不是在实际与详备的说明及意见的发挥上。同样，我看到有讲到几种情感的优美的著作，如论愤怒、论遇到诡异事件的慰藉、论羞怯与其他。但是诗人与历史的著作者是这种学问的优良教师，在他们的著作中，我们看到他们很逼真地描写出情感是怎样被激起与怎样被平静地抑制下去，它们是怎样呈现出来、怎样运用、怎样互补、怎样蓄积与增加力量、怎样在一个里面又包含一个，它们又怎样互相冲突与此消彼长及其他诸如此类的各种情形。最后的一种，在道德与政治事件上尤为有用。比如，怎样使一种情感抵制另一种情感，怎样使一种情感克服另一种，就像禽兽那样，这些禽兽，要不是如此，恐怕我们是不能这样容易就获得的。政治组织所凭以维系赏与罚的极好的运用，就建立在这种基础上。用恐惧与希望这两种最有力量的情感来压抑与控制其余的情感。

现在我们讲到自己所能支配，在心理上有一种力量与影响，可以左右意志、嗜欲与改变品性的那些事项。其中，哲学家应该研究习惯、示范、仿效、求胜、伴侣、朋友、称赞、责备、劝勉、名誉、法律、书籍。这些都是在伦理学的书籍中有确定用处与可以影响心理的东西，而可以用来恢复或保持心理的健康与良好状态的药方，也就是由这些东西组成的。在这里，我们详细地讨论一两个作为例子，如要把它们都讲到则太费篇幅了，因此我们就把“习惯”再提出来讲一下。

我认为亚里士多德的见解是一种疏忽的见解，他说习惯不能改变天然生成的性质。他以下面这件事为例：假如有人把一粒石子向上抛掷一万次，那石子并不会因此就自己上升，而我们也不会因常常听、视，听力与视力就比以前进步。虽然在绝对受自然支配的东西上，这个原则是正确的，但在自然可以容许有一点改变的东西上，就不然了。他或许可以举以下事例：一只紧的手套，用久了是会变松的；一根拐杖，是可因使用而向着与它生就的不同的方向弯曲的；我们因为常说话，可以说得更响亮；而我们因为受惯了冷热，对冷热更能够忍受。诸如此类，与他所讨论的品性问题更相关，要比他所举的那些例子更来得合适一点。但是，如果承认了他的结论，就是说，德行与恶行无非都是习惯，那么，他更应该教人怎样去监督这种习惯。因为对心理做适当的调整与运用的规则，是与对身体作适当的调整与运用的规则一样的。

如果你要做的事并非你主要目的所在，而只是次要的，你就会更愿意去做，而且更觉得有趣与快乐，因为心理对必要与强迫有一种必然的嫌恶。此外，还有许多其他关于处理习惯的真理。习惯依着这些真理养成了，真可谓第二天性，但是，如果还是受着或然的支配，却常会变成一个自然的模拟者，生出那些残缺与伪装的东西。

所以，如果我们要讨论书籍与研究，和它们对于品性有何影响，不是有关于那些事件的各种很仔细的指导规则吗？不是有一个基督教的作家很愤慨地把诗叫作“恶魔的酒”吗？因为它增加了诱惑，带来了心神的扰乱与虚妄的见解。亚里士多德的意见不是有关注的价值吗？他说青年人不是适合道德哲学的聪明的人，因为他们还没有从他们情感的沸热中沉静下来，也没有受到时间与经验的磨炼。古代作家那些很好的书籍中都谈论“这些著作”，因为它们不是为人在成熟与沉静的时候所诵读与思考的，却几乎专供儿童与初学者诵读，所以于生活的改进上奏效如此小，不就是因为这个缘故吗？这不也是正确的吗？青年人在宗教与道德中还没有充分的历练之前，对政治事项是更不适宜的听者，怕的是他们判断不正确，会把事物认为除了利用与幸运外，没有真正的差别，如这句诗说的那样，“成功的罪恶就叫作德行”，同这一句，“为了同一罪恶，一个人得了绞刑，一个人得了王冠”。诗人说这些话是讽刺的，为了德行怀着愤慨，但是政治的书籍是以严肃与明白的态度来说的。马基弗利这样说：“如果恺撒是被打倒的，他比凯替林还要可憎。”好似一个极端贪婪与嗜杀的人与世上最优越的人之间，除了幸运更无其他的区别可言。还有，就在伦理学的书籍里面，不是也有同样应予警戒的地方吗？不然的话，他们会把人弄得太拘泥、傲慢和与时代不合。同西塞罗说凯图那样：“他崇高的德行是他所固有的，他的短处不是出于他的天性，却是由于他所受的教育。”关于由研究灌注于品性的那些特性与效果，还有许多别的真理与指示。我们在道德理论开端的时候已经列举过的其他各项，如伴侣、名誉、法律等，其用处也都是这样的。

但是有一种心理的训练方法看来是要比其余的更贴切与细密，它是建立在这种基础上：人的心理，有时是较为完善的，有时则处于较为污坏的状态中。所以这种方法的目的是维持心理完善的时候，消灭与去掉坏的。有两种方法曾经用来维持那好的和永恒的决心、遵守或习用。这些都应该重视，不在它们的本身而在它们能使心理在持续的服从中。消除坏的也常以两种方法来实行，对已往的补偿或救赎，对未来的一种开始或新纪录。但这一部分看来似乎属于宗教，而且是应该如此的。因为凡是好的道德哲学（像曾有人说过的那样），无非是宗教的侍婢。

在所有的方法中，最为扼要的，而且是把心理引回到德行与好状态的最高尚的与最有效的方法，就是把一个人在生活上可以为他的能力所达到的好的目的选出来向他自己提出来。如果我们假定两件事情，那就是，一个人有志于正当与好的目的，而且对那些目的的实现是有决心、道德操守与真意的，那么，他自然会同时求适于各种德行。这正像是自然的工作。而同时其他的方法就像手头的工作。如同雕刻家在刻造一个人形的时候，他只把现时正在做着的部分刻造成某种模样，在他正刻面部的时候，仿佛那要作为身躯的部分还是一段糙石，等他做到那一部分为止。但是自然在造成一朵花或一种生物的时候，却不是如此，它在同样的时候，把各个部分都造成了。同样，要想凭习惯来养成德行，当一个人在厉行节制的时候，他并不能使坚忍或相类的德行得到多大的进步，但在他致力于好的目的时，凡是因他要想达到这种目的而觉得应该注意的任何德行，他都有一种潜在的倾向来使他遵依。这种心理状态，亚里士多德曾经很好地说明过，他说这不应该称为德行，却应该把它称为神圣的。他这样说："把那种超越人伦的神圣或英杰'亚神'的德行与兽性的罪恶对等，是很自然的。"他又说："同我们不能说兽类是恶或善一样，我们也不能说神是恶或善，神的境界是与善不同的一种东西，同兽的境界与恶不同一样。"因此我们可以看出普林尼在图拉真安葬时的演说，"实是当面致图拉真的赞词”里面把何等的荣誉归于图拉真。他说：“人除了要继续得到同图拉真一样的主宰外，对于神不必再有别的祈求。”仿佛他不仅是神的性情的一种模拟，并且还是神的一种典范。但这种还只是异教时代非神圣的讲话，只有心理神圣状态的一点影子。宗教与神圣的信仰“基督教”是把博爱印在人的灵魂上，来把他们引向这种心理的神圣状态的。这种博爱很恰当地被称为“全美之束”，因为包罗了全部的德行而把它们扎缚在一起。色诺芬曾很优美地论肉感的爱，无非是神圣的爱的一种虚伪的模拟，“爱是比一个用着左手，‘拙劣’地以诡辩教人者更好的教师”。就是说，爱能够比“以诡辩教人者”把人教得举动更为得当。他称那种人为“用着左手的”，因为有了那么多的规则与教训，他还是不能这样巧妙地“善用他的右手”或容易地教一个人知道自重与自律，同爱所能做的那样。同样，如果一个人的心是真为博爱所燃着了，博爱确能比一切道德哲学的教训更有效地把他忽然提升到更高度的完美。同博爱相比，那些道德哲学的教训不过是一个诡辩派的教师。不但如此，色诺芬还很正确地观察出，所有其他的情感，虽然它们可以使心灵振起，但它们都是以狂欢或过度的扭捩与丑恶来促成这种情形的，只有爱能够提高心理而同时仍使它安静。同样，在各种其他的美德上，虽然它们提高了天性，它们仍有过分的流弊，只有博爱是不会过分的。

但是我们现在已经结束了人生哲学的那个总括的部分，那是研究分立的人，按照身体与心理两者合成的那种性质来研究的。在这里面，我们又可以看出心理的善与身体的善似乎又有一种关联或符合。因为同我们把身体的善分做健康、美好、力量与快乐一样，心理的善，按照我们理智与道德上的知识来研究，也归结为这几点：使它健全，不受扰乱；使它美好，因为恰当而增加了光彩；对于生活的一切责任感与活泼。这三种情形，在身体上同在心理上一样，都是很少联合在一起而常是分离的。因为我们常可以看到许多人有着很强的智力与勇气，却因为心理的扰乱而缺少了健康，而在他们的行为中也见不到美好和适当；还有些人虽然举止优雅，却既没有做好事的美意，又没有做好事的毅力；还有些人心理虽然正直与经过改进，但既不能举止优雅，又不能处理事务，这种情形或有两种可以结合，但三种俱全很少有的。至于快乐，我们也断然地认为心理是不可成为没有感觉，却能够保持快乐的，只以快乐的本体，而不以它的强度与力量为限。

第二讲

态度与人生

一、假装与缄默

二、大胆与冒失

三、迅速与效率

四、信任与疑心

五、愤怒与控制

六、性格与习惯

七、欲望与意志

八、煽动与纷扰

九、聪明与野心

十、残疾与心态

十一、礼节与仪容

十二、赞美与荣誉

十三、虚荣与自负

十四、光荣与声望

十五、理智与情感

一、假装与缄默

缄默是一种柔性的策略和智慧的运用，因为知道在何时该说实话，也就可以毫不犹豫地说出来，那是要有敏锐的机智和坚毅的心志才办得到的。因此，最会缄默的人是懂得以退为进的聪明人。

罗马历史学家塔西托说："丽维亚兼有她丈夫的机智与她儿子的缄默；机智是奥古斯都·恺撒大帝的长处，而缄默正是提比留的优点。"就穆尚纳斯鼓励维思派尚攻打维特留斯一事而言，塔西托又说："我们无法攻破奥古斯都洞悉万物的见识，也无法攻破提比留的谨慎与缄默。"这种机智与秘而不宣的特性，显然是一种习惯与能力，需要详细地研辨事物或问题的性质。即要懂得辨别什么可以公开，什么应该守密，什么可以含混其词，在何时何人面前可以公开……这就是塔西托所说的治国处世的方法。在他看来，缄默是一种以退为进的柔性策略和习惯性行为。如果一个人对事物或问题没有精准的辨别能力，就要采用一种谨慎而安全的办法，就像眼力不好的人要小心走路一样。世间最能干的人，他们为人处世都有一种光明磊落的精神，而且有遇事慎谋而能断的能力。他们很像是经人训练过的马，何时该停步，何时该转弯，都十分有把握，在他们觉得应该秘而不宣时，他们就会缄默。这种手段他们运用起来不会有什么困难，因为他们向来被人认为是光明磊落的，偶尔隐瞒什么，人们也不会察觉。

掩饰自己的真情有三种不同的程度：第一种是不给人以机会知道自己的秘密，使人莫测高深，不知究竟，这叫保密；第二种是用暗示或言辞使人以为情形并非如此，这叫掩盖；最后是对自己不明白的事假装明白，这叫伪装。

第一种，保密。能听到别人说出一些什么，这是他的优点。凡是会保密的人都能先听到别人坦白的话语。世间哪里有人愿意把心事向一个多嘴的人倾诉呢？一个人如果被公认为是个会保密的人，那么人们便会向他透露心事，就好像室内越是没有空气，就越容易将室外的新鲜空气吸收进来一样。宗教上的忏悔并非是为了什么世俗的利益而着想的，而是人们在把秘密吐露出来后，心中会感到舒畅许多。因此，人们会将许多事情向一个会保密的人吐露。神秘常出自秘密，不管是肉体上或精神上的，如果赤裸裸地暴露出来，那实在太不雅观了。一个人如果不轻易透露他自己的心事，人们对他的态度和行为就会更加敬重。而多嘴的人多半是虚荣的，并且也容易受到欺骗。一个爱谈论自己所知道的事情的人，往往对自己不知道的事情也喜欢谈论，因此我们相信：保密的人是聪明而遵守道德的。就保密方面来说，一个人脸部的表情比语言还要明显些，更能使人一望便知。所以，一个人如果常由他脸部的表情暴露他的心事，这可说是他最大的弱点。

第二种，掩盖。常是出于事实的需要。因此，爱保密的人多多少少都带有伪装的成分。人都有几分聪明，凡事都不容模棱两可，也不愿徘徊在坦白与隐秘之间中立，人们必然要旁敲侧击，想引出别人的实话。如果那个人不肯说实话，他们便从他沉默不语的神态去寻求答案。而模棱两可或含混其词的答话是无法长久被人容忍的，所以不稍加掩饰的话，秘密是守不住的。因此，可以说掩盖是因秘密而产生的。

第三种，伪装。我认为是比较罪恶而且不聪明的行为。但是在较重大的事件中，伪装的罪恶性又要另当别论了。普通的伪装行为是一种罪恶，这并不是因恐惧而产生需要伪装的心理，而是因为一个人在某些情形下有所需要而做作，习以为常后，他以后遇到什么事都会伪装，除此之外，他是别无办法的。

伪装和保密有三个好处：一是可以打倒反对的势力，这种力量令人惊异，因为一个人要是把自己的意图公开的话，那就等于是在警告敌人；二是能给人以适当的掩饰机会，因为一个人如果表明了自己的意图，那就得干到底，否则就是失败；三是比较容易发现对方的秘密，因为一个坦白的人，虽然一般不会公开地反对他，内心却总是不赞同他的。西班牙有句谚语说得好："谎言可以引出实话。"然而，伪装与保密也有三个坏处：一是常因显示了自己的怯懦而误事，就像羽箭未能射中目标一样；二是容易使人感到困惑，导致人们根本不与他合作而将他陷于孤立；三是失去争取信任这一个重要的手段，这是伪装和保密最大的坏处。一个人最理想的气质是：坦白的心境、保密的习惯和适当的缄默，如果其他的补救办法都没有了，而后才去利用最后的一个办法——伪装。

二、大胆与冒失

古希腊雄辩家狄莫西尼斯被人问起这样一个问题："什么是演说家最重要的才能？"他这样回答："第一是动作，第二是动作，第三还是动作。"这虽然是寻常的道理，但聪明人不可忽视它。狄莫西尼斯本身是个演说家，但他对自己所推崇的才能——动作，却并不怎样擅长。动作原是伶人或演员的技艺，对演说家来说本应是无关紧要的，但我们这位演说家竟把它看得如此重要，好像这才是演说家的最高技巧，有了它就不再需要别的了。这是什么缘故？说来很明显，这便是利用人性中愚蠢的成分多过聪明的成分的事实，动作最能引动愚蠢的心灵，所以只要是能引动愚蠢的心灵的东西就是最有力量的。政治圈内的大胆和这种情形十分相像。在政治圈内所需要的，第一是大胆，第二是大胆，第三还是大胆。大胆是由无知与简单的意识而引起的，这比别的性质要卑劣得多，但缺乏判断力和勇气的人都很容易受到它的蛊惑和束缚；即使是一个聪明的人，当他在糊涂的时候也会受到欺瞒。所以，在民主国家里，我们可以看到许多人大胆创下了各式各样的奇事或伟绩，而在君主国家里，就没有那么大的成就。

由于大胆是不守诺言的信誓，它用于事情的开始时有效，但过不多时就会行不通。政治圈内的这种人也像医界的江湖郎中一样，他为人治病，也许碰巧有两三次成功，但他说不出科学的根据，无论如何是无法长久取信于人的。有些人也是这样的态度，当他答应办大事却无能力办到时，便临时改变主意，对人敷衍支吾一番就算了。

判断力强的人常把大胆的人当戏看，即使不怎么高明的人，也会以取笑的态度来看那些大胆的人。荒谬如果使人好笑，那么大胆无疑就具有这种好笑的本质。大胆的人失去面子时，脸上会毫无表情，就像一块木头一般，令人看来更觉得好笑。胆小的人失去面子时，倒还有伸缩的余地，不像大胆的人那样，如同下棋遇上残局，动弹不得，因为他们一动便可能要面临输棋的窘境。有一点值得注意的是，大胆的人常是盲目的，因为他们做事总是贸然向前，看不到危险与困难，所以这种人不能与他共商大计。不过，当你决定方针以后，叫他们去实行倒是好的。因此，我们不可让大胆的人做统帅来指挥一切，而应叫这种人去当副手。商量一件大事时得顾及种种危险，而实行的时候，如果不是有很明显的危险，倒也无须顾虑太多。

三、迅速与效率

太讲求迅速是最不利于行事的。这就像医生所说的“匆促消化”，这种情况免不了会在体内留下许多未完全消化的食物，而成为疾病发生的原因。所以我们对一个做事缓慢的人，不能以时间来衡量，而需拿事务的进展情形来做标准。比如说，赛跑时未必脚步跨得大、两脚提得高就可以跑得快。做事也是这样，是否迅速，要看那个人是否一直努力，而非一时兴致所至，奋发一下便完了。有些人急着将事情结束，或把未完成的事看作是完成了，这不过是想使人相信他真有做事的能力罢了。简化工作程序与偷工减料是不同的，在匆促中马马虎虎所做的事，常常在以后又得重做。聪明的人在看到一些人想把事情匆匆忙忙做完时，经常用这句话告诫他们：“慢点儿，这样我们才能早些把事情做完。”

从另一方面来看，真正的迅速倒是很有价值的，因为时间与事务的关系，就像金钱与货物的关系一样。如果一件事做得太慢或费时太多，便等于是买了一件价钱昂贵的东西。西班牙人做起事来是有名的慢，因此，有了这样的谚语：“让我的勾魂使者从西班牙来吧！”意思是说，这样的勾魂使者一定是来得非常缓慢的，人就可以活得较长久了。

听一个做事有经验的人讲话时，尽量不要打断他，但要特别留意的是，只有在当他把话题扯远时，你才可插话使他的讲话回到正题上。如果一个人在说话时被人打断，他便会反复地说没有说清楚或已说完的话，便会变得啰啰唆唆使人厌烦。然而，在别人说话时总爱插嘴打断别人话的人，比那种反复地说同样话的人还要使人厌烦。

当然，说话重复是浪费时间，但如果反复讲述一件事情的重点，而避开许多不必要的言语，这样做反而是经济的。在处理急务时不宜絮絮叨叨，否则就像披着长袍赛跑一样，有累赘的感觉。一个人在说话时无须先作介绍、道歉或绕圈子，因为这些都是浪费时间的举动，看来像是恭谨，其实是在虚伪作态。不过，当对方有成见的时候，说话太直却又不好，因为成见的消除需要委婉的言语，否则便谈不拢，就像在上膏药之前，要先敷些润肤剂一样，不然药力就难以渗透到皮肤里去。

最要紧的是做事要有顺序和要懂得怎样分门别类与提纲挈领。但分门别类也不可太琐碎。一个人如果不懂得将工作分段来做，做起来也就不会怎么彻底。然而，将工作分得过于琐碎，自己反而会弄糊涂。在适当的时候去做事情，可以节省时间，反其道而行，常常是徒劳无功的。做一件事情通常可分三个步骤：一是准备，二是讨论，三是执行。事情如果要做得快，准备与执行的工作最好由少数人去做，而讨论却应有许多人参加。如果能事先拟定一个工作方案，做起事来速度也会加快，因为这个方案即使弃置不用，多少也会有一点指引的作用，比起含混而无目标总要好些，这就像灰烬比起尘土来是较好的肥料一样。

四、信任与疑心

疑心就像蝙蝠，总喜欢在黑暗的地方飞翔。人应该防止疑心的产生，至少也应对它善加控制，因为疑心会蒙蔽心灵、离间朋友，会阻碍事业的继续发展。疑心也会使帝王暴虐无道、丈夫无端生妒、聪明的人变得抑郁或优柔寡断。这种情形的发生不是因为缺乏勇气，而是因为缺乏头脑。即使最勇敢的人也免不了有这种毛病。比如说，英格兰国王亨利七世，他比别人勇敢，却也比别人多疑。不过，具有他这种气质的人，疑心对他并无大碍，因为他不会随便猜疑，在确定猜疑的事是否为真以前，他必会先思考揣摩一番。一般来说，胆小的人容易生疑心。

不能彻底明白事情的真相，是最容易引起人们疑心的因素。所以，人们应彻底了解事情，以消除心中的猜疑。怎样才是对的呢？别过分要求别人，别认为与自己来往的人或自己雇用的人都应该是圣贤。别人也是有想法与目的的，对自己忠实比对别人忠实更重要，这种起码的道理你难道不明白吗？因此，不让疑心扩大的最好方法是，一边假定你猜疑的是对的，而预筹对策去补救；一边则假定你猜疑的是不对的，而设法去把它压制住或消除掉。不过，我们最好还是当有它这回事，以作防范才是。即使这是多余的，对我们也无害。

自己心中所起的疑心不会太重，如果是从别人的谣传中而起的疑心，那就重得多了。个人如果要排除疑心的存在，最好是开诚布公，或直接和自己猜疑的人面谈清楚，因为这样比较能认识清楚事实的真相，也能使对方从此以后特别小心，以免再发生令人起疑心的事。可是，这种直接面谈的方法不可用于小人，因为当他们发觉自己被人猜疑时，他们便再也不愿讲实话了。意大利有句谚语说："疑心纵容信义离去。"似乎信义真因疑心而远离。其实，如果我们发现别人正在猜疑我们，我们就应设法消除别人的那种疑心。

五、愤怒与控制

想要把一切愤怒的感情完全消除，那只是斯多葛派的一种夸张的说法。我们还有更好的说法，那就是这句神谕："可以生气却不要犯罪，可以含怒却不可含怒到日落。"这句话是表示在程度上和时间上，我们应对愤怒加以规范与限制。即是说，生气不可太过火，发怒不可太长久。

我们现在先来谈谈如何矫正发怒的意向与习惯；其次再谈谈如何制止愤怒，免得伤害到别人；最后再来谈谈如何引起或缓和他人的愤怒情绪。

对于第一点来说，你除了在愤怒消失后心平气和地去检讨愤怒所带来的恶劣后果和对人生的不良影响外，就再也没有别的办法了。辛尼卡说得好："愤怒像炸药，碰到东西就一同毁灭。"当一个人失去耐心时，他的灵魂也就无法保全了。黄蜂在螫人时，连同生命都投进去。人绝不可如黄蜂那样，一时不能忍耐，会使别人被你伤害，连你自己也会随之受损。无疑地，愤怒是一种卑下的情绪，专向小孩及女人、老人、病人等体质弱的人侵袭。你得注意的是，当你发怒时，在你的怒气中只能带点轻蔑的意味，而不可带半点恐怖，这样的愤怒便会显得高超，而非软弱怯懦的行为。这种情形，耐心去做终将会做到。

至于第二点，愤怒的产生有三种主要的原因。一是对外来的伤害过于敏感。一个人如果不觉得自己受了伤害，当然便不会发怒，因此敏感而又脆弱的人，在受了许多事情的困扰以后必定会常生气，而性格刚强活泼的人，却一点也不会把这些事情放在心上。再是如果一个人把别人对他的伤害，想象为充满轻蔑的成分，那他当然会怒火中烧。轻蔑这种事使人更难容忍，所以，当一个人觉察到自己被人轻蔑时，就会怒气冲天，气得不可抑制。再就是当人认为自己的名誉受到攻击或损害时，自然也禁不住会非常恼怒，这一点从自信方面着手是可补救的，即康沙尔福所说的："一个人的自信应该像磐石般坚固，不是别人所能轻易摧毁的。"但是，在所有抑制愤怒的方式中，还是以拖延时间为最好的方式。要自认报复的时机尚未成熟，又相信不久以后将会出现一个报复的机会，这样便可以逐渐把愤怒冷却下来，愤怒也就自然平息了。

在发怒的时候如果想控制自己，避免惹祸，有两件事必须要注意。第一，言语不可过分尖酸刻薄，因为对方会因为听到了这类的言语而感到特别刺耳；普通的侮辱尚可忍耐，而特别的侮辱就叫人无法忍受了。而且发怒时不可以把秘密泄露出去，不然他便不适于在这个社会上生存。第二，生气时，不可忽然放弃你的工作。不管怎样都要留有余地，绝不可做出无法挽回的事来。

最后，关于如何去激怒别人或缓和别人的愤怒，这就要看你选择的时机是否适当了。人们在最顽固和脾气最坏的时候，是最容易被人触怒的。此外，前面已经提过，在你伤害别人的时候，若又带着轻蔑的意味，那是会使人无法忍受的。在这些激怒人的情形下还有补救的方法。第一种补救的方法就是你得选个适当的时刻。如果你猜想你的事务会惹某人生气的话，就应该在他心情好的时候提出，因为第一印象是非常重要的。第二种补救的方法是要尽量避免别人怀疑你的行为中带有轻蔑的意思，你可以解释那是出于误会或恐惧或是脾气不好等，而并无半点轻蔑的意思。

六、性格与习惯

让我们在柏拉图关于洞穴的那个假想上，再来考虑人自己的个性与习惯，那些用来蒙蔽我们的虚伪的模样：如果一个幼孩在地下的洞穴内住到成年，忽然来至地上，他一定会怀着奇异与怪诞的想象。同样，虽然我们的身体是住在光天化日之下的，但是我们的心灵是禁锢在自己的天性与习惯的洞穴内的，这种习性予我们以无限的谬误与虚妄的见解，如果我们不对它们加以勘察的话，在这种错误或不健康的状态中就会有“好古与喜新”，我们已经举了好些例子，在前文已约略说过了。

最后，来考虑文字用来蒙蔽我们的虚伪模样，哪些是照着流俗的智能制造与应用的。虽然我们自以为能够管理文字，而且管理得很好，可是，文字同鞑靼人的弓一样，确能回射到最有智慧的人身上，造成很有力量的迷乱与误判断。所以，在一切的辩难或争辩上，我们几乎都要应用数学家的智慧，在开始的时候就对我们所用的文字与名词下定义，使人知道我们怎样理解他们，以及他们的意思是否与我们相同。要不是这样，我们便常会归结到那实在应该重新开始的地方，就是关于文字的问题与异义。所以，我们不能不承认，妄图使我们与这些误谬与虚伪的模样分离是不可能的，因为它们与我们的天性与生活状况不可分，但是对它们的提防是与人的判断力的正当使用极有关系的。对于这三种虚伪的模样的特殊驳辩或提防，我认为完全缺乏。此外，还有极好的判断，在我看来是不大有人提到的，所以也属缺乏，这就是把不同的证明应用于不同的题目。因为证明只有四种，就是以心灵或感官的直觉、以归纳、以三段论法、以一致。这里面的任何一种，在科学上都有它们最适用与万不能用的地方。在有些事件上严厉与精密要求较严格的论证与在别的事件上以疏忽的证明为满足，都是使学问受到损害与不进步的最大原因。依着学问的性质，支配与指定适当的证明方法，我觉得是目前仍旧欠缺的。

知识的保管或保存，或记载，或记忆。记载有两部分，字形的性质与记录的顺序。论到字形或其他字或物的可见符号的技术，它与文法最为接近，因此我把它归属于适当的地方。处置与排列我们所保存于记忆中的知识的方法，应将它照最常用的项目精密地分列。在这一点上，我并非不知人们使用这种分列的书籍无充分理由的嫌恶，无非是有碍诵读的疾速与使记忆弛懈。因为敏捷无非是学问上的一种矫伪的事情，所以除非饱学的人，照最常用项目记录是研究时极有用处与必要的一件事，因为这种办法可以担保发现的迅速与资料的可靠。但就是我曾见的照要目分列的著作，也并不具有充分的价值：它们全部都只具一个学派而不具世界的面貌，而且都是关于流俗的事项，毫无生命。

论到学问的保管的另一种主要方法便是记忆，我觉得这种能力只得到了微弱的研究。现在有一种讲记忆的技术，不过依我看来，还有比那种技术更好的方法，在那种技术上也还有比现在更好地运用。这种技术固然可以提高到极大的夸张的程度，但在实用上是没有效果的，并不是说它会使自然的记忆负担过重，也不是说它对本来的记忆有何危险，如同有人想象的那样，而是没有效果，就是说要把它在事务上认真地加以应用是不便利的。所以，听过一次就能复述多数名字或单字，或未经准备便可吟咏许多诗句，或对一切事物都作为滑稽的比喻，或将一切事物作为谐谑，或以无理的异议指一切事物为虚伪或加以反驳，或与这些相类的事，我并不将其比走绳、舞蹈的伎俩看得更重。这里面，前者在心灵上同后者在身体上一样，都是奇异而没有价值的事。

记忆的技术是只建立在两种目的上的：一个是前知，一个是表征。前知免除了我们对所记忆之事无方向的搜寻，而指示我们只在一个狭窄的范围内去搜寻，只搜寻那与我们记忆所在的地方有关联的。把心智上的意思变为感觉上的影像，便更容易引起记忆。在前知与表征的规律中，能够找出比现时所行用的更佳的实用法则。在这些规律之外，还有许多并不逊于上述的辅助记忆的方法，但我于开始时就决定不以此类的事为重点，因为它们不过是处理得不好。

现在还有第四种理智的知识，这一种是关于人的，关于我们的知识向他人是表示或传达，我将以“传授”这个名词为这种学问之名。传授有三部分：第一部分，关于传授的工具；第二部分，关于传授的方法；第三部分，关于传授的表明。

传授的工具是语言或文字。因为亚里士多德说过：“字是意思的影像，而字母又是字的影像。”意思却并不一定要用字来表示，凡是能够充分表示异同，而这种异同为感觉所能看出来均可。人的意思是可以用手势来表示的，虽然不能十分正确，却仍可以应用。我们还知道中国与邻近东南亚各国的习惯，是以象形符号为文字的，他们一般并非表示字母与字，却是表示实物或观念。所以彼此言语不通的地域与省份，却能彼此文字相通，因为同一个象形符号为人所公认的范围，要比在各部分里通行的语言来得更广，他们有极多的象形符号，其数量之多当与词根相等。

这些意思的符号有两类：其一是符号与意思相类或相合的，其二是依习惯的。第一类的是象形文字与手势。象形文字无非是持续的印象与表征。手势可以比作暂时的象形文字，它们与象形文字的关系同口说的语言与笔记文字的关系一样，区别是它们不能久存。但是它们同语言一样，却总与所指的事物有一种密切的关系。如同波理安道在有人征询他怎样可以维持新篡取的君主地位的时候，他吩咐那使者跟他走，回去就向臣民讲述他所做的事。他走到他的花园里，把最高的花枝都削去了头，表象维持独裁地位的方法就是芟夷贵族，使他们不能抬头。依习惯的就是刚才说过的，象形符号与文字。虽然有人曾欲以精细的探究，或者实际恐怕，还是聪明的想象，把一切名称的成立，认为都是根据理智与意象的、优美的、可崇敬的推想，但是其中含着很少的真实，而且没有多大的成果。这一部分关于事物的符号与一般意思的知识，我觉得尚未经人研究而属缺乏。虽然这种研究看来或是没有多大用处的，以字母拼成的语言文字远胜过了一切其他的方法，但是，因为这一部分有关知识的造币厂，我以为应该把它提出来加以更精确的研究。

七、欲望与意志

现在我们要讲讲研究人的欲望与意志的学问了。在这种学问的处理上，凡曾有著作的人，照我看来，仿佛都是以教人写字自居，只陈列了字母与字母的联系，却没有关于执笔与结字的教法或指示。所以他们只制成了好的模型，带着善行、德行、责任、幸福的轮廓与肖像，加以很好的说明，把他们作为人的意志与欲望的真正目的提出。但是怎样来获得这些好的目的物，与怎样规范与驯制人的意志，使他们适合这些企图，都完全没有讲到，或只极疏略与毫无实益地认同了一点。因为不是有了“人心德行的养成是由于习惯而不是天性”这种的论辩，或是“高尚的心理可动以教训与劝诱，而寻常的一类则可动以赏罚”这种区分与诸如此类散碎的暗示与略说，就可以为这一部分的缺乏辩解。

这种缺乏的原因我认为就是暗礁导致学问的船舶遭到了毁灭，这个暗礁就是人们历来鄙视致力于平常的事情，他们的适当处理却是最有智慧的教训，但是相反，他们把好多大半是某种灿烂的或辉煌耀眼的材料缀合成了学问，那些都是为了要使论辩精妙或语论畅达优美从而令他们获得荣耀而选出来的。教训应该使人喜爱他们的课业，而不是喜爱他们的教师，因为它是指向读者的获益，而不是指向作者的得名。所以，那可以同德摩斯梯尼结束他的劝告那样来结束的教训，才是对的：“如果你实行了这些话，你不但今天就要称赞向你讲这些话的人，而且不久，你因为私人利益的情况的改善，还有庆贺自己的理由。”

有这样天赋的人也不必怕得不到那些乏味的赞许，而确实得到的幸运，他所获得的才辩、机智与学问的美誉，与发表《伊尼阿斯》的英武举动所获得的相符，“我也不能怀疑，要把我的题目从这样低的地上抬举起来，以文字的壮丽来文饰我这题材所能给予的卑下材料，我需要加上如何的苦功”。这是一定的，如果这个目的是认真的话，那人可以在空闲的时候去读的东西，却是真的去教导与实行合理的生活。这些心灵的田园诗，关于它的耕作是并不比德行、责任与幸福灿烂的叙说少了价值的。所以，关于道德学问主要的与根本的分类，似乎是善的典范与心灵的训练或修养，一个说明善的性质，一个规定怎样抑制人的意志去使他与善的关系符合于适应的规则。

无论在哪一件东西上，都有一种善的二重性：一个是把这件东西当作全体或有着单独存在的东西看，还有一个是把它当作一个较大的物体的一部分看。后一种在程度上是较为重大与有价值的，因为它趋向于对一种性质较为普遍的要素的保存。

因此，我们看到有某种较感性的铁移向磁石，但是如果超过了某个量，它就放弃了对磁石的爱慕，向地移动，这个地是与它同类的重大物体应在的地方。我们还可以看见一个例子，水与重物都是向地心移动的，但是因为不肯破坏自然的连贯，它们会从地心向上移动，为了它们对世界的责任而放弃它们对地的责任。这种善的二重性与它们比较的价值，是更深地刻镂在人身上的，如果他不堕落的话，在他看来，对公众责任的保全，应该比生命的保全要宝贵得多。照伟大的朋友那句可纪念的话，在他受了委任要去救济灾荒而为朋友的友好所力阻，说他不该冒险在这样恶劣的气候中出海的时候，他只回答他们说："我一定要去，但我不是一定要活。"这是可以很明确地加以肯定的，说的就是，从来没有一种哲学、宗教或其他的教训，同耶稣教那样明白与极端地赞美有社会性的善与抵抑属于个人的善。同样，上帝把自然的规律，给予了我们以前说过的无生命之物，把基督的规律给予人类。所以我们读到上帝所选择的圣徒时，在一种博爱与同情的无穷感动中，愿他们为上帝所赐福而在永生簿上铭刻他们的名字。

这个确立了就可以用来评判与决定道德的哲学，便是伦理学所从事辩论的大部分。它决定了干涉那看重思考的还是看重实行的生活问题，而与亚里士多德反对的不同。因为他偏袒思考的生活所学的各种理由都是自私的，而关于一个人自己的快乐与尊重的，同幸运的哥拉斯论哲学与思考的比方并没有很大不同。在哈罗问他是何等人的时候，他回答说："如果哈罗看过奥林匹亚竞赛运动，他会晓得有些人是为要获得奖品来试他们的运气的，有些人是来售卖他们物品的商贩，有些人是来寻乐与会朋友的，有些人是来观看的，我就是一个来观看的人。"但是人该知道，在人生的剧场里，只有上帝与天使能做看客。教会也不能认为此点尚有疑问，虽然他们说"上帝看他的圣徒之死，极为宝贵"，这句话是他们常用来赞美他们的

"献身宗教"与清苦的生活的。除非常带着这种辩护，否则就是寺院的生活也并不只是思考的，他们还要不断地祷告与祈求，这是很正当的教会的一种本分，或是同摩西在山上住得那么长久的时候所做的那样，写出上帝的规律。

八、煽动与纷扰

治理国家的人应该知道国家动乱的征兆，通常当人民已无上下之分时，动乱的征兆就最为明显，这就好像自然界的暴风雨在昼夜交接的时候最大一样。所谓“山雨欲来风满楼”，国家有大动乱之前也是这样。

“暴风雨知道前兆，

祸起萧墙有暗争。”

对国家的诽谤和放肆的言论、太多的流言、损害国家利益的歪曲报道，这些都是暴乱的征兆。罗马诗人维吉尔说，流言女神是巨人家族中的姐妹之一：

“大地的母亲因为怀恨诸神，

生下一女起名流言；

她是巨人家族中最年幼的一个，

她是巨人西亚斯和安塞拉多的妹妹。”

流言好像是过去煽动的残留物，实则是未来煽动的前奏。不管我们如何辨别，暴乱的煽动与流言的煽动都是如同兄弟姐妹般平行的事。国家的良好政治和合理的措施本可令人满意的，但一经流言打击、恶意中伤，便成了百无是处，正如塔西托所说："对于政府的不满如果普遍存在，则好的政治与坏的政治将同样遭到攻击。"切勿认为流言只是骚乱的象征，只要加以压制就可以补救。只有不轻信流言才是制止流言之上策，如果不断地压制，反而会使流言传播得更久。塔西托说顺从自然不是部下对长官那种俯首听命的服从，而是要有所辨识地顺应。纷争、辩论、对命令不满，这些都是摆脱束缚的方法和不听命令的表现。尤其，当执政的人以温文畏缩的态度发言，而反对者却以大胆放肆的态度讲话时，动荡的表现更是明显。

主张权谋的意大利政治家马基雅维利说得好："国家应为民父母，如果有所偏袒，便会像一条载重不均的船倾向一边去。"例如，法国亨利三世起初介入消灭新教徒的联盟，不久倒戈，自己反受攻击。假使国君成为某种运动的同谋，而当其他方面的势力大过国君时，国君的名位就已名存实亡了。

假使纷争公然兴起，政府的威信便会失去。政府最重要的行动应该是像行星在天体中的运行，每一颗行星都是由一主动力推动而迅速前进，大行星自身的运转却是缓慢的。假使大行星运行过猛，塔西托则说："太放任了，有违服从（顺从自然）的原则。"这也表示整个轨道已经出了毛病。威信像是上帝赐给国君的束腰带，可随时放松。维护政府的四大纲领是宗教、法律、议会和财政，如果国君的威信发生了动摇或有减弱的征兆，人民就会祈求清明的政府，就像祈求一个晴朗的天气一样。我们暂且不谈这些，先来谈煽动的因素，再来谈谈煽动的动机，最后谈谈补救的办法。

煽动的因素是值得研究的事。如果时间允许的话，防止煽动的最有效办法就是消灭煽动的因素。例如，星星之火可以燎原，就要控制、消灭可燃的星星之火。煽动的因素有两个：极度的贫穷和不满。当然，如果大多数的财产被吞没了，大多数的人便会赞成骚乱。罗马诗人鲁肯描写罗马内乱以前的情形说："财产因高利贷而被吞没，信用动摇了，许多人因战争而获利。"

"许多人因战争而获利"的投机取巧心理，就是国家将乱的必然征兆。假使较有名望的人都遭遇了贫穷的处境，平民又处于水深火热之中，则危险就会紧迫而扩大，因饥饿而生的叛乱是最激烈的。至于民众对于政府的不满，就像人发烧产生的不适或恐怖、痛苦情绪一样。政府不要以民众情绪的不满程度来判定危险性的大小，因为这样做会过于偏激。其实，当政府对民众的压迫太重时，那种被激起的不耐烦情绪可能变成不稳定的因素，会破坏社会安定。另外，政府也不要因为民众不满的情绪常常发生，就错误地认为即使时间闹得很久，也不会引起什么乱子，而继续高枕无忧。并不是说云雾一定会变成暴风雨，暴风雨也未必会骤然而至，可是它是引发暴风雨的基础和前提，正如那句西班牙俗话："吹灰之力可以断弦。"

煽动的原因和动机有宗教改革、重税、法律和风俗的改变，某种特权的丧失，一般的压迫，不公平的升迁，起用平庸，或陌生者、饥饿、散兵游民、激烈竞争，以及其他一切惹起民众团结起来进行反抗的因素。

关于补救的办法，有一些基本的预防法，至于适当的补救办法，则必须对症下药，这项工作与其说是统治者的事，不如说是议事者的事。

第一种预防就是除去一切足以引起叛乱的本质上的因素，

那就是国家的贫穷问题。为了消除贫穷，就得使贸易平衡、培植工业、消除游荡与懒惰的习尚、以法律节制浪费、改进耕作土壤、调整物价、节制税收的浪费等。一般说来，我们必须预先筹划，使国内的人口数目不超过生产总量所能负荷的程度。人口的计算也不要单以数目来限制，因为人口少而消费量过大时，比人口多而生活较节约、储蓄较丰富危险得多。所以，贵族显要增加得过多，平民的比例过低时，国家必然贫穷。僧侣增加过多也是这样，因为他们对生产毫无补益。饱学之士过多也会发生同样的弊病。

我们也要记住：某国的收入就是另一国的损失（因为一处有所得，另一处就必有所失）。只有三种东西可以从甲国销售给乙国：一是天然产品，二是工业制造品，三是交通工具。所以，如果这三个生产的轮子都转动起来了，财富就会源源而来。经营和运输较物品本身更有价值，更易充实国库，这是历史上屡见不鲜的事例。荷兰在这方面的成绩就很卓著，他们把最佳的矿产善加经营和运销而带给国家财富。

最重要的是政策的运用要最佳，使一国的财富不要聚集在少数人的手里。不然的话，即使有大量的生产也会有饥饿的现象。金钱好比肥料，除非散开，否则是没有用的。要达到这个目的，主要的办法就是对高利贷的剥削、货物或某些事业的垄断，以及大牧场等加以控制。

为了消除不满的情绪，我们必须明了一国之内有两种国民，即贵族（或类似贵族者）与平民。如果他们之中只有一部分不满，危险性就不会太大。因为平民若得不到贵族的煽动，往往不会轻易作乱；而贵族若得不到平民的支持，则力量不足。真正的危险在于贵族们恰好等到平民的不满情绪爆发时才表明自己的不满。所以诗人（荷马）曾杜撰了神话来警示我们：天神听说众神有叛意，便听从智慧女神的意见，派人去召唤百手巨怪来协助，否则，天神早就被众神缚起来了。这个寓言自然是隐喻一国之君若想安安稳稳，必须要得到平民的拥戴才行。

对于民众的痛苦和不满的情绪，应该给予他们适当发泄的自由，让他们发泄出来，这才是一个安全的政策。如人体内的体液、汗水等，如果不让它们排出，或者受伤的瘀血倒流体内，就会有生疮或恶性肿瘤的危险发生。

的确，用熟练的政治手腕培养民众，把民众从这个希望转到另一个希望，可以说这是防止不满毒素的唯一的良药。当一个政府不能使民众心满意足时，却能以希望来取得他们的拥护，这也是贤明的政府。政府在祸患来临时，利用一线希望妥为安排，这个策略做起来并不难，因为不论个人或政党，都容易以希望来自我安慰，至少都会故意装出不相信有祸患来临的样子。

政府一定要使民间没有适当的首脑人物，要使那些不满现状的群众无所依靠。这种未雨绸缪的办法是大家熟悉的，也是防患于未然的最佳做法。我认为一个适当的作乱事件的首领应该是个伟大而有声望的人物，他是获得不满者的信任与人民的拥戴者，但他对于自己的一切也是不会满意的。这种人可以用迅速而诚恳的办法加以笼络，使之对政府妥协，或让他和他的同党互相倾轧，这样就可以达到分裂的目的。一般说来，分离反对党，使他们不致过于亲密而保持距离，或说至少使他们互不信任，这种办法并不坏。如果执政者意见分歧、党争频繁，而反对者协同一致的话，则局势就变得极为凶险了。

我曾注意到国君发表机警而犀利的演说，反而引起叛乱。恺撒说：“西拉不学无术，所以不知如何称霸世界。”这句话闯下了大祸，因为他把人民的希望击破了，以为他只知独裁，不知其他。迦尔巴说：“我不收买士兵，而是征用士兵。”这句话也惹来杀身之祸，因为这句话使士兵们失去了获得犒赏的希望。同样，普洛巴斯说：“有我活着，罗马便不需要军队。”这句话使士兵们大为失望。这类事情不胜枚举。国家在动荡不安的时候，国君出言不能不慎，尤其是像刚才提及的演说言辞，虽短短几句，却比长篇大论更引人注意，犹如飞矢不胫而走，因为这些话反倒透露了君王的心声。

最后，为了应付一切事变，国君必须有一个或更多的骁勇之士来保护他，压制煽动，防患于未然。否则，纷乱一起，朝野震惊，一发而不可收。这种危险就像塔西托所说的：“一般人的性情是这样的，少数人喜欢恶作剧，多数人爱看恶作剧，而大众会承认恶作剧是事实。”在军事方面的人物须有信誉，不可喜爱争端，不可讨好群众。另外国君也要与政府的其他官员保持友好的关系，否则，他们便如不当的补药，反而比疾病对身体更为有害。

九、聪明与野心

曾经有人做过这样的评论：“法国人内心比外表聪明，而西班牙人外表比内心聪明。”这正如使徒圣保罗曾说的一样：“有虔敬的外貌，却没有虔敬的内心。”许多人虽有不凡的仪表，但是，在智慧与能力方面并无不凡的表现，这便是所谓的“金玉其外，败絮其中”。这种外表好看、看似聪明的人，常是诡计多端的人，他们故意用立体镜把平面的影像照成立体，但有识者对这种把戏是不予理睬的。

有一种人常常故弄玄虚，言语含混其词。比如说，他对某事明明知道得很清楚，却对人说他不清楚，在另一场合又装出一副对这件事情非常明白、只是不便说出的样子。有一种人对什么事情都爱用表情与手势来表达，表现出一副外表很聪明的样子，像西塞罗说派索讲话时的那种神情一样：“当他答话时，把一边眉毛直向脑门竖起，而另一边眉毛又垂到了下巴。”有一种人的成功专靠言辞夸张与态度专横，他们把办不到的事，说成可以办得到。

有一种人会把自己不能办到的事情说得毫无价值，对自己的无知自以为是，认定自己的见解是真知灼见。有一种人在辩论时，不针对辩论的理由或观点来说，却狡黠地说些讨好世人的话，以博取人们对他的好感。格里亚斯说这种人是“愚蠢的人，以花言巧语来破坏事情的本质”。柏拉图也在他的《演讲录》中不屑地提到仆洛底卡斯，说是如果让他准备一篇演讲词，他将自始至终去谈别人与自己看法的不同。这种人不检讨自己，却专门批评别人，于是他们以批评出名。因此，别人有什么提议便会遭到拒绝，而他们这些批评者反被接纳。

错误的判断会损害事情的本质。世上最虚有其表的人便是这种空虚的人。他们常诡计多端地去冒充富人和才子，设法获得好的名誉。我们如果雇用人员，切忌雇用这种自作聪明的人，还是雇用笨拙一点的人较为妥当。

如果让野心自由发展，那就会像愤怒一样，使人变得活跃、认真、气盛；可是，当野心受到阻碍时，又会使人变得非常狠毒。如果一个人的野心有发展的机会，他就会只顾忙碌，倒也不会有什么危险；但是，如果他的欲望遭到阻挠或挫折，他便会怀恨在心，对任何人都加以敌视，对任何事情都感觉不满，就好像只有天下大乱才能使他愉快一样。如果国王或国家聘用这种人，那是很危险的。如果非聘用他们不可，那就得妥为安排，就得逐渐提升他们，永不可使他们降下来。不过，这样做是很难的，所以最好是不聘用这种人，因为他们的野心是永远也不会满足的，他们永远都想往上爬，如果你不提升他们，他们就不会好好做事。所以，最好不要聘用有野心的人。

但是，在什么样的情形下才有必要聘用有野心的人呢？对于这一点，我们来探讨一下。作战时必须任用有能力的指挥官，这时候就顾不得他有多大的野心了，因为他的优点可以弥补他的缺点。况且，任用没有野心的军官，就像是任用没有武器的军官。国王如遇危险或遭人猜忌时，任用有野心的军官来保护自己较为有用，因为这是普通人无能为力的事，普通人除非像鸽子一样被蒙住了眼睛，才会不顾四周的一切直直地往上飞。利用有野心的人去打倒另一个有势力的人也是很有效果的，提比留斯利用马克洛打倒塞安纳斯便是个很好的例子。

在这里，我们把这些情形稍加说明一下：出身卑微的人比出身高贵的人的危险性小些，性情粗暴的人比性情温和的人的危险性小，刚提拔上来的人比资历较久而刁滑的人的危险性小。有人认为国王有宠臣是一种弱点，其实这倒是一种对付野心家的好方法，因为褒贬奖惩之权一旦操在宠臣的手中，那就不至于有谁敢过于傲慢了。此外，还可以用一种方法来牵制他们，那便是同时任用多位有野心的人，使他们彼此之间互相掣肘。但是，在这种情形下，还须安排一些中间人士从中调停，以维持均衡的形势，政局才能稳定，不然就会像船舱里不放置压船的沙囊一样，船身一定会颠簸得非常厉害的。国王须利用一些出身卑微的人，以作为对付野心家之用。让野心家知道他们的位置并不稳固，随时都可能会垮台，这种方法只能对付那些胆小的野心家。因为这种方法固然能使胆小的野心家战战兢兢，不敢乱来，但会使得胆大的野心家发起意外的变故和危险。如果真有打倒他们的必要，又因顾及安全问题而一时未能办到，那就要改变手段，不妨对他们假意赐给恩典或予以贬黜，使他们如置身蛮荒之中，不知将会发生什么事情。那些想在大事方面出头的野心家，通常比那些对什么事情都怀有野心的人的危害较小些，因为后一种人常把事情弄得十分混乱，致使事务无法进行。但是，野心家如对事业非常热心，那其危险性就比其他的随员要小。

一个人想出人头地，实在不是一件易事，虽然这是有益于公众的事。相反，如果一个人高居众人之上而背离公众，那他对人就会有所伤害了。从诚信的三个特点去辨认一个人是非常重要的：诚信的第一个特点是鼓励人们把事情做好，第二个特点是使人有接近国王或权贵的机会，第三个特点是使人有升官发财的机会。一个人如果具有第一种意向，即使他有野心，他也是一个诚实的野心家。国王如能在野心家的身上辨出这些动向来，他就是一位聪明的统治者。国王或政治家们对官吏的选择，一般说来，应该任用责任感重于提升欲、事业心重于虚荣心的人，应该让他们知道，爱管闲事和诚心做事是不同的。

十、残疾与心态

残疾的人对造物者通常存有报复的心理，既然造物者对他们不仁慈，也难怪他们对造物者要冤冤相报了。因此，残疾的人像《圣经》上面所说的，大都是“缺乏自然的感情”，这可以说就是对造物者的一种报复。

肉体和心灵之间不存在一种协议，即使造物者在某一方面弄错了，它的另一方面也不会脱离常轨。即使人的肢体残缺得无法挽救，但心理状态仍有补救的余地，因此有时性格可以用道德纪律来加以克制。我们不可把残疾看成是一种象征，而要将它视为一种原因。象征的事物并不可靠，而原因常伴随着某种结果。身上有缺陷的人常会遭人看不起，于是他总设法摆脱自己的困扰，所以有残疾的人往往非常大胆，这种大胆起初是出于自卫，日久就成了习惯。并且，他们都是很勤奋的，又喜欢注意别人的缺点，他们要发掘别人的短处，好像这样可以使自己获得补偿似的。

上级往往看不起残疾的人，当然也就不会嫉妒他们；上级如果非亲眼看到他们功成名就，是绝不会把他们放在眼里，不会相信他们也会升官发财的。总而言之，残疾对一个聪明的人来说倒是升官发财的有利条件。古代的国王常宠信宦臣或身边有残疾的高官，因为对一般人怀有嫉妒心的人最能舍命效忠于一人。但是，国王对所宠信的残疾者并非以贤者或良相来看待，而仅把他们当作自己的心腹耳目而已。一般残疾的人都是如此，可以的话，他们总是在设法消除人们对他们的轻视。所以，我们看到了有劳期、苏利曼王之子、驼背的伊索、秘鲁传统嘉斯卡、脸孔丑陋的大哲学家苏格拉底，他们都是身带残疾而成就非凡的人物。苏格拉底只是脸孔丑陋而非真正的残疾，就像一般人中有许多这样的人，却也都应该列入残疾者心态的人之中。

十一、礼节与仪容

道德与礼节二者的关系就像宝石与金银的关系一样，它们互相衬托而更显光彩。如果人们深察礼节，便会发现，一个人想博得大众赞美的情形跟经商发财有相似之处，即商业上的那句俗话：薄利多销以致富。的确，利薄自然金钱会源源而来，而巨利的获得，往往只是偶然间的事。同样的道理，一个人在小地方的表现，常能获得人们极大的赞扬，因为这类表现的机会较多，且能经常受到人们的注意。而大的德行便不会常常如此。所以，注意礼节能使人的声誉提高。西班牙伊莎贝拉皇后说："这（礼节）是永久的推荐书。"要达到这个目的并不难，只要你不轻视礼节就行了，并且你可以从观察别人的行动中去学到礼节，无须担心有什么不对的地方。

礼节要表现得自然才显得可贵，如果过于做作那就会失去它的价值。有些人的举动，像是字字都经过推敲的诗句一般，但是这种注重小节的人，对重大的事务又怎能领悟呢？一个人如果对人不讲一点礼节，别人也会这样对待他，这样一来，别人对他的尊敬自然会减少。特别是在陌生人或拘泥于形式者的面前，更不可忽略礼节。

太过讲究礼节的人反而会令人讨厌，而且会使人怀疑他的举止是假的。当然，如果一个人在恭维别人时，能想出巧妙的辞令，再加以适当地运用，这样必能收到奇效。和同辈朋友相处，大家大都不拘礼节，但你这时最好表现得严肃些。当你和地位低的人相处，而别人对你尊敬时，你又该表现得亲切些。

从恭维别人这一点来说，要注意恭维不可过分，过分的恭维等于是在贱卖自己的人格。一个人顺从别人是好的，但必须表明这是对他的尊敬，而不是唯命是从；赞同别人的行动也是好的，不过要加入自己的见解，就和在接受别人的意见时，可加入一些自己的不同见解是一样的道理；在顺从或跟从别人的行动时，要附加一点条件；在赞同别人的建议时，也无妨陈述自己对同一问题的看法。要特别小心的是，不可太过于恭维别人，因为无论你怎样完美，嫉妒你的人都会以此来诽谤你其他方面的美德。太过于重视行为规则与拘泥形式，会使你在事务上坐失良机，那损失是很惨重的。所罗门说："看风的不必播种，望云的不必收割。"因此，聪明的人是自己去创造时机，而不是等待时机，人们的行为要像所穿的衣服一样，不可太狭小，这样行动才能够自如。

十二、赞美与荣誉

赞美能反映美德，就像一面镜子能反映体态一样。如果赞美是来自普通的人，那常常是虚假而不可靠的，泛泛之辈的赞美远不如有操守者给予的赞美。因为一般的人并不懂得太多的美德，所以他们的赞美是低一等的。出于崇拜与敬慕的赞美也只能算是中等的美德，而最高的美德他们常是不能察知的，他们所能看到的只是表面上的美德。

当然，声誉就像河水，可以载浮载沉。有判断力的人都会同意，“好的声誉犹如香膏散发芳香”。它芳香四溢，而且久久不易消散，这种香膏的香气比花朵的馥郁还要持久。有许多赞美的出发点都是虚假的，我们不能不加以怀疑。有的赞美只是在奉承谄媚。如果他是个普通的奉承者，那么他的赞美人人都会，也就更加微不足道了。如果他是个狡猾的奉承者，他的赞美将会费尽心机，才能博得对方的欢喜，因而让对方对他赏识。如果他是个莽撞的奉承者，从他的赞美中反而可以暴露出他的缺点，使对方知道他心存不轨。当你告诉别人说他是个怎样的人时，就是暗示对方要做个怎样的人，这便是所谓的“借赞美施教”。

有的赞美是恶意而有害的，因为那是故意要激起对方的嫉恨，因此，赞美者是最坏的敌人。希腊有句谚语："恶意赞美的人鼻子要起脓包。"这也像英国的一句俗话："撒谎的人舌头会生疮。"

适当的赞美对人当然是有益的。所罗门说："清晨起来，大家如果对朋友祝福，就算是诅咒他。"所以，赞美要是不恰当，便会引起人们的反感、嫉妒和嘲笑。除了少数的情形外，对人本身的赞美通常都是与人不相宜的，但是若赞美他的事业，那就显得非常慷慨而优雅了。罗马的枢机主教们（包括神学家、僧侣、哲学家）把军事、外交、司法以及其他的职务都称为"代理执行官的事务"，这充分地表现出他们对于世俗事务的轻视与嘲笑的态度，似乎在说那些都是代理执行官和执行小吏的事。事实上，他们所谓的"代理执行官的事务"，比起他们那种深奥的玄学，倒是能做出一些更有益于人类的事。圣保罗在夸耀自己的时候时常这样说："让我打句诳语。"但是他在提到他分内的事时则说："我很敬重我的职分。"

十三、虚荣与自负

在《伊索寓言》里有个很有趣的比喻：“停留在车轴上的一只苍蝇很自负地说，‘你们瞧，我使多大的一阵尘土扬起！’”有些虚荣的人也像那只停留在车轴上的苍蝇一样，常把别人辛劳所成的事说成是自己的功劳。这种喜吹嘘、爱虚荣的人常成群结党，因为他们不这样就无法与人相比，就会露出自己虚饰无能的尾巴来。他们也喜欢妄发谬论，以表现自己的骄傲。但是，这样一来，他们便把什么秘密都泄露出来了，结果也就无所获益。这就像法国那句俗谚所说的：“话语多，成功少。”

然而这类人也有他的用处，例如说，你想使人赞扬你的伟大与道德时，那就可以利用他们去替你鼓吹、制造声誉，而后你便可以如愿以偿。罗马史作者利维在述及叙利亚王安提阿克和亚细亚的游牧民族希克索斯族的事情时曾这样说：“有时候在当事的两者之间撒谎会造成很大的效果。”比如说，一个人想联合两个国家共同作战去对抗第三国，这时他就得向他们吹嘘对方的军事力量，那样才能达到目的。当一个人居于甲乙双方之间时，对甲方表示关切的心情，对乙方装着袒护的样子，结果双方都会对他产生信任。这种无中生有的事例，是因为撒谎会带来信念，信念便会带来实质的好处。虚荣对军人是很重要的，因为虚荣能使人产生勇气，而创出许多英勇的事迹来。具有虚荣性格的人，在从事大规模或富有冒险性的事业时，能勇往直前，毫不顾虑、迟疑；而性格质朴庄重的人，只能把船撑得平稳，而不考虑使船远航，换句话说，这种人就是只能使事业稳定，而不能使事业有大发展的人。文明的传播也有赖于虚荣的力量。“轻视虚荣的人，著书时仍然会把自己的名字置于封面上”，这又何尝不是虚荣的表现呢！甚至苏格拉底、亚里士多德和格伦等伟大的哲学家也都有很强烈的虚荣心。虚荣无疑能长久地使后人追忆你，西塞罗、辛尼卡、普林涅斯等名作家的声名，如果不是凭借着虚荣的力量，哪能流传得这么长久？因此，声誉中若是渗入虚荣，就像在天花板涂上油漆一样，既能光亮，又能耐久。

然而，以上所说的虚荣，并非类同于塔西托讲穆尚纳斯的那种虚荣，他说穆尚纳斯“有一种奇才，能使自己的一切言行表现得很优越”。这并非出于前者的虚荣，而是慷慨与谨慎的天性使然。这种性质在某些人身上不但表现得很贴切，而且也很优雅，因为宽大、忍耐与谦虚本身，就是一些做人的虚饰技术。而在这些做人的技术中，没有比普林涅斯所说的那种更好的了，他主张，一个人对于别人的美德应该尽量赞扬。普林涅斯说得好：“赞扬别人也就等于是在赞扬自己，因为就赞扬本身来说，别人与你定是相近的；如果别人不如你而受到赞扬，那么你就更值得赞扬了；如果别人比你强，却受不到赞扬的话，那么你也就不值得赞扬了。”虚荣的人为智者所鄙视、愚者所叹服、奉承者所崇拜，而人们则常为自己的虚荣所奴役。

十四、光荣与声望

光荣的获得，能充分体现出一个人的德行与价值。有些人过分强求光荣与声望，这种人虽常被人谈论到，却不能使人钦服。相反，有些人常是不擅长表现自己的德行，以至于使人们对他们的评价降低了。

一个人如果能够完成前人未尝试过的事，或者虽有人尝试过却中途放弃了的事，或者是已经完成却效果不佳的事，那么他所获得的光荣，就会比在后面做了更困难的事的人要大得多。一个人的行动如果能使各党各派以及各个团体都满意，那么他就更能获得大家的赞扬了。有些事成功了，所得的光荣还抵不过所受的耻辱，做这样事情的人当然是最不擅长保持自己的光荣的人。别人失败而自己成功时，所得到的光荣就像一块有了许多个切割面的钻石，常会反射出最鲜明的光彩来。所以，在追求荣誉方面，要鼓励一个人努力去战胜他的敌手，如果可能的话，就利用对方的弓矢来赢他们。

小心谨慎的仆从有助于增加一个人的声望，西塞罗这样说过："一切声望都来自仆从间。"嫉妒为光荣的蠹虫，所以要消灭它。自己有什么表现时，最好说明自己的目的不在声望，而在完成事业，也不可把成功归于自己的道德与才能，而应归功于造物主的恩典。

统治者的光荣的等级可按下列次序排列。第一等是国家的创建者，如洛玛拉斯、塞拉斯、恺撒、奥图曼、伊斯梅尔等。第二等是国家的立法者，也称为“第二创建者”或“长久统治者”，因为在他们死后，人们仍会用到他们所制定的法律来统治庶民，如赖寇加斯、梭伦、查士丁尼、爱德加、西班牙国王卡斯提尔、西班牙律法的制定者爱尔丰斯等。第三等是拯救者或“救星”，他们或是结束了痛苦的长期内战，或是把祖国从异族或暴君的奴役下拯救出来，如奥古斯都、维思派尚、奥利梁纳斯、塞奥乡里卡斯、英国的亨利七世和法国的亨利四世等。第四等是为国争光的将军们，他们或为祖国开拓疆域，或为祖国驱除外寇、保卫疆土。最后一等则为历代的贤君，他们秉公治国，在他们统治之下国民享有太平盛世。最后两种情形的事例太多了，不作赘述。

老百姓与臣属的光荣等级可按下列次序排列。第一等为能够替君王分忧担劳的大臣，这种人可以称得上是君王的“左右手”。第二等为在战争中能对君主或统治者作英勇保卫的领导人才。第三等为宠臣，限于能取悦君王或统治者，而对人民无害者。第四等为那些职位高而可胜任的能干官吏们。另外还有一种不常见的，却可列为最光荣之一的是那些为国家利益而不惜赴汤蹈火的人，如利格拉斯、帕布利狄云穆斯等人。

十五、理智与情感

人类知识关于心灵的有两部分：一部分探讨心灵的本体和性质，一部分探讨心灵的能力和功用。属于第一部分的为心灵原始的研究，即心灵究竟是天生的还是外来的，在怎样的限度内它不受物质公理的约束，它的永不消减性和其他各点。关于这些，勤力探讨的程度未见得高过说法分歧的程度，因此这里所有的工作看来似乎都是一个迷阵而不是一条通路。虽然我以为这种知识，即使按照自然的状态也可予以比向来更真切与确实的探讨，但是到了最后，仍要以宗教为界限，要不然，就会受到欺骗与迷惑。因为上帝在创造万物的时候，心灵的本体不是从天与地中提取出来，却是直接由上帝输入人身的，所以除却偶然之外，心灵不能受到关于天与地的公理的约束，那些公理是哲学的论题。因此，关于心灵的性质与情况的真实知识，只有从给予它本体的灵感中得来。关于心灵的这一部分的知识有两种附属物——预言与催眠，按照向来的处理方法，这些都只发出了妄谈而没有真知灼见。

关于人心灵的能力的知识，可分为两类：一类是关于它的了解与理智，一类是关于它的意志嗜欲与情感。第一类生出决定或判断，第二类生出行为或实行。想象在评判与执行这两种范围以内都是一种中间者或传达者，因为感觉在理智未曾判断以前先传达于想象，理智在判断未曾执行以前也先传达于想象，想象总是在受意志指挥的动作之前的。不过想象的“日神”具有两个不同的面貌：他向着理智的面貌有着真的印象，向着动作的面貌有着善的印象。但这些总是有两个面貌，“同姊妹的面貌一样”。可是想象不是仅为传达者而已，它还在传达的任务外授予了或也篡取了不少的权能。亚里士多德说过：“心灵对于身体，有主人对于奴隶那样的管辖权；但是理智对于想象，有行政官对自由的市民那样的管辖权。”这种市民也许有一天自身也会成为行政官。因为我们看到，在信仰与宗教的事件上，我们常把想象抬高到理智之上。这就是宗教所以总用比喻、先兆、寓言、幻象、梦境来抵达人的心灵的原因。并且，在足以掩饰与隐蔽事物真相的辞辩与其他同类印象所能为的劝诱里面，对理智最大的力量，是从想象来的。可是，因为我不能找到恰当的属于想象的学问，所以我觉得没有要变更上面分类的理由。诗咏只是想象的一种乐趣或游戏，而不是它的一种工作或任务。最后，想象的或暗示的理智虽然是修辞学的论题，我想最好还是把它归于理智的范畴。因此，我们就满足于上面的分类，就是说，人生的哲学有两种，一种是理智的，一种是道德的。

人生哲学的理智部分，在大多数有才智的人看来，这是各种学问中最无兴味的一部分，而且觉得这无非是微妙与难以处理的一个纲。有人做过很恰当的比喻，知识是心灵的食物，所以在人对这种食物嗜欲的性质上，多半的人同在沙漠中的以色列人的嗜好那样，他们都愿意回到肉锅边去，而不是吃厌了。有些食物，虽然是天上降下来的，但是总没有肉那样富于营养与能够长力气。因此，人通常喜欢富有血肉的各种学问，如政治、道德、喜好、称誉、幸运都在这些上面旋转着，且与它们有密切的联系。不过同是这一种光明，却可以使多数人水样的与柔软的天性坼裂而与它不相容。但是照物的真价值来讲，理智的学问其实是其他各种学术的总论。因为亚里士多德很适当地说过："手是工具中的工具，心灵是形象中的形象。"所以可以很正确地说，理智的学问是学术中的学术，它们不仅指引并且还能证实与加强。

第三讲 圈子与人生

一、帝国与君主

二、计议与策士

三、费用与理财

四、富国强兵之道

五、讲话的艺术

六、放债的利弊

七、从属与朋友

八、误解与分歧

九、高官重职

十、司法与国家

十一、权衡价值

十二、贵族的位置

十三、交涉与协商

十四、诉讼与辩护

十五、党派与中立

一、帝国与君主

帝王常常惶恐终日，对人生无所寄望，他们在万民之上，地位至尊，荣华富贵无以复加，当然已经没有什么需要再冀求的了。可是，他们反而因此倍感烦恼，终日生活在惶恐的幻想与阴影中，心事重重，无法自遣。《圣经》上说：“天也高，地也厚，君子的心何所度。”这也算是原因之一了。当一个人的心中没有主要的目标，却满腹猜疑的时候，他的爱恨便令人难以揣测了。同样，帝王也会为一些琐事烦心，如搭建楼亭、提升某人的官爵、精通某项技艺（比如尼罗王会弹竖琴、杜密善王精于射术、高莫达王长于剑术、卡拉卡剌王善驾战车）等。我们在大事情上有了成就之后，如果停滞不前，则会沮丧；如果我们在小事情上面不时有些进展，则会感到精神爽快，不明白其中道理的人是不会相信我这个说法的。我们也常读到一些帝王的历史，这些帝王早年驰骋战场，南征北伐，战无不胜，但这种进展终会停止，因此他们到了晚年忧闷不乐而皈依宗教。亚历山大大帝和岱奥克里王就是这类帝王。近代的例子如查理五世，一个想往前发展的人，一旦猝然停下来，就会怅然，觉得大势已去，今非昔比了。

就帝王的恩威这件事情来说，难得的是懂得恩威并施，这算是一种美德。恩威并施与喜怒无常蕴涵了两种不同的概念。然而，前一种是恩德与威严交互使用，而后者与前者却是大不相同的。维思派尚问阿波洛尼洛斯："尼罗王为什么会失败？"阿波洛尼洛斯答得好："尼罗王抚琴的指法纯熟，曲调优美，而治国之时，则有时把弦调得太高，有时又调得太低。"的确，宽严失调都易使王权崩溃。

近代的帝王都是等遇到危难时才以巧计去避开的，却不见有人先采取预防的措施，这等于是在跟命运打赌。采取这种忽略祸患的做法，就可能大祸临头。帝王有许多的困难，其中最大的是他们心里的事。据塔西托说，帝王的欲望大都很强烈而又互相矛盾，所以既想达到自己的目的又不能不择手段则是帝王的致命错误。

做帝王的要设法对付邻国、妻子、儿女、僧侣、贵族、绅士、商贾、平民和军人等，如果他稍不留神，这些人都可能使他罹难、丧生。

首先来谈一谈邻国。由于存在着各种不同的情形，想定出一个对付邻国的一般法则是不可能的。但是，永远不变的原则是有的，那便是做帝王的应该经常有适当的防御措施（比如说，扩张领土、垄断贸易或入侵等），防止邻国变得比自己强大，以免遭受威胁。这种事情应该成立委员会专职负责。欧洲三强联盟时，英格兰的亨利八世、法国的弗兰西斯一世和查理五世，互相防范，严加监督。他们中间如有人被侵犯领土，两国则联合制止，必要时共同讨伐，誓将失土收复，绝不在中途轻言和解或暗中牺牲对方。与这种联盟性质相同的组织，还有那不勒斯的斐迪南王、佛罗伦斯的梅第奇王和米兰的斯福查王的联盟。中世纪的经院学派主张，两国之间，如非一国先侵犯另外一国，就不应该宣战。这种说法并不十分正确，如果是一国为了避免即将发生的危机，而采取正当的防卫措施，那么即使对方从无侵犯事实，也是合法的作战理由。

谈到妻子这一方面，历史上更有许多惨不忍睹的例子。例如利维娅毒死夫君奥古斯都大帝；梭利曼一世的王妃洛克莎拉娜为了想把自己的儿子立为土耳其王，而暗杀皇后之子穆斯塔法，结果破坏了皇室律法，扰乱了帝王血统的继承；英国爱德华二世的皇后暗中使他退位，而后再将他杀害。由这些例子看来，帝王妻子的危险性实在太可怕了。

至于子女方面，悲剧的事例就太多了。帝王通常猜忌自己的子女，这真是件极不幸的事。像前面提到穆斯塔法遇害后，土耳其王室的继承传统就受到严重的破坏，直到现在，自梭利曼大帝以后的数代，都被怀疑是异族的血统，因为梭利曼二世的血统已被大家认定是可疑的。君士坦丁大帝把他那为人忠厚温和的儿子克利普斯暗杀后，皇室的安宁也同样受到影响，皇太子君士坦丁二世和康斯坦斯的结局也都很惨。另外有一个太子康斯坦修斯也非常不幸，他被朱利安王讨伐以后，不久就病故了。马其顿菲力普二世的太子狄密区斯被自己的兄弟诬告叛国而被处死，他的父王后来发现他是被误杀后，也因忧郁成疾而辞世。像这类例子不胜枚举，帝王们从猜忌子女的行动中得到好处是很少见的，当然，子女们确实有叛乱行为的当属例外，像梭利曼猜忌太子巴加札特以及亨利二世的三个儿子叛变等。

谈到教士僧侣，他们要是势力庞大、倨傲不恭，那就不能说没有危险了。例如，坎特堡大主教安塞姆和贝克勒都曾企图要把王权与教权集于一身，不过他们所遇到的国王威廉二世、亨利一世和亨利二世也都是骄傲固执的，所以他们的野心难以施展。教会造成的危险并不在于教会本身，而在于教会圈外的势力，或者是由于教士的选举与任职不是靠君王或圣旨授予的权力，而是靠平民百姓的拥戴。

至于贵族，只要与他们保持一定的距离，就不会有什么严重的问题发生。然而，如果对他们加以压制，那时君主的主权虽然显得更有尊严，但是却会变得更加不安，更不容易贯彻命令。关于这一点，我在《英王亨利七世传》中也曾提及。亨利七世压制贵族，所以在他那个时代不断有内患发生，贵族表面上虽然仍旧服从他，但一旦事情发生时，他们便袖手旁观，采取不合作的态度，结果是君主事事都得亲自处理。

说到绅士，由于他们散处全国各地，所以不致成为大患。虽然他们时常大唱反调，不过并无大碍。他们跟贵族一样，只要他们没有掌握大权，便不致发生危险。由于他们与平民最为接近，关系最直接，所以如果发生骚乱事件，他们是出来缓和局势的最佳人选。

再谈到商人，他们对于国家而言，就像静脉与人体的关系，如果他们生意清淡，国家的四肢虽然依然强壮，但血脉枯竭，四肢便自然会变得倦怠、羸弱不堪。国家不要只对营业税打主意，其实营业税的加重对整个国家的税收益处并不如想象中那么大，虽然国库增加了部分收入，但对整个国家而言有损失，因为某方面的税收提高了，贸易数量反而会因此而减少。

至于平民，如果不是在他们之间出现伟人，或宗教信仰与生活习惯受到干扰时，也就不会有什么大问题发生。

最后谈到军人，如果他们聚集在一起要求恩赐，厚享薪俸，那将对国家贻害无穷，这一点我们可从土耳其的近卫军和罗马的侍卫队的叛变中得到证明。如果由不同的指挥官带领，将他们分派到一定的地方去驻守，并且不轻易给予赏赐，这样就能使他们成为捍卫国家的武力，不致发生祸患。

帝王犹如太空中的星球，对整个太空而言，星球在时令方面有好坏不同的影响。虽然他们很受人尊敬，却很少得到休息。有关帝王的一切讨论，记住下面两点将有助于理解："帝王得记住，你是一个人；同时也得记住，你也是一个神，或说你是造物主的代表。"前者约束帝王的权力，后者约束帝王的欲望。

二、计议与策士

人与人之间最坦诚的是互相信赖。其他有关信任的事，例如，生活方面托付朋友的有田地、财物、子女、债务及其他特殊的事情。贤明的君主对策士的信赖，并不会对自己的尊贵有所损伤。这种情形就是上帝也有过，上帝替耶稣取了许多名字，其中一个就叫作“策士”。所罗门这样说：“有筹划计算才有安定。”无论什么事情，都要经过一再计议才会妥善，否则便会颠倒反复、矛盾重重，像个醉汉行路般踉踉跄跄，结果只能听从命运的摆布。所罗门看出策士的重要性，所以凡事必依策士的计谋、策略而行。当年古犹太王国江山之所以破碎，是因为为谗言所误。如果我们想不为谗言所误，就必须谨防两点：就人这方面来说，要提防幼稚浅薄的人所献的计策；就事这方面来说，须提防激进的建议。

古代的帝王和策士有着密不可分的关系，并且他们也都能将策士操纵自如，这些情形我们可从书本上看出来。例如，在古希腊神话中，天神朱庇特娶了墨提斯。墨提斯象征策士，他们的结合就象征帝王与策士的密切关系。另外传说他们在结合之后不久，墨提斯怀孕了，可是，天神朱庇特不等墨提斯分娩就把她吃掉了，想不到他自己竟因此怀孕，后来就从脑壳里生出一个身着铠甲的雅典娜（即智慧女神）。这个奇异的寓言，隐喻着一个治国的秘密方法：帝王要利用策士。帝王每遇事件发生即令策士献计，这可比作怀孕期；等计策运筹妥当，即将付诸实施时，就好像胎儿已生长成形，即将分娩；然而，帝王却在这个时候把大权收回，不让策士去执行。之所以要这样做，乃是要使天下的人以为一切功劳都是帝王的，而非依靠策士（因计策商定后，要依赖武力推行，就像雅典娜以全副武装出生一般），要天下人以为这份功劳不仅是由帝王的威严而产生的，也是借帝王的头脑计划出来的，这样才会增加帝王的荣誉。

我们现在再来谈谈使用策士的弊病与补救的办法。通常使用策士的弊病有三：机密容易泄露；容易降低帝王的权威，一切事，帝主都比较不能自主；献计的人多是为了自身的利益，当他们对君主的利益未予顾及时，君主就有受到欺蒙的危险。这些弊病有一种补救的方法：将大臣们集合于宫中议事。这个办法意大利的学者主张过，法国有几个朝代也曾实行过，可是这个办法所产生的弊病反而更加明显。

关于一切国家大事的秘密，君主不必一一告知策士，需要斟酌权衡，把该讲的向策士讲，不该讲的则守密。策士们所献的计策，也并不一定全都采纳。国王应该知道，朝廷里的秘密可能会由自己身边策士之类的人泄露出去。谗臣议士常以出卖议事秘密牟取私利，所以他们之中很少有人不是唯利是图的。谈到危险性，一个多嘴的人自然远超过有口德的人。有些事的确是需要绝对保守秘密的，除了帝王以外，最多只能让一两个亲信知道。要能做到这样，帝王本身必须是坚毅果断与足智多谋的。帝王必须选任贤德之士做策士，并且更需要的是忠实可靠不违帝王旨意的人。像英王亨利七世，他遇有机密大事时，除了穆登和弗克斯这两位主教之外，便不再向其他的人透露。

在降低权威这一方面的补救办法，前面希腊神话中的那个寓言已说得非常明白。事实上，如果帝王能利用策士的计议，而由自己来拿主意，则自己的权威不但不会降，反而还会提高，并且，这样做也不会因听信策士的谗言，而失去臣属对自己的爱戴。可是，如果某一个策士的权威太大，或数人互相勾结，到了可左右宫廷势力时，那情形就严重了。不过，这种情形如果及早发觉，仍可设法补救。

最后要说明的弊病是献计的人有私心，因此做帝王的要起用本质诚实、真挚、坦率、正直的人。策士们通常都是互相防范的，很少有互相勾结的事情发生，所以若有争权或假公济私的事发生，帝王都会得到报告。不过，帝王们应该像了解自己那样去了解策士们，那才是最好的补救办法，所以说“贤明的君主贵在知民”。从另一方面来说，策士们不应去揣摩君主的性格。他们的精力应该集中在帝王所交代的事务上，而不是去卖弄自己的谋略，这样他们的目的才是献策，而非讨君主的欢心。在帝王方面，他的咨询办法有两种，即分别咨询与集中咨询。这两种方法如果并用将是最有益的。私下征询意见比较自由，当众咨询则比较郑重。私下我们可以随意表现自己的性情，在大众面前我们就不喜欢有人随意表现自己的性情了。所以，两种方法并用最为合适。对职位较低的人不妨采用私下征询的办法，这样他们才敢于把意见自由地表达出来，而对于高职位的人则采用当众咨询为宜，以维护彼此的尊严。帝王们在询问大臣对事情的意见之外，也要询问他们对人选的意见，否则询问也无用，因为一切事情都需要挑选适当的人来处理。考虑人选的品质不可仅仅凭他的等级地位，就像不能仅凭自己的模糊记忆或他人的精确描述，因为重大错误的酿成或伟大智慧的显示都在于对人的选择。古语说得好："书籍是最好的顾问。"的确，顾问常不肯说真话，只有书籍才会记载真实的话，特别是有治国经验的人所著的书，帝王们要多加研究。

有些地方现在举行参议会，那只能说是一种平等的集会，在会议上只谈谈各项事务，并未深入研讨，并且因为过于匆忙，所以连考虑后再做决定的工夫都没有。因此，遇有重大的事情时，最好是今天交议，等到明天再去讨论，因为这样才有充分的时间做较周详、缜密的思虑。英格兰和苏格兰合并的协商会议是个严肃而有秩序的会议。我主张请愿的案件要划出一个特别的时间，这样请愿人才能得到被接见的机会。并且，决定国家大事的会议要从容计议、专心讨论，这样才不致受到干扰。在会议中最好挑选中立分子为委员来进行讨论，不可以在双方争执不下时求折中。关于贸易、财务、军事、申诉以及某些特殊问题，也应各设一个常务委员会来进行研讨。对那些有特殊技能和专业的人，应让他们在各常务委员会上首先发表意见。如果需要，再让他们在参议会上发言。但要注意的是，别让他们成群结队地去，以免扰乱议会秩序。帝王在出席会议时，不可发表太多的意见，因为帝王的意见既出，议员们便只好顺从，不便再把自己的意见贡献出来，结果就失去了议会的效果。

三、费用与理财

金钱是供人使用的，花钱的目的在于得到荣誉与为善。因此，额外的花费是否值得就要看具体情形了。倘若为了国家利益而自动捐献财产，这样不仅国家可以得到很大的帮助，就是个人也会因做了善事而在将来能进入天国。个人的日常开销要看财力而定，最要紧的是开支不要超出自己的负担能力，也不可以听信仆人的话，随便他们花用。花钱有技巧，要支配得很恰当。购物须选价廉物美的，要使实际花费低于外人的估计。一个人如果要维持现在的经济状况，日常开支不得占收入的半数以上；如果想要发财，开支则不可超过收入的三分之一。大人物也应亲自清查自己的财产，这并不会降低自己的身份。可是，有的人不这样做，其原因恐怕除了他们自己疏忽成性之外，也害怕一旦发现亏空而忧烦。然而，你不找出伤口，创伤又如何能治好呢？一个人如果对自己的财产无法亲自去处理，用人就得小心，并且所雇用的人还要常常调换，因为新人不会像旧人那样大胆狡猾。不能亲自处理自己财产的人，对自己的一切收入和开支最好都先确定一下，以免有透支的危险。

你如果在某一方面产生了浪费，就得在另一方面设法节省。比方说，饮食方面太浪费了，服装方面就得节省；屋里摆设豪华，马棚就得简陋些。人的财产到底是有限的，如果各方面都奢侈浪费，结果可能会弄得倾家荡产。

清理债务时不可操之过急，否则就和欠债太久不还一样，对自己不利。拖延债务须付利息，这固然是一种损失，但是如果急于还债，而把东西或产业廉价出售，这样的损失更大。再说，突然把债务偿清了，对于欠债成了习惯的人来说，他还是会再去借债的。慢慢还债的人却养成了勤俭的习惯，这既可以在钱财方面少受损失，在精神方面又会获得许多益处。

当一个人的财产需要弥补时，换句话说，当他的财产亏空时，那就什么都要节省了，即使是小的地方也不可忽视。节省小钱并非不光荣的事，屈辱着去赚小钱才是有失体面的事。有些开销如开了先河，便无法停止，这类的开支要特别小心，如果这种开销仅此一次，那就不妨慷慨一次。

我把财富称为德行的累赘，因为财富相对于德行而言，就像辎重车辆相对于军队一般。你不能把辎重车辆留在后面或抛弃掉，然而在某种环境下行军，辎重车辆不但无用，反而会变成累赘，说不定会因为要照顾那些东西而打败仗呢！

事实上，财富过多是无用的，因为一个人所需要的钱财是有限的，超出限度以外的钱财便是多余的东西。因此，所罗门王说："钱财多的地方便会有许多人来消耗它，对于钱财，主人除了一饱眼福以外又有什么用？"多余的钱财只能使主人落个有钱的虚名，对他并无一点实用的价值。并且，当一个人的财富达到了某种限度之后，超出的财富并不会为他增加乐趣。这些超出的财富他可以储存起来，或者赠予他人，他也许会因此而享有富翁的虚名。由于他已有足够的钱财，所以超出的财富对他来说是毫无用处的。你可曾看到，有人出高价购买珠宝古玩或铺张华贵的陈设，想使他那多出的财富显得有些用处。也许你会说，财富可以救人于危难或解除困境。所罗门王说：“富人想象财富是一座坚固的堡垒。”这句话说得很妙，因为他说那是“想象”而已。其实不然，为钱财所毁的人比为它所救的人要多。

不要去找额外的钱财来挥霍，要用正当的手段赚取钱财，花钱要得当，该慷慨的时候就慷慨捐赠，该存下一些钱财的时候就存下一些。对钱财也不要过于轻视。西塞罗在评论婆修玛斯时说得好：“他热衷于积聚财富，为的是要做些好事，而不是贪婪。”因此只要运用得当，财富的价值仍然是很大的。我们再来看看所罗门王怎样说：“想要急着发财的，难免会适得其反。”所以积财要有耐心，不可以操之过急。诗人们在想象财神普鲁塔斯奉天神朱庇特的命令而来时，说他是一拐一拐地走得非常慢的，而奉地狱之神普鲁托的命令而来时，他却走得非常快。这是比喻用正当的方法和诚实的努力去取得财富的过程是很缓慢的，相反，因某人死亡而继承财产时，则可以很快地获得财富。另外，因为普鲁托是魔鬼，所以我们可以给予另一种解释：财富从魔鬼那里来得特别快（如以欺诈、压榨或其他不正当的方法）。发财的办法很多，然而多半是不正当的方法。节俭虽然是一个很好的办法，可是也不见得清白，因为当一个人过于节俭时，他对慈善义举也就不肯出钱了。

最自然的致富之道是利用土地。大地是我们伟大的母亲——它给予人类许多恩典。只可惜，现在的人如果要靠种地致富也是非常慢的。不过，资本雄厚的人如果一心经营农场，是能获得极大的利益的。我以前认识一个英格兰的有名而富有的贵族，他是个畜牧家，他除了有那数不尽的羊群和阡陌相连的稻田以外，还是个大木材商，也是大煤矿、大铅矿和大铁矿的矿场主人，还有其他数不完的财产。因此，大地在他看来就像是藏有无尽宝物的海洋一般，可以取之不尽、用之不竭。

有一次我听一个人说，他赚小钱很困难，赚大钱倒很容易。这句话颇有道理，因为有的交易金额很大，却只有少数极有钱的人才能做到。人有了许多钱便可以积存货物，而后待价而沽，从中获取利润。这种人也可以做没有钱的人的老板，这样一来可以利用他人的能力来赚钱而增加自己的财富。普通商店赚的是规规矩矩的钱，他们获利的主要方法有两个：一是勤劳；一是公平交易，名声好。如果以投机取巧或囤积居奇的手段去做损人利己的交易，就是不正当的。中间商多半是以低价购入，而后高价卖出的，他们转手之间便获取巨利，不仅是卖主被剥削，顾客也同时被剥削了。

与人合资做生意也很容易赚钱，只是伙伴要选择诚实可靠的，不然，情形就大不一样了。放高利贷是最好的赚钱办法之一，因为放债的人坐享其成，别人等于是在替他流汗，而且连假日也要照算利息。这简直是犯下戒律了，它固然是一种保证无风险的方法，但是也有它的弊端，经纪人常将并不富有的人看成是有钱的人，尽量从他们身上榨取钱财。

有人因很幸运地发明或发现了什么而取得了专利，他们往往会获得巨利而成富豪，在康纳利岛上经营糖业的人就是这样发财的。所以，具有发明或发现天赋又兼具判断能力的人，不一定是绝顶聪明的，只要时来运转，他自然会发一大笔财的。

把金钱贷出去收利息，而自己不敢拿金钱去做生意的人，永远无法得到大的财富。但是冒险成性的人也往往会落得倾家荡产。因此，在你未有确定把握能赚到某笔钱以前，最好先有个打算，以免发生意外。假使没有人限制你，从事专卖或垄断事业倒是发财的最好机会。如果你是一个有先见之明的商人，你能判断出什么是畅销的货物，那就不妨大量搜购货物，等到利市时售出。当然，替人做事所得的报酬是正当而光荣的，而以谄媚逢迎或其他卑劣的手段获取钱财，那就很可耻了。如果是专从人家遗嘱的执行或监护权中谋夺利益，那就更可鄙了，因为他们所做的勾当，与逢迎贵族比起来，实在是更无耻。

有些人表面上轻视钱财，对这种人不要太相信。其实，他们不过是得不到钱财，才假装对钱财漠视的，一旦他们捞到钱财，就会比什么人都狠心了。钱财有时像是长了翅膀，会不胫而走。对某些小钱不必太计较，有时把它放出去了，它倒会带回更多的钱财呢！

人到最后，不是把财产留给亲人，就是留给大众。但是不论留给谁，都以适量最有益。遗产太多，继承人便成了众人谋算的对象，除非他的年龄与经验各方面都已成熟，否则总是会遭人暗算的。同样的情形，如果只是为了炫耀自己的财富而大量地捐赠，这就像供物中没有放盐一般，不能保存较久，又像是外表粉饰漂亮的坟墓，里面却会很快腐烂。人们要谨记，遗产的价值不在数量之多，而是在于与继承人的身份是否相符。遗产的馈赠最好是在生前，不要等到死后才赠给别人。因为活着的时候给人礼物可说是一种恩惠，而死后才把自己无法享受的东西送给别人，那就称不上是慷慨的行为了。

四、富国强兵之道

雅典政治家塞米斯托克里斯有一次赴宴，席间有人请他弹琵琶，他说："我不擅长弹琵琶，不过我能将小市镇变成大城市。"他说这话时一副傲慢、不可一世的样子，但这句话（如果稍微修改而用在政治上）可以表示两种治国才能。我们且把历代的王公卿相认真地加以分析，就可以发现有的人能把小国变为大国，却不会弹琵琶；也有许多人弹起琵琶来指法熟练，却无法把小国变成大国，这类人往往会使鼎盛的国家沦为破碎江山。有许多享受着高官厚禄的人，为了讨好主子，都不惜施以卑鄙的手段或诡计，这种勾当便称为"琵琶小技"，加在他们头上并不为过。这种事情只图一时之快，只与个人利害有关，对国计民生毫无裨益。也有一些大人物在处理事物上，谨慎从事，不致酿成大错，但是并不能增加国家的威望与财富。国家真正的精神何在？怎样才能保持那种精神？这是谋国者应把握的主题。怎样能够做到既不过分高估自身的能力，以致费力不讨好，又不低估自己的能力以致凡事缩手缩脚？

一个国家的大小是可以测量出来的，它的财税收入也是可以计算出来的。然而，工作中最易犯的错误就是对国力的错误估计。耶稣不把天国当作一个大果核，却把它比做一粒芥子，虽然那是一种极小的颗粒，但是刺激性极强，传播也很快。同样的道理，有许多国家地大物博，可是不易扩张和治理；有的国家虽小如芝麻，却具备了变为大国的基石。

设有坚固的城堡，储备有丰富的火药、军械、铁骑，但没有训练有素的强悍国民的国家是不会强大或打胜仗的。因此罗马诗人维吉尔说："狐狸对于绵羊的多寡是不在乎的。"亚贝拉的波斯军浩如烟海，使亚历山大的大将为之惊愕，于是有人告诉亚历山大大帝，最好是夜间去偷袭。但是亚历山大说，他不准备以偷袭而窃取胜利。后来他果然以少取胜，轻取敌师。亚美尼亚人提格尼斯率领四十万大军驻扎在一个山头上。当他发现罗马兵力不过一万四千人的时候，便哈哈大笑起来说："那些人凑个使团有余，要是打仗就太少了。"然而不到日落时分，骁勇的罗马士兵便把他的部下打得落花流水。这样的例子不胜枚举。因此，我们可以下个结论：国家是否强大，关键在于国民是否英勇。如果国民怯懦无能，即使国家军械不缺乏也不堪一击。梭伦对克里沙斯王说："陛下，谁有最精良的武器和勇敢的士兵，谁就可以占有天下的一切财宝。所以，作为一国的君主，如果人民都不是勇敢善战的士兵，那么就别高估自己的力量。"从另一方面说，人民只要有勇敢的精神，便可知自己的力量。反之，即使威风一时，不久也会威风扫地、一败涂地。

一个国家的国民不可能既是小狮子，又是卧在羊圈中的驴子。如果一个国家的国民负担的苛捐杂税过重，就永远不会成为勇敢尚武的国民。这里所指的是人心，而不是钱包。所以，同一种税捐，自愿与强迫，却会产生不同的作用。因此，赋税过重的国家是不会强大的。

一个国家的贵族如果增加得太快，平民的情绪就会变得消沉，这是执掌国事者应密切注意的。比如丛林，如果我们任它蔓草杂生，这里便不会有排列整齐的小树生长，而只会有一片杂木矮丛而已。国家也是这样，如果绅士太多，必然会出现贫富分化，社会矛盾重重，人心涣散。所以，人口多的国家不一定就强大。比如，英国的土地和人口虽然较少，但是武力较强，因为从英王亨利七世开始，就给农场和农舍制定了一种标准，即土地分配有一定的比例，使每个国民都能安居乐业，而不致过着贫贱的生活，即使是地主也是握锄头的人，不只是雇工才握锄头，这样便可以达到诗人维吉尔笔下古意大利的境界：

"举国皆兵，大地丰收。"

有一种国家也是不容忽视的——奴仆享有自由的国家。这种自由奴仆并不亚于义勇骑兵队。因此，贵族显要享有富贵，仆徒如云，他们慷慨好施，国税因而增加，兵力自然强大。反之，如果贵族显要寒酸的话，国家的兵力一定也会贫弱的。

尼布甲尼撒梦中那株枝叶繁茂的大树，不论它的负荷多重也要生长下去。他的意思是说，要全国原有国民与归化国民都联合起来担起国家的重任，国家才能生存下去。所以，凡是以宽容的态度容纳从外国来归化的人的国家，都将成为一等强国。不要以为靠少数的国民、最大的勇气和最佳的策略，就可以强大起来。如果不能宽容归化的话，国家恐怕只能支持短暂的几年，结果还是会崩溃的。斯巴达最喜欢容纳归化的民族，所以它可以安稳地守卫一定的领域。可是，当他们扩张疆土的时候，正如树枝过多，突然狂风大作，必定会被风折断。历史上最欢迎归化的是罗马人，他们不仅允许归化（他们称为公民权），而且彻底地接纳归化。也就是说，你不仅有贸易权、婚嫁权和遗产权，也有选举权和担任公职的权利，不但使个人归化，也使全家、全城，有时甚至全民族归化。此外，他们还有移民的风俗，把罗马的种子移到别国去，连这些权利也都包括在内。把这两种办法合起来，结果不是罗马扩张到全世界，而是全世界扩张到罗马来，这便是可靠的富强之道。有时我觉得很奇怪，西班牙的本国人这么少，怎么会控制这么大的版图？我们应记住，西班牙的版图正如一株树干，比当初的罗马与斯巴达都要大，他们虽然不像斯巴达那样容纳归化的人，可是他们利用的办法是多种多样的。他们在正规军里容纳外国人，甚至在高级长官中也有外国人。不过，他们目前已感到本国人越来越缺少了。菲利普四世颁布奖励生育子女的命令，我们从这道命令上也可以看出端倪。

一个国家要富强，最重要的还是要把扩充武器装备当作主要的任务、研究和工作。我们以前所说的都是战争的训练工作，但是，如果没有目标和行动，又如何谈训练呢？洛马拉斯死后送给罗马人一份礼物：最重要的是注意武器装备，这样便可以成为世界上第一等强国。斯巴达国家整个组织都是为这个目标而制定。波斯人和马其顿人都曾经一度武器装备充实，不过为时短暂。高卢人、德意志人、哥德人、撒克逊人、诺曼人都曾一度武器装备充实，不过也渐渐地衰微了。在当今的欧洲国家中，还算强盛的只有西班牙。但是，我们最关注的事也就是我们最受益的事，所以在这里也不必再多谈了，只要指出这一点加以注意就够了。

除此之外还有一点，一个国家必须制定一种法律，以备在作战时作为适当的借口。因为人性天生有是非感，我们的国家如果要作战，一定要有理由，最低限度也要有似是而非的理由。土耳其人以传播律令为作战的理由，所以他们的出师永远都是名正言顺的。罗马人战胜归来，认为扩张疆土是他们大将的荣誉。可是，他们发动战争时，并不全靠这个理由。当然，要想富强，第一要警觉，无论是自己的边疆民族、商人或外交使节，只要受到侮辱，都要立刻为他们复仇，不可拖延；第二要随时准备支援盟国或请求盟国援助。罗马人就是这样，他们和几个别的国家联盟，一旦遭受侵略，便请盟国援助。不过，罗马人总是走在前面，他们绝不让别人有抢先的荣誉。至于古代干涉别国内政的战争，我看不出有什么充分的理由：如罗马人为希腊殖民地的自由而出师，斯巴达人为建立或推翻民主或寡头政治而出兵。外国人假借正义或保护的名义而出兵，声称为解救别国国民而战。总之，如果一个国家不能及时把握作战时机，那它是不会富强的。

一个人如果没有运动就不会健康，自然界的事物和社会团体也都是这样。就一个国家来说，出师有名并且用意光明磊落的战争，就好比有益的运动。内战实在是像一阵寒热病所发的高烧，但是对外战争就好像运动后所发的热，可以促进身体的健康。懒惰的和平使勇气丧失、道德沉沦。然而，如果一个国家的大部分国民都武装起来，则这个国家一定会富强。如果有一支训练有素的部队，虽然耗资很大，但是在邻国之间，它可以起领导的作用，至少也享有虚名。在西班牙就是这种情形，他们经常保持一支训练有素的部队，迄今已有一百二十年的历史。

海上的霸权就是一个帝国的缩影。西塞罗曾写信给庞培的将领亚提科斯谈到庞培准备攻打恺撒的事说："庞培的政策像是塞米斯托克里斯说服雅典从海上进攻波斯的政策，他认为谁有海上霸权，谁就是强者。"毫无疑问，他是虚荣心太强，想把恺撒的力量消耗殆尽。关于海战的效果，我们可以举出许多例子。奥古斯都击败安东尼的亚克汀之战，便决定了第一帝国由谁来执掌；1571年利邦多的战役，土耳其击败了西班牙联军，便确定了土耳其的伟大。历史上以海战获胜而结束纷争的例子比比皆是，只是一国之君要全力以赴才能成功。无疑，谁控制海权谁就可以为所欲为，而在陆地上称霸的则只是海峡以内的而已。迄今欧洲海上的优势属于英国，一来是因为欧洲大部分的国家都在内陆或绕着海岸，对英国有利；二来是因为东西印度群岛的大部分都像是海上霸权的附属物，全都在英国的控制中。

后世的战争与古代光荣的战争相比，似乎黯然失色。现在为了鼓舞士气也有各种等级的勋位，且颁赠时不分军民，此外还有勋章以及伤残病院等设施。然而，在古代，在战胜的地方都竖立起阵亡将士的纪念碑，授予个人花环与桂冠，后世国君以获得荣誉者的名字作为国号或帝王名号。大将凯旋的光荣、兵士解甲时所得到的大批赏赐，这些都足以提高士气。当年罗马人认为最重要的并不是炫耀战绩，而是定下一种聪明的制度，它包括三种酬劳：荣誉归于大将、金银财宝归于国库和赏赐归于军队。可是，那些荣誉对亲自率兵出战的帝王并不合宜，因为荣誉是属于帝王本身或他的子弟的，故要酬劳的只有后两项，即赏赐有功的部下一些彩衣或赏赐大将一些锦旗而已。

总的来说（像《圣经》上所说的），我们这小小的躯体无法再增加什么东西，但在国家这个大躯体上，一国之君有力量增加它的广度与大小，因为他可以借法令、制度和风俗等，为后世种下富强的种子。然而，这些事常被忽略，而让运气去做决定了。

五、讲话的艺术

有的人讲话不是在显示他的见识，也不是要对有待辨别的是非发表见解，而只是要表明他能在任何情形之下自圆其说，使人称赞他的机智。这样的讲话能获得别人称赞的只是那如珠妙语，而不是真正的道理。有的人对普通的话题长于谈论，不过他们的谈话却十分刻板而少变化。讲话少变化会使人生厌。最恰当的讲话态度是懂得控制话语的内容，当某一话题发挥完毕时，巧妙地转移话题，并以主动的姿态控制话题。在演讲或普通交谈时，都要懂得做些变化，所谈问题要用浅显的道理加以印证，使人容易听懂，说明一件事情的经过时带点说理的言辞，在闲话中夹杂些意见，在笑话中来点正经的话题，这样才不会使人因听同一种话语太久而感到厌倦。

在有些场合谈话要避免诙谐，如遇到宗教问题、国家大事、个人急事和令人同情的事等。但是，也有人认为，当对方的头脑不清醒时，说些比较刺激的话也许可以使对方振作精神。过于情绪化的言语应加以节制：要好好勒住缰绳，别轻易扬起鞭子！

我们要辨清机智与带讥讽的急智之间的差别。喜欢用讥讽的语气说话的人，人们对他的话会有所畏惧，因此这种人要防备别人对他记仇。肯向人讨教的人，不仅能增长见识，也讨人喜欢。如果所提的问题是被问者的专长当然更好，因为这样被问者可以借机发表他的见解，并且会很得意，发问的人也因而受益匪浅。但要注意的是，别问些无聊的话，否则会惹人讨厌。

在自己讲话时，要给别人讲话的机会。如果一个人说个不停，不让别人插嘴，那么就要设法制止他，使别人也有讲话的机会。像16世纪流行的轻快的双人舞，如果跳舞的人停不下来，音乐师便会出来制止。

如果你不懂装懂，别人虽不揭穿你，但别人绝不是不知道你对自己不懂的事装懂。在说话中要提到自己时，必须选择适当的时机。我认识一个人，他常这样揶揄某一个人说：“他总爱说他自己怎样怎样，结果把自己说成圣贤了。”如果想要自夸而又不失面子，有一个办法：当你发现别人身上也有你所具备的优点时，你就尽量夸奖他就对了。

说话不可太随便。我认识英国西部的两个贵族，一个在家常常保持严肃的态度，而在外面却爱嘲讽他人；另一个则喜欢对那些到他家来参加宴会的人说：“请向我说句实话吧！难道席间连一句和谐的话都说不出来了吗？”客人都说了实话。而那位贵族却说：“我以为他的话会破坏席间的气氛呢！”结果弄得彼此都不愉快。所以小心说话比雄辩好些，措辞得当也比恭维好些。只会口若悬河般做长篇大论式的讲话的人是不会交谈的人，他的讲话显示了他做人太不活泼。但是，只会说些闲话而不会做长久辩论的人则又未免显得太浅薄怯懦了。有时，虽然话不及正题，但是起到了引述的作用，这样的话说多了往往会令人生厌，然而，一点引述也没有的话又太不婉转了。

六、放债的利弊

许多人对放债这件事予以冷嘲热讽的攻击。他们说，十分之一的税收原是奉献给上帝的，然而现在为魔鬼所享用，实在令人惋惜。在这个世界上，最敢冒犯周末、假日、安息日的人就是放债的人，因为这种人使借债的人连礼拜天都要工作。放债的人就是维吉尔所说的雄蜂，维吉尔的诗句是这样说的："他们把不从事生产的雄蜂从蜂巢里逐出。"上帝把亚当贬落到人间后，所制定的第一条戒律就是："你要用自己的血汗去换面包，不可用他人的血汗去换面包。"人们又说："放债的人所戴的帽子都是橘黄色的。"而放债正是犹太人的专长。以财生财是违反自然的。我认为，人类既然有悭吝的性格，对于放债生息这件事当然也就应该没有所谓不可以的这种说法。世上难免有互相借用的事，而人心又大都是吝啬的，有谁愿意把自己的东西慷慨地借给别人呢？因此，放债生息的行为是应当被认可的。国家设立银行以及政府要人民报告收入的来源，便有人怀疑这是否合理，并提出过机智的质问，可是一直都没有人敢以实用的眼光来谈论有息放贷。我们最好把放债的优点与缺点一一列举出来，而后慎加取舍，并且要留意别让放债的长处被短处掩盖了。

放债生息的第一个缺点是，人们既然可以用放债的方式赚钱，那社会上做生意的人就不会多了，因为要是世间没有这种偷懒的行业，人们就必须把资金投到贸易上去，而贸易才是国家财富的枢纽，就好像人体的血脉一样。第二个缺点是，容易使商业不振，由于农人坐享田租，农产品就不会增产，而商人坐吃利息，营业当然也不会好。第三个缺点是，由前两个缺点所产生的结果，那就是商业不振以后，税收无法提高，国家的税收自然也就减少了。第四个缺点是，财富集中在少数人的手中，由于放债收利息是绝对不会亏本的事情，别的行业都没有它可靠，财富很快就会都集于放债者的手里。然而，国家的财富平均分散在多数人的手里才能兴盛起来。第五个缺点是，贬低了土地的价钱，因为财富的主要作用是买与卖，可是放债的办法对买与卖都很不利。第六个缺点是，如果没有放债的障碍，就会促进财货畅通与工商发达以及社会进步，同时还会增加许多新发明。如果大家都坐吃利息，工商业便无法振兴，社会也难以进步，自然就不会有什么新发明了。最后一个缺点，它导致许多人破产以及国家贫乏。

现在来谈谈放债的优点。第一个优点是，放债虽然在某些方面会妨碍贸易，但在另一方面又会促进贸易，因为商务的推动大部分是要靠年轻人付出利息借债来经营的，所以，要是债主要收回资金或不愿放债时，商务就会停止了。第二个优点是，放债生息会使借款人陷入困境，那么借款人就会以低价出卖房地产进行抵债，与其说是债务在啃食他们，不如说是无情的市场在吞没他们。至于典当也是如此，因为开当铺的人也要收取利息，纵使你不还利息，他们的目的本来就是要没收你的抵押品。我记得英国有个刻薄的富人常这样说："这该死的放债办法，造成了无典当抵押品的没收。"第三个优点，即最后一个优点是，我们如果要借钱而不付利息，那完全是空想，借钱的办法如果受到压制，那将会引起许多难以想象的不便，所以，谈到要废止放债这个办法，那简直是不切实际的想法。世界各国在从前都无放债生息的办法，而今却已有放债的种类与利率的不同了。如果要取消这种办法，那只有到柏拉图的"理想国"去了。

现在我们再来谈谈放债办法的改良和限制，即说明要如何来避免上述的缺点和保留上述的优点。当我们把放债的利弊两相比较之后，便可知下列两件事有调整的必要：第一，须将放债者的利齿磨钝，使他们在咬人时狠不起来；第二，须有一种办法来鼓励富人贷款给商人，这样一来不但不会使商业停顿，反而会使商业更有生气。如果想达到这两个目的，应该采取下面两种办法，就是将利息分为两种：大利息与小利息。如果把利率压低到某一个比率，借款的人会感到便利而多借，这样反而会造成商人负债过多而不易赚钱。同时我们又要注意，做生意是最赚钱的，因此除了商人以外，别人是负担不起较大利息的。要达到这个目的，需要设立两种不同的借贷利息：一种是自由而普遍可行的；另一种是只借给领有执照的商人，而且是有固定场所与经营方式的商人。第一，一般的利息应低到百分之五，由政府自由贷放，不得收罚金。这样做，可以解除国内借款者的一些困难。另外，也得把土地的价格提高一些。要把为期十六年的置产贷款利率降低为百分之六，非置产者则应在百分之五。这种办法可以刺激工商业或其他生产事业的改良，因为有了低利率，人们便都会愿意投资于这种企业。第二，政府对某种人应该发给执照，准许他们以较高的利息借款给某些较大的商业经营者。但是，下面几点应该注意：利率规定的对象固然是商人，但也要定得低一点，以使借款者除了感到有利于改革经营外，也感到真正能负担的便利。无论商人也好，一般人也好，都能确实受惠。不必创设银行或其他金融机构，也能使人人有支配金钱的便利是最好的。并不是我完全不喜欢银行，而是因为有人怀疑银行，甚至不能容忍它。国家把执照发给债主时可以收取一些手续费，其余的利息都归债主所有。手续费不收过多的话，债主是不会不高兴的。国家收取少许的手续费后，以前收受利息百分之九的人现在减为百分之八，这样他也不会放弃原来的行业而改去冒险投资别的行业。这样的债主越多越好，但须限制他们住在某些商业城市中，以免他们以自己的名义拿别人的钱去放债，使收受百分之九的利息的债主，再去别人那里拿百分之五的利息的钱来转手借放。也许有人会提出异议，说以前某些地区只是可以放债而已，现在却都公开承认，这未免太不妥当了。但是，我的看法是，假如政府对日益炽盛的暗中放贷的风气故意装作不知，那倒不如公开承认而收缓和之效。

七、从属与朋友

从属多是弊多利少，因为从属就像列车，拖得越长，列车行驶就越不灵活；也像鸟类，尾巴长而翅膀短时，就无法随心所欲地飞翔了。这里所说的“弊多”是指费用支出庞大，而他们要求又多、令人厌烦。再说，从属都是在需要帮助与保护的范围之内的。若你的从属不能安分的原因不是因感情上的问题，他不满的是你的朋友，这样的人就不可收留了，因为你会因他而与朋友失和。这种情形在某些小人物身上是常见的事。有的从属的性情喜好夸大，逢人就吹嘘他的恩主是如何伟大，这种人同样会为你惹来许多麻烦，因为他们容易泄露机密，常会把事情弄糟，恩主的声誉也会被他败坏，且可能招致别人的嫉妒或让别人怀恨在心。

雇用一种人是非常冒险的，他们专喜刺探恩主家里的隐情，然后四处向人宣扬，所以这种人实际上是奸细。然而，他们却大都能得到恩主的宠信，因为他们在暗中搬弄是非，表面却逢迎恩主。

通常身份高贵的人都会养些从属人员（长官退休，随从人员仍会跟随他们的长官），这种情形一向都被人认为是合情合法的，即使帝王也会同意。但是，要注意的是，这些人生活不可过于奢侈豪华，对部属也不可故意纵容。最正当的做法是，知道怎样去提高从属的品德与气质，而在办事上，如果无须用高强的人的话，还是用平凡的人比较好。

事实上，德国在沦亡的时候，勇敢的人比有才能的人还要有用些。一切事情都应秉公处理，不可有所偏颇。如果对一部分人特别优遇，就会养成他们骄横的习气，而其余的人则会产生不满的情绪，因为他们也想要求同等的权利。相反，如果一切都合情处理的话，那就不会厚此薄彼，而会公正对待、一视同仁，这样将使受宠者更加感恩，其他的人也不会产生不满的情绪。不论对待任何人，一开始都不可太优待他，这才是谨慎的办法，因为你不可能自始至终都优待他。只采纳一个人的意见是不安全的，因为一个人承担所有的责任是过重的，这容易使人蒙受极大的挫败而身败名裂。不可立刻批评说坏话的人或大胆批评身份高的人，这样容易遭到损伤。但是，如果征求太多人的意见，危险也会很大，因为这样常会要最后的那个人下判断，而这种人又常无主见，无法做出正确的判断。所以，最好的办法还是采纳少数朋友的意见。朋友常是旁观者，看得比你清楚。没有深谷，高山就无从显出。人间的友情少得可怜，在同辈之间更少，因为同辈常是重视自己而鄙视他人的，因此在长辈与晚辈之间才有友情存在。主仆之间是尊卑关系，主人发了财，从仆也就有福可以分享一点了。

八、误解与分歧

我已经把学问的三种病症都说到了，此外还有几种可说是不健康的状态，而不是已成的病症，但它们可不是这样的隐蔽，而是为一般所共见，因此不能置之不论。

这里面的第一种是两个极端：一个是古旧，一个是新奇。在这种地方，时间之子是很像他父亲的性情与狠毒的。因为像他吞食他的儿子一样，他的儿子们也是这一个想吞那一个。一方面古书对新添出来的东西怀着嫉妒，一方面新奇对仅仅增添还不满足，却还要把旧的都抹去。预言者的劝告真是这种事情上的正当指导：“站在老路上看哪一条是直而好走的路，就在那上面走。”古旧是该得到这种敬意的人，应该站在那上头去找出哪一条是最好的路，但是等他已找着了新路，就该依此前进，正确地说，“古代是世界的幼年时代”。到了现在，世界已经老成，所以世界的老成时期是现代，而不是像我们倒数上去那样计算的古代。

还有，上述崇古的习惯所引起的一种错误，就是不信现代还有可以发现的事，这好像是要对时间提出那琉欣对朱庇特与其他的神所提出的疑问：这些神在邃古时代，诞育子女如此的多，而在他的时代不再生育，甚为可怪，是否因为他们现在老了不能生子，还是因那反对老人结婚的法律使他们受了拘束？照这样看来，仿佛人是在忧虑着时间已到了衰老的境况而不能再生育了，而在实际上我们常看到人判断的轻率与多变。在一件事情没有做到以前，总对这件事情可以做到抱着怀疑的态度，而做到以后又怪着何以不早做到。在这种问题未经证明以前，我们觉得是这样难以承认他们，但是一到了证明以后，我们的心智就用了那种追溯的方法来承认他们，仿佛是早已知道似的。

还有一种同上面所说的有点关联的错误，就是以为从前的这些意见或学说，经过提出与审查之后，最好还是保持它的势力而把那其余的压服了。所以如果有人要去做重新搜讨的工作，他往往只是集中在已经为人唾弃，且因为被唾弃就为人忘却的意见上。这种错误好像是以为，多数人或是最有智慧者，为迎合多数人的心理，是不容易接受那为一般人所喜爱的与浅显的，反而会去接受那实的在与深奥的。事实却是如此：时间是同江河的性质差不多的，它把那些轻而饱含着气体的流走，而把那重与坚实的沉下去。

还有一种和上述各种情形不同的错误是：太早或随意把知识应用于技术并编成了完备的著述。从这个时候起，科学大概就不能再得到充实了。如同年轻的人到了肢体发育完全以后就不会再长，知识在简括陈述与解说的阶段，是还在生长的，但是等到容纳在确定的详尽的著作中，虽或还可再加打磨，但使它适于实用，它的实体容积却是不能再增长了。

还有一种延续刚才所说的那种错误，是人在把各种学术分散了以后，就不再理会各种学术的共同性或基本的哲学，这样各种进步都停止了。人在平地上是不能得到一个广阔的视界的，同样，在学问上，如果你始终站在这一种学问的角度，它的深远之处你将永远无法达到。

还有一种错误是因对于人的心灵与理解力过分地崇敬与敬爱而发生的，因此人离开了自然经验，尽在自己的理智与意见中上下颠簸。赫拉颉利图对于这种为一般的人所认为的最卓绝神圣的哲学家的唯智论者，曾适当地批评道："人在他们自己的小世界中，而不在那大而共同的世界中寻觅真实。"因为他们鄙视在上帝工作的记载中去掉字形，这样一步一步地去问它的内容，却是相反的，用不断的思索与智慧去强迫并责成他们自己的心灵，在这种地方，他们被迷误了。

还有一种与上述略有关联的错误是，人常用他们所最喜欢的见解或最常研究的科学来渲染他们的思考、意见与理想，给所有的东西都加上了一层这种见解或科学的颜色，这完全与实际不符。柏拉图是这样把他的哲学与宗教混合着，此外亚里士多德与逻辑学、新柏拉图学派的薄罗克鲁及其他的人与教学也无不如此，因为这都是他们最喜爱的学问。同样，炼金术者以几个炉火的试验来造成了一种哲学；我们本国的吉尔培都以几个磁石的观察来造成了一种哲学；西塞罗在陈述关于灵魂的性质的几种意见的时候，说到一个音乐家以为灵魂无非是一种调和，他很诙谐地说："此人确是忠于其所学。"但是亚里士多德说到这种见解的时候，是很严正与有识的，他说："只考察几件事情的人是觉得容易发表意见的。"

还有一种错误是不用怀疑的，就是没有经过适当与充分的思考就匆忙地下了断语。思考的两条路径是与古人常说的行为的两条路径相像的：一条是起初的时候平坦，到最后就不能通过；还有一条，开始的时候是不平与讨厌的，但是过了一会儿就平整了。在思考上也是这样的：如果一个人从确定入手，他终究要到怀疑为止；但是如果他肯从怀疑入手，他终究是可以达到确定的。还有一种错误是缘于传授知识的方法，这种方法大半是命令式与专断的而不是有技巧与忠实的，是要使所传授的知识能够最迅速地为人所接受，而不是最容易地为人所审察。如果是在一种为应用考虑的简略的著作中，这种方法是无可厚非的，但是在知识的正式处理上，人一方面不可以同快乐主义者阜实攸斯那样，“最怕的是他对于每一件事情都似在怀疑着”；但一方面也不可以同苏格拉底那样对一切事情都装痴作呆地表示怀疑，却是要照他自己判断上认为事情确定成分的多少，就用多少的肯定来真诚地把它提出。

还有在人认定应该努力的目标上的那种错误。凡是较为忠实与热心的专门学者，都应以推进他们所治的科学为本，但是却把努力转移于希冀获得几种次级的奖品，例如成为透彻的疏解或注释者、机敏的拥护或防御者、有系统的分析或删节者。这样，知识这一种社会的遗产有时会得到些改良，但是只有很少的一部分知识能够得到增广。

所有各种错误中最重要的是，把知识的最后目的认错了，或置于错误的地方。因为人寻求学问或知识，有时是为了一种天赋的好奇心与探究的嗜欲，有时是为要供给他们的心灵以变化与娱乐，有时是为了装点与声名，有时是为了使他们能够在机智与辩驳上得到胜利，而多半的时候是为可以得到利益与生计，很少有真诚地把他们所有理智的天才来尽力于人类的利益与实用的。还有时仿佛是要在知识中找出一个可使探求与不息的精神得到休息的枕头，或是可供游行变动的心灵往来瞻眺的坛地，或是可使矜傲的心灵得以高自标置的高塔，或是可助竞争或抗衡的堡垒或高地，或是可试营业与售卖的店铺，而不是要找一个可以为造物的光荣与使人类状况改善的才赋储库。但是，如果能把思想与动作更接近与更密切地联合起来，如同把两个最高等的行星，那主休息与思考的土星与那主政治社会与动作的木星联合起来一样，这却真能使知识的身份提高。可是，我说实用与行为的时候，却不是指上面所说把知识应用于得利与生计的那种目的，因为我并非不知这种情形如何转移与妨碍知识的追求与增进。如同在阿旦南他面前掷下的金球那样，当他走到旁边，停住了去拾起它的时候，显然是已受了阻碍了，如奥维德所咏的："他离开了他的路线去捡起那滚动的金球。"我的意思也不是同人说苏格拉底那样，要把哲学自天上唤来人间。我是说，把自然哲学丢开了而只把知识应用于道德与政治，却是因为天与地对于人类的实用与利益都协同有所动力，所以我们的目的是应该从自然哲学、道德与政治哲学里把无谓的臆测、空虚的东西抛弃，而把实在与有结果的东西保留而予以增加，叫知识不致像情人一样仅供欢娱与夸耀，或像女人一样求得财利以供主人之用，而应该像配偶一样担任生育之职与给予安慰。

九、高官重职

当大官的人必须做三方面的仆人：一是统治者或国家的仆人，二是声望的仆人，三是事业的仆人。所以，无论在行动或时间方面，他们都是不自由的。人们不惜牺牲自由去追求权力，或牺牲自我去追求控制别人的权力，这样的欲望真是奇异得很。升迁并非易事，人们费了许多力气，一级一级地往上爬，结果是地位越高，痛苦越多，有时候反而使自己显得很卑下。有人以不正当的方法高居尊贵的地位，结果他们的地位岌岌可危，随时都有垮台的可能；要不就是他们自己日渐逊色，终至被淘汰，这样也太不光荣了。古罗马雄辩家西塞罗说：“当你一旦失去了过去的荣耀时，你还活下去干吗？”这意思是说，人要适可而止，野心不可太大。然而，识时务者又有几人！人们常是在应该退时不肯退，等到想退时却退不了了。有些人已年纪老迈、体力衰退，照理说他们应该退让了，可是他们不甘寂寞，偏偏恋着不去，正如镇上的老人该躲在屋里，却偏偏去坐在大门口，任路人讥笑与轻蔑。大人物常以别人对他的看法来获得一些快乐，换句话说，他们只有在想象别人对他们尊敬、羡慕和向往时，他们才会感到快乐。但是，在他们内心里并无这份真正的情绪。也可以这样说，他们的感情不是真正发自内心，而是出于他们的声望。地位高的人对自己的错误虽然很难发现，但对自己的悲哀很容易发觉。

财富多或地位高的人，无疑是对自己最漠不关心的人，因为在纷扰繁忙的事务中，他们没有时间，也没有心情去为自己身心健康着想。辛尼卡说得好："当一个人死后名满天下，而自己对自己仍很陌生，那真是死得太惨了。"地位高的人有权力做好事和坏事。不过做坏事是要被人咒骂的。本来就不想做坏事的人自然是很好的，因无能力而不做坏事的人就次一等了。如果为了做好事而去争取地位，那是不会被人非议的，因为造物主对于好的念头是会接受的。一般人的理想不能实现时也就等于是空梦一场。但是，要实现理想往往要以权力或地位做后盾，否则将是徒劳无功。人们从事活动，为的就是要做好事，并且你要确定自己能把好事做好才会心安，因为造物主与你所见略同，这是一种心灵的相通。

处理公务时最好学习这样的榜样，因为这样能在不知不觉中学到许多东西。每过一段时间就对自己前后的工作做一个比较，看看自己究竟是进步还是退步了；对前任的人处理不当之处不可忽略，不过这并不是教你去批评或指责他们，而是教你要留心不可重蹈覆辙。前人的优点固然要仿效，更重要的是，自己要设法开创一些好的先例。任何事情都要追根究底，注意它的变迁与时代背景，并且还要顾及两点：一是应知道什么是最好的，二是应知道什么是最适宜的。一件东西在过去可能是最好的，它却未必适合现在。你的一切措施都要保持一定的规律，这样才能使人了解并遵循，不过不要过于武断或拘泥于形式。当你出乎意料地做出了与自己的规律相违背之事时，你得想出一个很好的理由来，好好地向人解释。要维护自己职权的尊严，但勿引起权限的问题。权利的行使应该在默默中造成事实，不可叫嚷喧腾地提出要求。部属的权利也要尊重，重大的事情固然要躬亲指导，但细节就不必一一过问了。这样的做法能让你显得更具荣誉，也更有风度。人们对你有忠告和建议时，只要那是与你的职务有关的，你就都应诚心接受，酌情采纳他们的意见，而不可以为这些人是爱管闲事。

地位高的人容易犯以下四种毛病：遇事拖延、接受贿赂、粗暴傲慢和多变不定。第一种毛病的矫治方法是常接见外人，遵守约会时间，手头的事要立刻办，而且要一气做好，除非万不得已，不然一事未完决不做另一件事。第二种毛病的矫治方法是除了不许自己的仆属接受不义之财外，还要让行贿的人明白不应该以这种卑劣的手段去诱惑别人。单单表现正直、不收贿赂是不够的，你同时还应让人知道你是一个大公无私、憎恨贿赂行为的人。因此，你除了不能受贿之外，也不能使人怀疑你是一个可以用财物买通的人。人们对反复无常的人最易产生怀疑，认为这种人是不可靠的。所以，当你要改变自己的意见或行动时，一定要向大家说明理由，不可暗中行事。第三种毛病，粗暴傲慢。粗暴比严厉更糟，因为粗暴是无礼的行为。严厉最多使人畏惧，而粗暴则会使人怀恨在心。地位高的人最好不要随便责备人，如果是非责备不可，态度也要庄重严肃些，绝不可有讥讽的口气。第四种毛病，多变不定或以情面待人。这种毛病比收受贿赂更糟，因为行贿的事并非经常发生。但是，一个人如果是以情面行事，那他就会常有这种事的诱惑因素。所罗门说："情面行事非常不好，因为这样的人将会为一块面包而枉法。"希腊有位先哲说："人的职位能显示他的性格。"这句话相当有道理。有的人因职位而变好，也有的人因职位而变坏。塔西托批评卡尔巴说："要是他没有做罗马皇帝，大家还认为他很有雄才大略，有能力治理国家，这显然是因为皇帝的职位把他变坏了。"这位史学家又对维思派尚做了这样的评价："所有的罗马皇帝中只有维思派尚因做了皇帝而变得很好。"虽然对前者是批评他的行政效率，而对后者是评价他的性情行为，但不管怎样，这都可以说明职位能使一个人变好或变坏。一个人如果因职位而变好，这就证明他的性格一定是高尚的，或说高职位应该是使人从善的。

宇宙的一切事物在未走上正轨之前，运行都是非常激烈的，到了走上正轨之后，他们就安静或井然有序地慢慢运行了。所以，人在争取职位的时候也是非常激烈的，而达到目的之后就安静了。高职位的获得不是一蹴而就的。因此，如果没有加入党派的话，在求上升之时最好加入一个党派，而在获得职位之后，最好是保持中立。做任何事对前任的人都要尊重，否则，将来你自己去职之后，后来的人也会以相同的态度对待你。对同事也要尊敬，常请教他们，征求他们的意见，不可凭一己之见独断专行。不管是谈话还是处理私事，都不可念念不忘自己职高位尊而摆出一副官僚的架子，而应该有个分寸，从而达到这样的境界：做官要有个官样，做人要有个人样。

十、司法与国家

法官们的职责是解释法律，对案件做公正的审判，而不是制定法律、杜撰法令。对案件作大胆而随便的审判，这一点是法官们要谨防的，否则就跟罗马教廷一样：“主张绝对的权威，可以任意更改或增删《圣经》，武断地说些《圣经》上毫无根据的事物，并且信口雌黄，特立独行，标新立异。”就法官而言，学识比机智更重要，谨慎比自信更不可忽视。特别重要的是，他们应有“正直”的品行。摩西的律令上说：“挪移邻居地界的，必受诅咒。”把界线基石放错了的人应当受到责备。一个对土地财产案件做不公正判决的法官，便是挪移地界的人。论弊害首在判决错误，判决错误比犯罪更加有害，因为后者只不过是污染了流水，而前者是将水源污染了。所罗门说：“一个正直的人对一个邪恶的人屈服，那无疑是泉源不洁或流水染污。”法官的职务与许多方面的人都有关系，即是说他跟争讼的原告、被告两方、辩护人以及他的下属和同事固然有关系，而跟他上面的君主或政府也有关系。

第一，我们先谈争讼的两方。《圣经》里说：“裁判有时会变成苦艾。”当然，有时裁判也会变成酸黄的腐草。这怎么说呢？那是因为不公平的裁判会发苦，而延缓的裁判则会发酸。制止暴力和欺诈是法官的主要任务。如果暴力在公然施行，或者欺诈经过伪装在暗中进行，那么它们的害处必然会更大。在审判的过程中，法官的裁判必须渐次进入公正的情况，就跟上帝“一切山洼都要填满，大小山岗都要削平……”的做法一样。所以法官对任何一方向他施加的高压、暴力、狡诈、勾结等手段，或是任何一方恃强欺人，聘请高强的律师辩护的时候，法官都要能够不为其所动，刚正不阿，做出公平合理的判决，那么他的品德就会为大众所钦佩。擤鼻子时用力过猛会流出鼻血来。如果葡萄在榨酒机里压榨过重，那么酿造出来的酒就会有葡萄核的味儿。法官必须留神不要把事实歪曲了，否则法律歪曲所产生的后果，将比其他一切事情的歪曲都更为严重。特别是在刑法方面，法官必须避免带有恐吓的动作，因为那将会变成严苛的执行手段。对人们更不可严密地布下罗网，也就是说，刑法执行得太严，就是对人们布下了罗网。因此，聪明的法官在执行刑法时，对久置不用的或是不适合现在需要的刑法，都要限制使用。注意事件，同时也要顾及时宜，这是法官职责内的事。在法律许可的范围内，法官在决定犯人生死的关头，对犯人要有恻隐之心。对犯法的行为固然要以严厉的态度来对待，但是对犯人本身则需心存仁厚与慈爱。

第二，来谈谈律师与辩护人。法官话说得太多，等于是一支无人应和的乐器，而公正的因素之一正是耐心倾听。如果法官对供词不能耐心听取，或是时时打断讼方的辩护，只为表示自己有迅捷的理解力，或时时发问以查询案情，这些做法都是不恰当的。法官在处理案子时有四个任务：一为提引证据；二为纠正语言的冗长、重复或离题；三为复述和总结讼方所说的要点；四为判决。法官在执行时若超出了这些范围，如果不是出于虚荣与多话，便是因为记忆力太差，或是缺乏稳定的注意力与静听的耐性。我感到奇怪的是，如果遇上辩护人大胆辩护的情形，法官居然也会受影响。法官如同坐在上帝的位置上，照理是要仿效上帝“压制那放肆无礼的，把恩典施给那些谦逊者”的做法才对，想不到法官竟也有所偏爱，常使争讼者增加费用，人们因此免不了要怀疑他们有收受贿赂的行为。如果法官称赞一个对案件的辩论与处理都很好的律师，尤其是败诉一方的律师，这会使律师在当事人的面前提高身价。律师因辩护人的狡辩、疏忽、证据不全或过分大胆而滥施压力时，法官应当众予以指责。辩护律师不可以跟法官辩论，更不能在法官宣判之后要求重新审判。而法官的判决也不能只根据一半的证据，更不可以让诉讼方有抱怨法官对他们的证据与辩护不加理会的借口。

第三，来谈谈书记官与执行员。法庭这种地方是神圣的，裁判席固然神圣，就是连地毯与座位也都是神圣的，因此，必须特别注意保护这些，才不至于被诽谤和亵渎。《圣经》上这样说：“荆棘丛中采不到葡萄。”在那像荆棘丛一般、有枉法之徒的书记官和办事员之中，也同样是不可能有公正的果实产生的。法庭里的人员，常杂有以下四种坏人：一种是挑拨是非的人，这样一来，法院的收入增加，国家却变得贫困；再一种人是唆使法庭越权，引起纷争，以从中获得自己的利益的人，这种人不是法庭之友，实际上是法庭的寄生虫；又一种是使法庭公正的立场偏颇，使正义遁入迷宫的人，这类人大多是阴险狡诈的，他们可称得上是法庭中的刁顽官吏；最后一种是靠职务上的便利而趁机敲诈勒索的人，这类人使法庭像丛林一般，让来此躲避风雨的羔羊，反而损失了更多的羊毛。不过，一个熟悉判例和程序，而又十分明了法庭事务的老书记官，却是法庭中的有力助手，法官们往往能从他那里获得宝贵的指点。

第四，来谈谈君主与国家。法官对罗马《十二铜表法》的结论是："人民的安全是最高的法律。"这一点是应该首先被记住的，同时必须知道法律的目的就是要做到这一点，不然法律便等于是罗织别人过失的东西或并不灵验的神谕。一个国家的国王和政府如能经常向法官咨询，法官也能常常向政府与国王征求意见，在处理国事时，便能考虑到法律问题，执行法律时也才能顾及国家的利益。因为无论是法庭所裁判的事件本身，还是私人的财产问题，所包含的法理与效果，都有牵涉国家事务的可能。国家事务并不仅限于主权这一点，其他重大的变更和危险的判例，或是对大部分民众有显著影响的事，也都应该包括在内。人们不要以为公正的法律与真实的政策是对立的，实际上二者是相辅相成的，它们的关系犹如精神与肉体的关系。法官也要记住，所罗门的王座两旁有两只执法护驾的狮子，但狮子只是狮子，安置在王座之下是表示"请留心不要干涉君权"。对自己的利益，法官们也不要迷惑，事实上法官公正地运用法律是他们应尽的职责。"我们知道法律原是好的，只要人运用得当。"圣保罗认为这句话比他们的法律都更具权威，法官们应该牢记。

十一、权衡价值

上面我已描述了那些不健康状态，如同解剖，把那里面尤为重要的都剖开了。这些不健康状态，不但阻碍学问的进步，并且还引起了对学问的诋毁。如果前述太直白了，我们应该记得箴言里面的这句话：“朋友所加的创痕是忠实的，但是敌人所给的吻是诈伪的。”我想，因为我在批评的时候这样毫无讳饰，那么到了我称赞的时候，也该更为人所相信。我无意颂扬学问，我的立意是要不加文饰与夸张，公公正正地来把学问的优越与其他的事情一同在天平上权衡，用神圣与世俗的凭证来估定它的价值。

在创世的过程中，我们看到上帝身上有两重的能力：其一属于力的方面，其二属于智的方面。其一显露于物质的造成，其二显露于布置的完美。这样假定着，我们可以在《创世记》里看出，天上地下混乱的物质创造出来仅用了一日，而此项物质的布置，却费了六日的工作。上帝在力量的工作与智慧的工作上喜欢加上这样一种区别的标记。恰恰与此符合的，是在前一项的工作上，并没有看到《圣经》上曾说“要有天与地”那些话，在后一类的工作上则记录着。但是，实际上是上帝造成了天与地。第一类的工作似乎造作，第二类的工作似乎由法规命令或支配。再前进到下一级，从上帝到天使，我们看到，如果我们相信那相传为雅典元老院议员但奥尼修斯所撰的《圣秩谱》的话，最高的地位是给爱的天使叫作撒拉菲末；第二级的位置是给光的天使叫作崔拉伯末；第三位以次，给宝座、王国与其余那些权力与职务的天使、知识与光明的天使，他们的职务与权力都是在天使之上的。

从神灵与心智的物类下降到可感觉与实质的物类，我们知道，那最早造成的物是光，它在自然中与有体物里面是和知识在神灵中与无形物里面相当的。

在日子的分配上，我们也知道，上帝休息与审查他工作的日子，是在他实行与完成工作各日之上得到了赐福。

《圣经》记载，在创世的工作完毕以后，人是被安置在园中工作，他被指定的工作无非是思考。就是说，那时工作的目的，无非是运动与试验，而不是为了生活的需要。因为那时人还用不着努力到额上流汗，因此他的工作当然也只是在试验中，是为了获得愉快而不是为需要而劳动，并且人在乐园中最初所做的事，就是知识中的一个主要部分：观察众生。至于说到那使人堕落的知识，我们在前面已经说过，那并不是关于生物之天然的知识，而是辨别善恶之道德的知识。在这一点上，那时的假想是上帝的命令或禁约，并不是善与恶之本源，它们的起源另有所在。人企望知道这个，因为这样他就可以完全离开上帝而只靠他自己。

再往下讲，在人堕落以后，在发生的第一桩事件上，我们看到两种生活状况的影像——思考的状态与活动的状态，分别在亚伯与该隐两个人身上，以两种最简单与最原始的生活职业表现着：一种是牧人的职业，一种是农人的职业。在此处，我们又看到了上帝的偏爱与选择是属于牧人而不属于农夫。

同样，在洪水前的那个时期，存留在那有数遗文中的神圣的记载，提及并致敬于发明家、音乐家与金工制作家的名氏。在洪水后的那个时期，上帝对人的野心第一个惩罚是语言的淆乱，这样一来，学问与知识无限制的交换就遇到了最大的障碍。

再往下讲到摩西——那立法者与上帝的第一支笔，“他谙习一切埃及人的学问”。我们知道，埃及是世界上最古老的学校之一，因为柏拉图这样说起对梭伦讲话的埃及祭司：“你们希腊人是幼童，你们没有关于古代的知识，也没有传自古代的知识。”你只要看摩西关于仪式的法律，你就可以在预示基督的言行外看出上帝的民族标志，看出服从的使用与执行与那里面其他神圣行为的用途与结果。在最有学问的犹太法律专家中，有几个曾经在许多的这种仪式与命令中，很有结果与深透地努力着去看出自然或道德的意义与引申。如同关于癞病的法律说：“如果白癍盖满了皮肉，这病人可以出外，作为洁净；但是如果还有完全的皮肉留存，应该把他关闭起来，作为不洁。”有的人在这上面看出了一个自然的原则，就是腐烂在达到成熟期以前要比成熟后更易传染；有的人看出了一个道德哲学上的定理，就是甘心为恶的人对一般人行为的恶影响，反而没有半善半恶的人那样厉害。在法律里面的这一处与其他多处，在神学的意义外，可以找出有许多哲学混入。

同样，在那卓越的《约伯记》中，如果我们勤加检讨，可以知道他是充满了自然哲学的。例如，宇宙形体志与地球呈圆形。“他把北面在空际铺展开去，而把地球悬于太虚”，在此处，地体的空悬、北方的地极与天体的有限与凸圆显然都说到了。又如天文学上的事：“他用他的神灵装饰了天空，他的手造成了那屈曲的长蛇。”再一处，“你能把金牛座中闪烁的六星聚在一起，或是把牧羊座中列星分散吗？”在那里，星体的布置总隔着相等的距离，是很美观地排列着。又一处，“造成了牧羊座、猎户座，与金牛座中的五群星，与南方的秘密！”在此处他又看出了南极的洼下，称它为南方的秘密，因为南半球的星是在看不见的地带。又如生殖的事，“你没有把我同牛乳般倒出来，同乳饼般凝拢来吗？”诸如此类。又如矿物的事，“银一定有它的苗，金在他们找到它的地方，也有它一定的位置。铁是从地中取出来的，铜是从石头里熔化出来的”。同其他的一样，这些都在那一本书内。

在所罗门王的身上，我们也同样看得出智慧与学问的给予，在所罗门的请求与上帝的应允上，都认为比一切世间的福利来得更好。因为得了上帝这种赐予，所罗门不但能够著作关于神圣与道德哲学的那些极好的寓言或箴言，并且还能够编纂一部自然史，植物自山上的杉树叙述到墙上的青苔，动物则包括一切能呼吸或行动的物类。不但如此，同样，所罗门王，虽然他享有宝藏与富丽的宫殿，船舶与航业服役与伺应，美好的声誉与名声，但是他并不以有这些光荣为傲，以为他只有获得真实这一种光荣。他是这样说的：“上帝的光荣是在隐藏一件东西，但人君的光荣是在找出这件东西。”仿佛儿童天真的游戏一样，上帝喜欢把他的工作隐藏起来，为的是被人发现。也仿佛做人主的不能得到比在那种游戏中，做上帝的一个玩伴更大的荣耀，虽然他们支配着这么多的人才与财富，不至于还有不能察知的事情。

我们的救主降生以后，上帝的处分方法，也并没有改变。因为救主自己在以奇迹显出他征服自然的能力以前，先以与祭司及法律大师们的讨论来显出他征服愚昧的能力。而圣灵的来临，也是大半在语言及其使用能力的赋予上表现出来，因为语言是知识的媒介。

上帝在选用传播教义的工具时，也是如此。虽然他起初曾用的是除受圣灵的感动以外全无学问的人，这样更能体现上帝的力量，并能够贬黜人类的所有智慧与知识。但是他的意志一经实行，他就接着把他神圣的真理输送到人间，连同种种学问，如同跟随的男女仆徒一样。我们看到，使徒中唯一的有学问者圣·保罗，就这样完成了《新约》里面的大部分内容。

我们同样知道，在古代基督教的主教与神父中，有许多是对异教的学问博览并精通的，致使朱立安皇帝禁止耶教徒参加学校、讲演或钻研学问的谕旨，是被认为比他以前历代皇帝酷虐的检学还要有害的一种反基督教行为。罗马的主教格列高里一世嫉妒心重，从不能得到虔信与诚挚的美名。相反，他在圣徒中都得到了轻率、恶意与怯懦的批评，因为他想要消灭异教悠久的历史与典籍的遗留。可是，相反地，塞种人从西北、萨拉森人从东方大举入侵的时候，还是基督教在他神圣的襟怀中保存了异教的学问与珍贵的遗物。要不是如此，那些东西早已消失了，如同从来不存在一样。

我们看到，在我们自己与祖父的时代，上帝叫罗马教会对于他们腐败的习惯与仪式及各种可憎的教义担负着应有的责任，同时他命令要把一切知识统统革新；而另一方面，我们看到基督教徒，以他们自身的努力与他们的榜样所激起的竞争，给予当时的学问状况以生命，增加了他们的力量。我们看到，他们对罗马教会做了这种卓越的努力与修缮。

结束这一部分，让我们注意到，哲学与属于人的学问对于信仰与宗教，除供装饰以外，还有两种主要的任务与用处：一个是因为他们有效地使人对上帝的光荣欢欣鼓舞，诗篇与《圣经》中的其他部分常使我们去思量与赞扬上帝的伟大，但是我们如果仅止于对他们外表的观察，如同我们的感觉最初发现的那样，那么对上帝的伟大观测，就如同只看到了一家丰富的珠宝铺沿街陈列的东西便去断定它的内容一样错误；再一个是因为他们给予一种防止不信仰与错误的特殊的防腐剂。我们的救世主说："你们错了，因为没有人知道《圣经》与上帝的能力。"他在我们面前放下了两本书让我们去研究——如果我们要想不犯错误：一本是《圣经》，显示着上帝的意志；一本就是那表现上帝的能力的各种生物。第二本是第一本的钥匙，它不但可以开启我们的心智，使我们能够用理智的普通观念与文字的规律去想出《圣经》的正确意义，它还可以引导我们去恰当地思量上帝的全能——那大半是刻印在他的工作上的——来开启我们的信念，以上都是学问真正的崇高与价值的神圣证明。

至于人事上的证明，其范围如此之广，在这种简短的文章中，我们当然只能选择几个来用，不可能包罗万象。在异教时代，第一等人事上的敬礼，是奉神的。基督教兴起以后，只准崇奉一神，所以这种习惯是同禁尝的果实一样被禁止了。但是我们此刻是只说人事上的证明，照此来讲，那希腊和罗马人所说的神化，就是人能够加于人的最高的敬礼，尤其人们是以内心的承认与信念，而不是像罗马皇帝那样以国家正式的诰令来赋予这种资格。因为这种敬礼如此高，所以它下面还有一个中间的阶级，在人世的“最低级的”敬礼之上，位列着英杰的与神圣的敬礼。在这几种敬礼的分配上，我们看出古代的习惯是保守这种区别：凡国家与都市的创建者、立法者、人民的慈父与其他政事上有勋绩的人，都只是受到人杰或准神的称号，如赫邱里、底修斯、迈诺罗茂拉斯这一类的人；而创造者，人类新技术与物品的发明者被尊为神灵而与诸天神并列，如西里兹，贝卡斯，表邱立，阿波罗，“创造酒、语言与音乐者”及其他。这是很公正的，因为第一类人的功绩是只限于一个时代或民族的范围以内，犹如有利生命滋生的阵雨，虽然有益，但只在那一个季节并且在它降落的地带里才是有用的；而另一类人是同天降的福利一样，对人类的福泽永久而普遍。并且第一类人还常与竞争和扰乱有关，而第二类人则真有上帝来临的风度，乘微风而来，没有声响或激动。

学问能够抑制人类互相烦扰，这一种好处当然也不比前述补自然之缺的好处差。这种好处，古人在奥菲斯剧场假想的叙述上很清楚地说着。在那里，各种鸟兽集合在一起，忘却了他们各自的天性，有的是猛鸷害物的，有喜欢跳弄的，有喜欢争闹的，大家都很友好地站立在一处，静听那竖琴的音调与和声。琴声一止，或为较高的声响所掩，每种畜生都立刻恢复了它们的本性。这种叙述恰当地描述着人的性质与情状，它们充满了凶暴与未经驯服的欲望，关于利益的、关于淫欲的、关于报复的。但是只要他们肯听取那经书、宗教的陈说，激动的演说的辞辩与劝诱之谐美的箴规，法律、宗教、社会的和平就得以维持，这种乐器一旦无声，或是被诱惑与扰乱，使它们不能为人听见，那么一切就都化为紊乱与纷扰了。

十二、贵族的位置

对于这个题目，我们先要谈到贵族与国家的关系，而后再论及贵族个人地位的问题。一个君主国家如果没有贵族存在，那便如同土耳其古代的情形一样，成为一个极端专制的政体，因为贵族具有牵制君主的权力，分散人民对君主一部分注意力的作用。贵族在民主国家里没有存在的必要。没有贵族，民主国家会更平静无事，不致发生变乱。这种情形是因为人们只注意到“事”，而没注意到“人”，如果注意到“人”的话，那也是以“事”为出发点的。例如，人们在察看某些官吏是否称职，是否是恰当的提拔人选时，对他们的阶级与门第是不会计较的。我们都知道，尽管瑞典人有很大的宗教分歧和地域差别，他们的共和政体却维持得很久，原因是他们只重视人的能力，而不去理会人情面子。荷兰的共和政体也很有效，这是由于他们都遵守平等的原则，国家的任何决策与措施都不会失之不公，人民也就乐于奉公守法与担负纳税的义务了。在贵族势力盛行的时候，国王固然可以因此增加威望，但是从另一方面来看，国王的权势也会因此被削弱；平民的生命活力固然会因为往上爬而鼓舞起来，但平民的幸福会受到贵族的威胁，因为贵族奢侈糜烂的生活，是全靠榨取平民的血汗来维持的。因此，平民的物质享受就要因贵族的剥削而降低水准了。贵族的势力当然不可太大，否则国王就要受到威胁，国家的纲纪也会遭到破坏。不过，也必须维持他们适度的权力，以作为国王与平民之间的一种缓冲力量。如果贵族们花费太多，人数又多的话，常会使国家变得非常贫弱。并且，日子久了，有的贵族难免会逐渐变得衰落贫困，财富没有了，贵族们就难以维持以往的荣耀，因此会造成贵族们荣耀与财富失调的现象。

至于一些特殊的贵族，就像是那久经风雨仍屹立不动并且安然无恙的古堡和伟大建筑，或是那历尽风霜却依然坚贞完美的古树一样，我们情不自禁会对他们产生敬意。同样地，当我们看到经过了许多年代的考验尚能安然存在的贵族世家时，自然更要肃然起敬了。新兴的贵族只是凭借权力而形成的，然而贵族世家是由长久年代累积而成的。自身受封的贵族通常比他的后代较勇敢与高强，但不如他的后代清白，因为当他面临升官发财时往往会不择手段，否则成功的希望就很小了。不过，人们会在他死后忘记他的坏处，而记下他的长处，这是自然而合情理的。出身贵族的人常不太勤劳，但是他们对勤劳的人却心怀嫉妒。贵族的身价常是定型的，无法继续高升，所以当他们看到别人继续不断往上发展，自己却停滞不前时，心里自然会产生嫉妒。从另一方面来说，贵族不大会引起别人对他们的嫉妒，因为人们会认为贵族是与生俱来的，觉得那是他们应得的，没有理由去嫉妒他们。国王如果能够任用能干的贵族辅政，国事一定会进行得很顺利，因为贵族出身高贵，民众无不乐于听从。

十三、交涉与协商

用口头的方式同别人交涉事情比用书面的方式好，而亲自谈判又不如托第三者妥当。如果希望对方书面答复，或希望握有他的亲笔信，以备将来之用，或是怕受到干扰，或是防范他人窃听，那当然以书面交涉为妥。但如果要由表情来传达眷顾之意，则以面谈为佳。通常，跟身份低于自己的人谈话，面谈较能表达眷顾之意。如果碰到措辞需要谨慎的地方，则要看对方的表情反应，才能决定一句话的分量，这也是面谈要注意的地方。通常若要预留进退的弹性，也应以口头交涉方式亲自谈判较为妥帖。

找别人做代言人时，如果你选一个足智多谋的人，这种人会设法从谈判中获取小利，交涉完毕后，他会向你报告事情进行得如何顺利，即使有困难，他也会言过其实地告诉你。所以你还是选个老实人较好，这种人受人之托便会忠人之事，交涉完毕后，他会实实在在地向你报告。用人工作要配合他的兴趣，这样他才会努力去做，同时要量材施用：大胆的人可用他来向别人提出抗议；长于言辞的人则可叫他去做劝说工作；蛮横傲慢的人可用他将那无凭无据之事变为真实的情况。

如果你以前用过的人去交涉事情办得很好，并且他的运气又一直不坏的话，你以后仍可以继续用他，因为这种人讲信用，凡事请托他时，他为了保持名声，一定会努力去做。与人谈判时，言语要旁敲侧击，这样比开门见山好，但有一种情形例外，就是当你回答一个一问便知的简单的问题时，就没必要拐弯抹角地说了。托人办事时，选贫苦的人比选不愁衣食的人要好些，因为生活好的人无求于你。对所托的人要先谈好条件，谁先履行诺言是一件很重要的事。你不先给他好处，当然不便要求他先替你办事，不过你可以设法使对方相信，将来你会有别的事托付给他，另外的情况是，如果你本身具有守信的美名，他对你自然会相信。交涉商谈的目的不外乎是要辨明某件事或完成某件事。我们对人信任的时候会有不自觉的感情作用，常常是想说又羞于启齿，且又找不到适当的借口，这样就很容易吐露出我们内心的隐情。如果我们想对某人游说，就得先知道他的性情习惯，这样才能诱导他而知其目的，以便说服他。而知道他的弱点或不利于他的地方，便可以慑服他。只有深知有谁能影响他，才便于采取相应的行动。如果交涉的对象是个机智的人，我们就得知道他的目的，这样我们才能明白他话中的用意，并且我们的话不要说得太多，说的话须是出乎别人所料的。别以为播种便可以立刻有收获，谈判如遇困难，应该再好好地做准备，慢慢地等待收获。

十四、诉讼与辩护

为人打官司的人常做出许多伤天害理的事，他们危害大众非常厉害。从另一个角度来讲，他们虽然心术不正，但是也办了一些维护正义的案子。这里说他们心术不正，是指他们除了心地不善良之外，还狡诈、言不由衷或不讲信用。为你诉讼的人并不是真的想为你出力，他只是想借机敲诈你，如果你另有人帮忙，他就会用他那如簧之舌来说服你听他的话，以得到你的报答，至少他要寻得一线希望，能随时有机会向你索取报酬。有的人虽然答应为你出力，实际上是想趁机打击另一个人，或借机去报告另一个人的罪行，不然他们哪有借口可以行事。等到他们自己的目的达到以后，你的案子是否会成功，他们就再也不关心了。换句话说，他们是利用别人来成全自己的事情。

为人家打官司实际上是在帮助一个竞争者。每一件诉讼案子都是为争夺一种权利，不管是争夺法定的权益、争论是非、争夺功劳，或申请某种权利，没有一种不是因权益或利害而争的。假使是感情问题的诉讼，需要为没理的一方帮忙的话，那就没有必要上诉到法庭，你只要劝说两边在庭下和解就行了。

如果非要偏袒不该帮助的一方，那你也不该故意去诋毁对方。如果你对某个案子不太明了，不知道怎样来办理这个案子时，你最好去请教可靠而有见识的朋友来指点你，但你对所要请教的人，必须谨慎选择，以免受骗。诉讼的人最厌恶的是律师的欺骗，或是律师耽搁了他的案子，因此如果有人委托你办案，而你不便承揽时，那么一开始便要拒绝他。假如你已经接了下来，那就要老老实实地告诉他胜诉的概率，不要夸大，更不要贪得过分的报酬，这种做法才值得人家感激你。如果有人请求你办拒绝赔偿的案子，因为这种案子不一定会成功，所以你只答应所托，要从他那里得到一些案情，尽力去办，而不可趁机利用他，在办不成的关头才叫他另想他法。如果接办诉讼的律师不了解诉讼的权利，那才是愚蠢的行为。如果真的不清楚所申请诉讼的权利，那你就是不明是非的人。

诉讼要获得胜诉的上策是事前保守秘密，如果接案的律师告诉当事人有希望胜诉的话，他便会松懈下来，但也有一种人会因此而受刺激，更加全力以赴，以争取胜利。最重要的是进言要适时而为。在诉讼时，一句适时的话会产生奇特的应答效果而获得胜诉。

我们选择为我们辩护的人，与其选大人物，倒不如选择一个平凡而妥当的人。如果只是一知半解的人，则不如有特殊才能的人。如果你所请求的遭到拒绝，也要心平气和，当你再度请求成功了，仍是令人满意的事。当你知道你所请求的人对你有好感时，你为他办案则可以要价高些，你也能如愿以偿。不然，你最好是对报酬逐步分开提出要求。

当一个人第一次请求你作证时，你可以答应，也可以拒绝，但你拒绝他就会失去一个朋友，过去的一切也就一笔勾销了。一个什么事情都爱管的人最易替人作证。但是，如果他所证明的事不正当，那么他也要蒙受名誉上的损失。世上最坏的人，莫过于这种什么事都要管的人，因为这种人对大众有害。

十五、党派与中立

许多人以为国王或大人物们在治理国事、做决策时都是基于党派的利益，其实这种想法是不正确的。对一般事务的处理，最聪明的做法是让各党派的人士互相协调，或与某些特殊人物保持个别的密切关系。我不否认党派的作用。

就个人而言，地位低的人必须参加一个党派，这样他才有被提升的希望，而地位高且力量大的人则最好保持中立，不偏袒任何一方。刚加入一个党派的人要持着温和的态度，设法使自己成为党内与另一个党派最接近的人物，因为这常是获得权势的一种捷径。弱小的党派常会更加团结，少数的坚定分子常能拖垮人数众多而组织散漫的大党。一个党派解体后，残余者便会自行分裂，如由克拉苏与罗马元老院中贵族所组成的党派，曾与庞培和恺撒组成的党派互争短长，但当元老院的权威衰落之后，庞培和恺撒也就分裂了；安东尼本来和奥古斯都结成一体，与布鲁塔斯和卡西阿斯相对抗，但当布鲁塔斯等人失败后，安东尼也和奥古斯都（屋大维）分裂了。这些史例都是属于战争方面的情形，而普通党派的情形也是这个样子。党内的次要角色，在他的党派分裂后，常会变成首脑人物，同样，他也有失去职位变成无名小卒的可能，因为有的人是由于敌对势力的存在在党内才显得重要，敌对势力一旦消失，他们的价值也就不复存在了。我们常见到加入一个党派的一些人，在获得了他们所期望的位置以后，便自以为在党内的地位已经稳固，于是企图另结新派系，或加入到另外一个党派中去。

在另外一种情况中，从别的党派而来的人最易升迁，因为在势均力敌而相持不下的情况下，这种人的力量就显得举足轻重，而成为两方所要极力争取的对象。在两党之间保持中立的人，不见得就是抱着不与人争的态度，他们采取这种立场，很可能是要同时利用两党以取得个人的利益。国王以不参与任何党派为宜。国家有了联盟，对国王是不利的，因为这等于要人民在服从君权的义务上，又要服从另一层更高的义务，这样一来便会使国王的尊严降低，即会造成“国王只不过是我们之中的一员罢了”的印象。在法国已有这种情形。党派活动趋于激烈，是国王权威衰落的象征，这无论对国君之权力或事务来说都有损害。国君之下的党派活动，就如天体中的小行星一般，既要循自己的轨道运行，又要受一种更大的力量支配。

第四讲
科学与人生

一、无神论

二、迷信与宗教

三、历史、诗咏与哲学

四、自然科学与超自然科学

五、医药、医学与病症

六、技术与发明

七、语言与文字

八、知识传授

一、无神论

对无神论者，上帝创造奇迹来说服他们，他们见了宇宙间的种种不可思议的现象，不得不相信有神。人们之所以会成为无神论者，是因为他们对哲学缺乏深刻的了解，如果他们对哲学深入钻研的话，就不会不信仰宗教了。如果我们不求彻底了解哲学，便会把万物存在的原因认为是分散的、彼此不相关联的，并且认为那是理所当然的道理。可是，如果我们把所有存在的原因结合起来看，把它们之间错综复杂的关系加以分析的话，那就非得求助于神不可了。即使是那些标榜自己为无神论的人，也常引用宗教的话来做论证，如德谟克里特斯和伊壁鸠鲁等。

有人主张宇宙是由土、水、风、火四行与第五要素（不变律）构成的。他们认为四行常生变化，第五要素则是不变的，但它们永远都位于一个适当的地方，因此无需上帝。另外一说则是，宇宙是由一群微小的、游荡的分子所构成的，没有一个至高无上的主宰，而仍能自成系统。我觉得这两种说法中前一种较为可信。《圣经》上说："愚顽的人心里说，没有神。"却并没有说："愚顽的人心中想，没有神。"所以，愚顽的人说他相信神，那也是不假思索、未经考虑、脱口而出的话。而实际上，没有人对上帝的存在绝对加以否定。有些人说他不信神，那只是为了某种原因才脱口而出的方便之言。因此，一般人的无神论只是嘴上说说而已。这可从下面两种情形看出：有的无神论者常把自己的意见提出来讨论，他心里似乎是不相信宗教的，却希望有人附和他的宗教观点，以增声势；另一种无神论者的现象更显得特殊，他们会为自己的无神论思想而痛苦，他们也承认自己这种矛盾的情形，他们既然否定上帝的存在，那又何必要为这种问题自寻烦恼呢？伊壁鸠鲁确定有极乐世界，那里的人们虽然与主宰宇宙之神并不发生关系，而仍能享受到快乐。这种说法引起人们对他的猛烈攻击，大家都说他是为了自己的信誉才假装成这样的一个智者。人们说他的话模棱两可，他暗中认为无上帝，然而，这句话对他是一种毁谤，因为他曾这样说："对神圣的亵渎，不在否认凡俗的神，而是在于把凡俗的观念应用到神的身上去。"这实在是很高尚的理论，即使像柏拉图这般伟大的人所说出来的话也不过如此。

再说，虽然他自信能对上帝的存在加以否定，但他对宇宙中有一种看不见的力量支配一切的事实，不能加以否认的。西方印第安人心中虽无上帝的名字，但是有他们自己特有的各种信仰。这说明即使是野蛮人也有宗教的观念。不过，他们的宗教思想不如我们的那么高深博大。所以，野蛮人也会跟最机智的哲学家一起来反对那些无神论者。真正能慎思详究的无神论者并不多见，或许有那么一两个，像雅典的无神论者戴亚哥拉斯、拜昂、鲁尚，但实际上，他们并不是想象中那般无懈可击的无神论者，他们只是对公认的宗教加以怀疑。

无神论的产生有许多因素，宗教派别太多便容易产生无神论，如果宗教派别只分为两派的话，双方倒是会更为热诚，派别多了便会扯出无神论的思想来。教士的渎职也是一个原因，关于这一点，圣·巴纳德曾经说道："现在教士和人民可以说是不一样了，因为人民已经强过教士。"最后一个原因是学术昌明发达，特别是在太平盛世最容易产生无神论的思想。相反，当我们在艰难困窘中忍受折磨时，就会去寻找宗教来作为精神寄托。在肉体方面，人类与野兽无异，如果他们的精神再不接近神，那与卑贱的下等动物便也无异了。尤其，人类博大的宗教精神既然会被无神论者破坏，那么人性的提高也会为无神论所阻碍。以狗为例，一只狗假如由一个人来喂养，这人在狗看来即上帝的化身，是一种更高级的动物，它的主人要是有什么事故发生了，它便会表现出惊人的勇敢与激昂的慷慨，要是它对主人没有信心，也不知道主人是比它高级的动物，那它是不可能表现出那种勇敢的。因此，如果人类相信上天的福佑与恩赐，并勉励自己相信，那么人类就会随着信心产生一种力量，这种力量只靠人性的发挥是办不到的。要是说伟大，罗马帝国的建立是无可比拟的，但西塞罗说："不管我们把自己看得如何高，我们在数目上比不过西班牙人，在力量上敌不过迦洛人，在机智上胜不过迦太基人。我们罗马人素以朴实无华、天真无邪著称，但就是在这个方面也不能与意大利人和拉丁人相比。然而，我们虔诚的心、宗教思想和稀有的智慧，能让我们知道永生之神的天意在支配着宇宙万物，这一点却是任何一个国家的人都赶不上的。"

二、迷信与宗教

如果对上帝置评不当，倒不如不加置评，否则，既不信神，又侮辱了神，而迷信又是上帝所不能容忍的事。布鲁塔契对这个道理说得好，他说："我不反对有人说这世上没有布鲁塔契这个人，却不愿有人像诗人般说布鲁塔契这个人像农神似的，把他们出生的孩子吃掉了。"越是对神多加侮辱，对人就多一分危险。无神论并不干涉人们重视理性、哲学、法律、名誉以及对自然的爱憎。即使没有宗教，这些也还可以作为表面道德的指针。然而，迷信却摧毁了这些，以致在人们的心里建立起专横的意识。

无神论对国家的安宁并无大害，无神论者仅对现世的利益过于重视，而对来生的事不去做高远的设想，所以他们对自身要做周全的防备。历史上倾向于无神论的时代，如奥古斯都大帝的时代，无不是太平盛世。可是，迷信带给国家许多扰乱不安的局面，而且会有一种新的推动力，把原有政府的权力夺去。平民是最迷信的，智者如果迷信，也会跟着愚者走。他们总是把理论与事实本末倒置。中世纪时在特里恩特一带盛行烦琐学派，有些教士对这一学说的盛行说了些很有分量的话。这些教士说，烦琐学派如天文学者，明知宇宙之间没有什么周转、侧心圆和天轨之类的东西，却无中生有地拿这些说法来解释宇宙现象。同样地，烦琐学派也爱杜撰一些微妙而复杂的原理、原则来解释教会的各种措施。发生迷信的原因很多：一是从身体方面而言，眼睛看到了令人喜悦的仪式或祭典；二是从表面的礼仪而言，有虚浮铺张的礼仪令人目眩；三是从传统方面而言，人们过于尊重传统，以致教堂中充满了传统的恶习；四是从教士而言，教士为达私欲，而施展阴谋诡计；五是从为善心理而言，由于过分偏重这种心理，而产生了各种奇异的思想；六是从宿命而言，凡人都想解释天意，以致他们的想象发生了混乱；最后是从野蛮时代来看，特别是在天灾人祸的时候，人们更容易产生迷信。

毫不隐讳地说迷信是一种畸形的现象。如果拿迷信与宗教相比，迷信简直是不伦不类。对健康有益的鲜肉也会腐败生蛆，正当的仪式也会退化或腐化成为繁文缛节。有时，当我们过分想排除迷信时，结果却反而走向迷信的路途。因此我们得注意防备，别为了想要把坏的过滤掉，便连同好的也一起过滤掉了。过滤不得当就会发生这种现象。当无知的人成为改革派时，便常会发生这种现象。

三、历史、诗咏与哲学

学问，是与人的理解相当的，因为理解是学问的根本。历史，相当于人的记忆；诗咏，相当于人的意象；哲学，相当于人的理智。神学也可以同样分类，虽然显示是不同的经验，但人的心灵总是同一的。因此神学也包括教会的历史、预言的历史（这个就是神学的诗咏）与神学的义理或诫命这三种。还有一部分似乎没有计算在内，那就是预言，它无非也是神学的历史。它比人的历史有这样一种超越之处，就是叙述可在事实之后，也可在事实之前。

历史可分为自然的、政治的、宗教的与学术的，这前三种，我以为是现在已有了的，唯第四种我觉得是缺乏的。因为还没有人依着时代的顺序来叙述学问的一般情形，就像许多人叙述自然的工作和政治与宗教的情形那样。少了这种学术史，我觉得如同玻里菲默的雕像少了他那双眼睛，失去了最能表现人的精神与特性的部分的人是个有欠缺的人。但是我知道在有几种学问里，如法律学、数学、修辞学与哲学，都有着各个学派的著作与书籍的小史，同那关于技术与习惯的发明的简陋记载。但是，一种包罗各种知识的古代状况与起源和他们的分派，他们的发明，他们的传授方法，他们的研究与应用的计划与规制，他们的兴盛，他们的争辩、衰落、不振，为人所遗忘，与地域的移转，连同致此的原因与理由，和一切其他关于学问之事，从最早的时候到现在，这样一种学问的全史，我可以很肯定地说，现在还没有。这种著作的用处与目的，我觉得并不是专为迎合那些爱好学问之人的好奇心，却是大部分为了一个更要紧与重大的目的，就是因为这种历史可使有学问的人更智慧地来运用他们的学问。因为能使人成为一个有智慧的神学家的，不是圣·奥古斯丁于圣安布罗斯的著作，而是观摩透熟了的宗教史，关于学问也是这样。

自然的历史有三种：关于自然的正常状态的；关于自然的异常状态的；关于自然的改变状态的。这就是生物的历史，即怪异的历史与技术的历史。这里面的第一种，无疑现在已经有了，而且是很好的。但是关于后面两种的论著，是这样软弱与不实用，所以我要把它们作为论述重点。

经过改造自然的历史或机械的历史，我知道关于农业与手工技术的材料曾经有人收集过，但是人所悉知的普通实验往往弃而不载。因为人们认为，涉及机械的事项的研究与思考，是足以降低学问身份的一件事，除非是可使人认为神秘、稀罕与特别精微的那一类工作。这种虚矫与骄傲的自尊心理是很不正确的，它为柏拉图所嘲笑，在他的一种对话集里他引入了希辟亚，一个自夸的辩士，同苏格拉底，一个真诚不虚的真理的探索者，互相辩论。他们辩论的题目是关于美。苏格拉底照着他常用的那种泛涉的归纳法，先举一个美女来做例子，然后再举一匹美的马，之后再举一个很美的罐子。到了这时候，希辟亚就很不高兴地说，要不是为了礼貌，他很不屑与举出这种下等之例来的人辩论了。苏格拉底回答他，就用“你有理由……这是与你很相称，你这样一个衣着修整的人……”这一类的词语来一路地讥讽他。但是实情是，给我们最可靠的知识的，并不是那些最高尚的例子。这种情形，是可以很好地在人们常诅咒的那个哲学家的故事里体现出来的。当他仰观星象的时候，跌到了水里去，如果他往下看，可以在水中看出星星来，但是往上看，却不能在星星里看出水来。常有这样的事，在小事情里看出大的，比在大事情里看出小的问题更为容易。所以亚里士多德的所见是很不错的：“无论何物的性质，最容易在他最小的部分里看出来。”因为这个缘故，他要研究国家的性质，他就先去研究家族，每个村舍里都有父母、夫妇与子女和主仆的简单关系。就是这个世界的性质，连同它的管理方法，也一定要先在低级的共同性与细小的部分里去寻觅的。所以那一种自然的秘密，就体现于磁石接触过的铁的旋向北方，是在铁针，不是在铁棍上看出来的。

政治的历史有三种，可以同三种图画或影像相比。图画或影像中，有些是没有完成的，有些是完全的，还有些是有缺损的。历史也有三种：记事录、全史与古事记。记事录是未完成的历史，或是历史的初稿或粗稿；古事记是受过毁损的历史，或是幸免于沉没在历史长河之中的历史的残存。

记事录有两类：一类可称为略记，一类可称为记录。略记是只记载连续的事迹，不记载动机或企图、计谋、谈话、开端、动作等，这是略记的本来面目。记录是法令的编集，如参事院的议定、司法的程序、政府的公告、演说词与这一类的东西，没有叙事线索上的完全的连续。

古事记或历史的残存，同前人说过的那样，都是“像破船的板片”。这是勤劳的人，从古代纪念物、名氏、文字、俗语、传说、私人的记载与证迹故事的片断中，非故事书的章节中，与类似的东西里面，以严密谨慎的勤勉与观察，从时间的洪水中拯救出来与恢复的一点东西。

这几种不完全的历史，我并不认为有缺陷，因为它们是“不完全的材料做成的”，所以缺陷无非是它们的属性。至于那败坏了历史的节本，是应该禁用的，因为所有正直的人都认为它们磨损与腐蚀了许多好的史书，把它们做成了低下与无用的渣滓。

历史提出的目的或所表现的事物有三种：表现一个时代，或表现一个人，或表现一件事。第一种，我们叫作编年史；第二种，传记；第三种，叙述。这三种里面，虽然第一种是最详备与完美的历史，并且是最为人所重视、最光荣的，但是不及第二种有益与适用，也不及第三种正确与纯粹。因为一个时代的历史只表现事业的伟大和人与公众的关系上的态度与行为，把人与事的次要的进行与动作都略而不论。这种历史只铺陈了事业的宏大而没有说出真实内里的原因。传记如果写得好的话，集中一个人来表现，在那人身上大小公私的事情都混合着，必然含着一种更为翔实、逼真与生动的表现。还有行动的叙述，如伯罗奔尼撒战争、小居鲁士的远征、凯替宁的阴谋，也一定要比编年史更纯粹与更严格地忠实一个时代的历史，因为他们可以选择一个为著者学识所及的题目。而撰述一个时代之人，尤其是那个时代绵长的话，是一定不能避免许多空缺的，那种空缺，他只能用自己的聪明与猜度去补充。

至于近代史里面，虽略有几种很有价值，但是大半均在中等以下。把外国的历史留给外国去讲，因为我不要做一个干涉他国事件的人。

论到传记，我对于现代的人轻视时代的优点，以致传记的撰著如此寥寥，的确觉得奇怪。虽然现在没有那么多的君主或专断的将帅，并且小邦大都已连成了王国，但是总还有许多可记的人物，不应该只得到那么一点分散的记述与空泛的颂辞。在这里，近代诗人的假设是很恰当的，而且可以增加那古代的寓言的趣味。他设想每一个人的生命的线或网的尽头，都有一个小的纪念章，那上头有那个人的名氏。时间之神在掌握那剪刀，一等到这线剪断，就接着那纪念章，把他送到利西"遗忘河"去。河的岸边有许多鸟在上下飞翔，它们常来叼去这些纪念章，把它们衔上一回，然后让它们落到水里。那里只有不多的几只天鹅，它们如果得着了一个名氏，就把它送到一个神庙里，在那里，这个名氏就变为神圣了。虽然有许多人在他们的欲望上比在身体上还要凡俗，却以为喜欢出名与留名无非是一种虚骄，"那些不喜大名的人"。这种见解是可以这样解释的，"人在没有停止做可以被称赞的事情以前，是并不轻视赞誉的；但这并不能改变所罗门的意见"，"公正的人遗留下来的声名是得到称赞的，但是恶人的名氏要腐烂"。那里面有一个繁荣着，还有一个或毁坏于遗忘中，或变成了一种恶臭。所以在用于所纪念的人名之后的那种向来为人所喜并频频使用的字样上，"留着幸运、虔敬与美好的纪念的"，我们的确看出西塞罗借用德摩斯尼的话来说的，"美名是死者的正当所有”。这种所有，我在现代不能不注意到是很荒唐的了。这是一种缺陷。

关于一种事件的叙述，我们也希望有较大的勤勉。一部卓越的史书著作是不可多得的，从这种书籍的稀少上可以看得出来。但是，如果每件值得纪念的事情，当它发生的时候都很认真地记载下来，那么遇到有合适的作家出现的时候，就更有希望有一种各时代的全史编成。这些叙述的汇集，好似苗圃，等到适宜的时候，就可以把它们分种成一个美丽与壮观的花园。

还有一种塔西托所用的历史分类是不可忘记的，就是编年史与日记，尤其是他加上了来说明这两种区别的那些话。他把国家的事务归于第一类，把较不重要的事情归于第二类。他对一个壮丽的建筑只不过略略地提到，接着说：“这是适于罗马民族的尊严的，就是说，把历史留着来记伟大的事业，而把这种事务留给都市的日常记录。”所以我们有同政治上的微识学类似的一种思想上的微识学。就像没有别的事比混乱了品级更有损于国家的尊严，把关于凯旋、礼仪或新奇的事与国家的事相混，也可以降低一种史书的权威。但是日记的用处不限于记录一个时代的历史，它也用来记录个人的历史，尤其是事迹的历史。古代的君主常记载逐日的事。我们知道，在阿哈瑞勒不能得到睡眠的时候，在他面前朗读的编年史里是包含国家之事的，但那都是在他稍前一点的时代里发生的事情。可是亚历山大的家庭日记里却记载着一切小事，有关于他个人与宫廷的事情。不过日记也常用于记载可以纪念的大事，如军队的出征、航行这一类的事，它把每天经历的事情都记录下来。

我也知道有几个持重与有智慧的人所曾用的一种记录方

法，包含他们以为值得保留在记忆中事迹的散碎历史，连同政治哲学上的议论与意见并不夹杂在历史中，却是分开着的。这种带有论述的历史，我以为置于政治书中比在史书中更为相宜。因为历史的正当任务是表现事实的本身和与他们有关的谋议，把对于他们的意见与结论留给每个人，人人都有发表见解的自由与能力。但混合物是不规则的东西，没有人能够给它们一个界说。

还有一种包含着多种题材的历史，就是备记宇宙现象的历史。那里面包括自然的历史，关于地上的各区域政治的历史，关于人民的住所、政治与风俗、数学，关于各区域与在那里可以看见的星座。这部分的学问在近来是各种学问中最有进步的。因为我们可以很正确地讲，世界这个大建筑，直到我们与我们祖父的时代，是从来没有凿开过通光的窗户的。如果要去旅行，那就要绕地球半周。但是同天体一般的环行地球，直到近来才有人尝试与做到。所以现在这个时代如要采用格言，不但可以很恰当地比古代的“不能再进”那句话更进一步说“再进”，比古代的“我们不能学雷电”那句话及“虚骄的愚夫，模拟那天上的电光云云”，更进一步说“我们可以学雷电”，并且还可以说“我们可以学天”，看看这许多同天星一般旋绕着地球可纪念的航行！这种航海与发现上的进步，都可以使我们期待，一切科学都跟着进步。因为它们好像是由上帝指定了为同时发生之物，就是说，在一个时代中会合。先知当以理说到近代的时候是这样预言的：“有许多人要跑来跑去，知识要增多。”仿佛这个世界的发现与它的通航，同知识的增加是指定了要在同一时期的，同我们看见大部分已经做到的那样。近时的学问，比从前两个学问发达或复兴的时期并不差，那两个时期，一个是属于希腊人的，一个是属于罗马人的。

此外还有别种学问是附属于历史的。人的一切外部行为无非就是语言与行事。历史是很恰当地把行事接收保存在记忆中了。如果还带着语言，那么一定是因为这些语言是行事的先声与端绪。但是，另外还有专适于语言的保存与接收的别种书籍与著作。这类书籍也有三种，就是演说词、书札与简短的话论。演说有祈请、劝导、赞扬、毁谤、辩解、非难与仪式上的演说。书札是依着种种不同的事体，如报告、劝告、指示、提议、申请、推荐、诤诫、道歉、致恭维、表愉快、发议论，与其他一切事务的处理。

凡是有智慧的人所著的书札，据我的意见，都是所有语言中最好的。因为它们比演说要自然，比谈话要审慎。而且处理或参与一件事的人所写关于此事的书札，是历史最好的资料，对于勤读的人来说，那些书札的自身也就是最好的史书。恺撒所编辑的那部格言，遗失了是很可惜的，因为他所著的历史与遗留下来的几封信，及他自己所制成的格言，都胜过一切他人所著的，那么我想，他所集成他人的格言也一定要比别人所集的好。至于别人所集的格言，不是我不喜欢这类东西，就是他们的选择不恰当。但是对于这三种著作，我并无坚执，因为我不可以对它们指出任何缺陷。

以上这些是关于历史的，这种学问中应着人心的一个房室、住所或职掌的部分，就是记忆。

诗咏是学问中的这样一部分，它在韵律上，大半的时候是受拘束，但在别的方面非常自由，是真的属于意象的。诗咏因为不受物质规律的束缚，可以随意把自然所分离的东西连起来，把它所连着的分开来，促成了事物不合“自然”规律的联结与分离，画家与诗人“是被容许有相当假设的”。诗咏有着文字与材料方面的两种意义：在第一种意义上，它无非是文章的一种，属于语言艺术，而与我们现在所说的无关；在第二种意义上，它是学问的主要部分之一，实在就是臆想的历史，同样可以用无韵的文章来记述。

这种臆想历史的用处是在事物的真相不能使人心得到满足的地方，给它一些满足的影子，因为实物的世界总是劣于灵魂的世界。因此，臆想的历史有比在事物的本性上所能找到的更宽阔的广大，更正确的良好与更完备的变化，可与人的精神相契。因为在真实的历史上事迹的伟大往往不如人心所向，所以诗咏就想象出更大更英雄的事迹来。因为真实的历史所述行为的结果，常与善与恶所应得的不合，所以诗咏就想象它们在报应上更为公道，并与显示的神意更加相合。因为真实的历史表现较为正常与少变化的事迹，所以诗咏就赋予它们格外的稀奇和更出人意料与更多的变动。所以诗咏似乎是有益于宽大、道德与愉快的。人认为它具有一些神格，因为它用臆想的事迹与人物来回应人心的希冀，使人振起与挺直，而理解把人心屈折了来迁就事物的真相。我们知道，它合着人的天性与所喜，再加上它与音乐的调和与关联，在未开化的时代与地区，别样学术遭到摈弃，它却可以得到重视。

最适合于诗咏性质的分类是叙记诗、表象诗与隐喻诗。叙记诗无非是历史的模拟，带着那些在前面已经提及的夸张的写法。它的选题，常是战斗与恋爱，很难涉及国政，有时甚至是娱乐或谐笑的。表象诗是同看得见的历史一样，它是动作的一种影像，仿佛它们就在眼前，如同历史是过去的动作的真相。隐喻诗是专用来发表一种特别的目的或意思的叙记的。这一类设喻的智慧，在古代极为通行，在伊索寓言、“希腊七贤”的短句，与象形文字的使用上可以看得出来。因为在那时，凡比一般所能了解的更为警敏与微妙的理解，都是必须以这种样子来表示的，为的是那时的人还缺乏证例的繁复与理解的精微。如同象形字在字母以前，寓言也是在辩论以前的。就在现代与不论任何时代，它们总保持着生机与力量，因为理解是没有它们那样易晓的。

但是隐喻诗另外还有一种与我们刚才所说相反的用处，就是在寓言中牵涉到宗教、政治与哲学的玄妙。在《圣经》的诗咏“文字”里，我们知道这种方法的使用是得到了认可的。但在异教的诗咏里，我们看到，有时寓言的解释却甚为适切。例如，巨灵与天神交战而遭灭亡，他的母亲大地为报复起见，诞生了谣诼。“大地愤恨着天神生出了谣诼”，她是巨灵种族里的最后一个，她是开施与恩塞拉台斯的妹妹。这个寓言的意思是，君主们压服了公然的叛逆后，人民的恶意就生出了对国家的诽谤与责备，这些与叛逆是同属一类的，不过柔弱一点罢了。还有，诸天神合谋了要捆缚朱庇特，柏拉斯叫了那百臂的布里阿瑞俄斯来帮助。这个寓言的意思是，君主们只要以他们的智慧维系住了民心，就不必怕强臣来削夺他们的大权，因为人民会出来援助他们。在阿基里是那半人半兽的怪物齐隆抚养大的寓言里，他的寓意经马基雅维利很不道德的解释，说君主们的教育与训练，应该叫他们知道在修德行仁的时候做人，在凶暴的时候做狮子，在诡诈的时候做狐狸。但是，在许多和这些相类似的事例中，总是先有了寓言然后再想出解释来，不是先有了命意再去制成寓言的。因为我知道这是克利息帕斯的一种旧有的骄傲，他费了大力气把坚忍派的主张去系在古诗人的假设上。但是说诗人所有的寓言与假设的命意都为娱人而不是有所借喻，我对此不欲发表意见。在现在遗著尚存的各诗人中，对于荷马，我可以毫不迟疑地说，他的寓言在他自己的命意上，是并没有叫它们含着这样神秘的意思的。但是它们原始的传达上究竟有无这样的意思，那就很不容易确定，因为那里有许多的寓言并不是荷马自己创造的。

人类的知识同水一样，有的是从上面降下来的，有的是从下面涌上来的。一个是靠我们天赋的官能获得的，一个是受圣灵的显示启发的。天赋的官能是由心灵所发出的意念，与感官所传递的感觉相合而成的。人从他人的教训所获得的知识是累积而不是本来的，如同水在自己的源头外还受着别种源泉与支流的灌注一样。

四、自然科学与超自然科学

科学或理论，分为自然科学与超自然科学。在此处，我希望读者可以看出我把超自然科学这个名词作为与它通行的意义不同的另一种意义用。同样，我确信有见识的人可以很容易地看出，在这里我与古人意见不同的地方，我仍旧很勤勉地想保留古代的名称。因为想以我所提出事物的秩序与明显的展示，使我免于为人所误会。在别的方面我却很愿意与希望，在名词或意见上，与古人相去越近越好，只要能够与真理和知识的进步不相矛盾。在这里，我对亚里士多德却有一点好奇，他对全部与古代立异与龃龉的精神，不但都随意制定学术的新名词，而且摧毁与消灭所有古代的智慧。甚至从来没有一个古代的作家或意见，他不加以驳诘与咎责的，为获得荣誉与吸引从学者，他走的路是妥当的。但是论到亚里士多德这个卓越的人，我认为他这种脾气是从他的弟子亚历山大那里学来的，他们好像是互相竞争着，一个要征服一切的意见，一个要征服一切的国家。在这点上，他也许被性情苛刻的人贯以和他弟子同样的名号："一个幸运的盗取国土的人，他是世界的一个坏榜样……"照这个说法，亚里士多德是"一个幸运的盗取学问的人”。但是我希望在古代与进步之间尽我的笔墨之力来建立起一种社交，最好是在不致破坏较高层次的范围内遵循古代，保存着古代的名词，即使我有时变易他们的用法与定义。照着民政上的那种中庸办法，行政区域即使有些变动，但是塔西托很智慧地说过，这是有效的，“行政区域的名字是不改的”。

回到超自然科学这个名词的用法与意义，如我现在所了解的那样，从已经说过的里面，可以看出我想要把那向来误合为一的基础的哲学与超自然科学分为不同的部分。一个是，我已经把它作为一切学问的源头或共同的祖先；另一个是，我现在拿来作为自然科学的一个分支或后嗣。同样，可以看出来，我已经把混乱不分、同属于几种学问的原理划归为概要的哲学；我又把研究事物相对的与外部特征的运用部分划归为自然科学，应该照它们在自然中所有的功能，不是照着逻辑学的方式来处理它们。同样，也可以看出来，我把那向来与超自然科学并为一谈的自然神学，也划清了它自己的界限。所以，现在的问题就是，还有什么东西留着给超自然科学。在这个问题上，我可以毫不犹豫地保存许多古代的思想，就是说，自然科学应该研究物质的东西，而超自然科学应该研究那抽象与固定的。并且，自然科学应该处理那假定自然中只有存在或动作的东西，超自然科学应该处理那假定自然中还有理智、理解与典范的东西。但是这种区别明白地表示了以后，是最平常与有道理的。因为我们普遍把自然哲学分为原因的研究与结果的研究。同样，可以把原因的研究那一部分，照从前人们所信从并且可靠的原因分类法来再分。自然科学那一部分，研究与处理物质的和有效的原因。超自然科学那一部分，处理要素的和最后的原因。

自然科学处于自然历史与超自然科学的中间地位。因为自然历史是研究物类的演变。自然科学，研究它们的原因，但系变动或相对的原因，而超自然科学是说固定与不变的原因。“火把这个黏土所做的像烧硬，而这个蜡做的却见火就消释了。”火是坚化的原因，但只对黏土是如此；火也是消释的原因，但只对蜡是如此。但是火并不是坚化或消释不变的原因，所以自然的原因只是有效的与物质的。自然科学有三部分，那里头两部分研究关于集合的自然，第三部分研究分散的自然。自然或是集成一个宇宙的全体，或是集成相同的元素或原子。第一种说法是关于物的组织形态，“关于世界或宇宙”。第二种是关于物的元素或本原。第三种是关于物的一切种别与个别性，或是关于不同的物体，或是关于它们不同的性质。这些不必列举，因为这一部分无非是自然历史正文的解释。关于这三种我都不能说有何缺陷，至于它们的处理到了怎样完备的程度，我现在不下什么断语，但它们可不是无人致力的学问。

我们把要素与最后原因的研究划归超自然科学，这种划定，在与前一种原因的关系上看来，似乎是徒然的，因为向来有一种为人所确信而难改的见解，以为人的探究是不能找出要素或真实差别的。从这种见解上，我们至少可以推想，要素的发现是所有各部分的知识中最值得努力的，只要你能够把他们找出来。至于论到这种可能，凡是在除了大海以外不能看到他物之时就以为没有陆地的人，都是拙劣的发现家。但这是很明显的，柏拉图在他对心智的见解上，才智的高超如置于高山之上，他看出了要素是知识的真正目的。但他失掉了见解的真正结果，因为他认为要素是绝对地自物质上抽象出来而不是为物质所限定，所以他把他的见解转移到了神学上去，使他全部的自然哲学都受了影响。但是，如果有人常常密切地注意动作、运用与知识的应用，他就可以知道何者为要素，如同上游的发水，对人类的状况是能产生效果并颇为重要的。我上面说，它们现在因为并合与移植而增多，是如此繁杂而使人无法去研究。同想要知道全部组成文字的声音一样徒劳与不可能，因为那些字母的并合与移换是无限的。但是，如果只研究构成单纯的字母的声音要素，那是容易的。知道了这些以后，就可以推演出一切的文字的要素，因为它们都是以字母的声音组成的。同样，如果要研究一只狮子、一株橡树和一块金子的要素，要研究水和空气的要素，也都是无益的学问。但是研究感觉、自由的运动生长、颜色、重力与浮力、密度、稀薄、热、冷与一切其他的性质的要素，那些是同字母一样，并不繁复的，而且一切造物的要素也就是那些。研究这些性质的真实要素的，就是我们现在所限定的那一部分超自然科学。自然科学对于相同的性质并非不加以研究与考察，但是它的研究只限于它们物质的与有效的原因，而不是关于要素的。如果研究雪或沫呈白色的原因，而定它为空气与水的微妙的混合，那已经是很不错的了。但这是白的要素吗？不是，这是有效的原因，无非是要素的传递者。超自然科学的这一部分我没有看到，有人致力于此但我并不以此为异，我认为这不是向来所有的方法所能发现的，许多人太早地放弃与太远地偏离了物的个别性的研究。

但是超自然科学里我认为有缺陷的这一部分的用处，在两点上是所有各部分中最为卓越的。第一，因为一切知识的本分，与它的价值所在，都是浓缩无限的个别经验，到真实的观念所容许为度，与求正这种不满之言，“生命短而学问长”。这是把各种学问的观念与概念联合起来可以做到的。知识同金字塔一样，那里面有历史做基础。自然哲学的基础是自然历史，再上一级是自然科学，在尖顶以下的一级是超自然科学。至于那尖顶，那个“上帝自始至终所做的工作”，那个自然的简律，我们不知道是否人的研究能够达到。但这三个是知识的真的阶梯，而它们对堕落的人们并不会比互叠的山好：“把山叠在山上到三层，想要爬上朱庇特的峻垒。”但是把一切事情都归于上帝的人们，他们就是那“天堂上在礼拜的时候所用的”口号，他们在一种永久不变的规律上的联合是神圣的。因此帕门尼提与柏拉图的臆测是极好的，它们不过是一种臆测，就是说一切的物都依着等级上升到一体。所以那种最不具有复杂性的，看来似乎是超自然的知识，总是最有价值的。同研究物的简单要素或差别及造成所有这些变化的要素的那种知识一样。那使超自然科学的这一部分有价值的第二点，是它把人的能力解放到工作与效果的最高度的自由与可能。因为自然科学模拟自然的弯曲行程，常叫人遵行狭隘与受拘束之路，碰到许多意外的障碍。但是，“有智慧的人到处可以找到宽路”，那个古代释为“对于神圣与世俗事项”的知识是总有方法可以选择的，因为自然的原因同样能够给予物质上新发现。但是，凡知道任何一种要素的人，就知道把这种性质加于任何物质上的极度的可能性。所以，他们在运用的时候较少受到拘束，不论是对物质原因的基础，还是对有效原因的情态。这一类的知识，所罗门也会，在更神圣的意义上，他很好地说过："你行走，脚步必不致狭窄；你奔跑，也不致跌倒。"智慧的路径是不大会受到特殊事态或意外情形的影响的。

超自然科学的第二部分是最后原因的研究。这种研究我要说是错置了地方，而不是被遗忘了。但是，如果这不过是一种秩序上的错误，我也不会说起。秩序是一种表示的方法而无关于各种学问的实质。但是这种位置的错误生出了一种缺陷，或者至少没有促使各种学问进步。由于最后的原因的处理，如果与自然研究的其他部分相混，就遮断了对所有真实与自然的原因的严格与勤勉的研究，它给人一个在这些可以使人满足的原因上逗留的机会，使其进一步的发现受到重大的阻碍与不利。我不但看到柏拉图是如此，他总是停泊在那岸边，并且连亚里士多德与其他的人也是如此，他们往往也依赖这种不可恃的原因的洼地。因为"睫毛为目光的藩篱"，或是"畜类皮的坚韧是为保护他们不受严寒盛暑"，或是"骨骼为生物肉体所凭以构成的梁柱"，或是"树叶是为保护果实"，或是"云是为润湿土地"，或是"地体的坚实是为供给生物以住所"，同类的说法在超自然科学里都是很应该研究与推论到的，而在自然科学里它们却不相干的。不但如此，它们还是使这只船不能再前进的多种障碍。它们还有这种结果，就是说，使自然原因的探索不为人所注意而被沉默地越过了。所以，我以为德谟克利图和别的几个人的自然哲学——他们以为物的构造里面没有心灵或理智的存在于那里边的要素，能够对自然无限制的试验支持他们自己，我以为他们的自然哲学在自然原因的个别的指定上，要比亚里士多德与柏拉图的旧自然哲学来得更为真实与更加深透。因为他们两个都把最后的原因与自然的原因混杂了，一个以前者为神学的一部分，一个以其为逻辑学的一部分，这两种是他们喜嗜的研究。我非议他们不是为了“最后的原因”，在他们自己的范围以内，是不真实与不值得研究的，却是为他们闯入了自然的原因的界限，反而在那个地域内生出了荒芜与寂寞。要不是如此，“最后的原因”谨守着它们的疆界，如果人以为它们与自然的原因之间有着什么敌对或冲突，他们是错了。提出“睫毛是保护目光的”这个原因，并不是辩驳“生毛同分泌液体的管孔有关”那个原因的。如维吉尔在他的《牧童歌》里面所说的，“有苔的泉水”云云。如同有泉水的地方有苔一样，有分泌的地方也生毛。这个原因，“皮的坚韧是为对抗严寒盛暑保护肉体”，也不是辩驳“管孔的收缩同表部与外物或不类之物的切近有关”那个原因的。其余也是这样的，两种原因都是真确而且是可以相容的，只是一个说明了一种目的，一个说明了一种结果。这对于神意也并不发生问题或有所减损，却很可以证实与提高它。因为在政治的行为上，若能够以他人为他的意志与目的的工具而仍不使他们知道他的用意，他们虽在做着但你不知他们所做的究竟为何事，这种人一定是比那把他的意思告知他所用之人的更为伟大与深沉的政治家。同样，自然在做一件事情，而神意把它移来适用于另一种用处的时候，上帝的智慧，也是要比把他意思的所在示知某种生物或运动来得更为奇妙。这些都是讲的超自然科学，那里面讲最后原因的那一部分，我确认为现在已有，但希望它不越出它合适的地位。

但是，还有自然哲学其他的部分，常作为它的一个主要部分而与自然科学的第三部分与超自然科学并列的，那就是数学。但是我以为把它作为超自然科学的一支要更合于事物的正常情态与秩序。因为它的论题是数量，但不是不定的数量，而无非是一个相对的状态，属于基础的哲学，是有限制的与确定的数量，所以它似乎是物的要素之一，因为那是在自然中可以发生许多效果的一种事情。如我们可在德谟克利图与毕达哥拉斯两个学派里看出来的那样，他们一个以形为物的最初原子，一个以数为物的元素与本原。并且它还是所有要素中对于物质最为抽象与最易分离的，所以是最宜隶属于超自然科学的，这也就是它们比其他的要素得到更精深研究的理由，后者是要更沉浸于物质中的。因为人的本性是喜欢通论的宽大与自由的，如同在旷野中一样，而不喜欢专论的拘束，数学在各种学问中，是最能够满足这种嗜好的场地。但是关于这种科学的位置如何，那不是十分重要的。只不过我们想要在这种分类中保持一种透视，使一部分可以把它的光明照射到另一部分上。

数学是纯粹的或混合的。属于纯粹数学的是那些处理有限制数量的科学，它完全与自然哲学的公理分离，其中有几何学与算术：一个处理接续的量，一个处理离散的量。混合的数学以自然哲学的几个公理或部分为论题，而把有限制的数量作为附属于它们与同它们有关的事项研究。除非有数学的援助与参加，自然中有许多部分都不能很精细地发现，或是很明显地指示出来，或是很有技巧地付诸应用。属于这一类的是透视法、音乐、天文学、宇宙志、建筑学、机械制造术，还有几个其他的。在数学中，我不能说有缺陷，除非是人没有充分地了解纯粹数学的卓越用处，因为它们确实可以救治心智能力上的许多短处。如果智力太钝，它们可以磨砺它；如果太散漫，它们可以固定它；如果太滞于实物，它们可以使它变为抽象。如同打网球本身是毫无用处的一种游戏，而它训练一种敏捷的眼光与一个可以随时置于任何姿势中的身体，在数学中有极大的价值，那种附属的与间接的用处也并不小于那主要的与预期的。至于混合的数学，我只需讲这种预言，当自然日渐开发，它们的种类一定会逐次增加。这些是说自然科学的，或推理自然的那一部分。

自然的智慧或自然哲学中的实用部分，我们可以把它分为三部分：实验的、哲理的与魔术的。这三种实用的部分与那三种推理的部分相似，就是自然历史、自然科学与超自然科学。因为有许多的实际应用是已经发明了的，有时因偶然而发生，有时因有意的试验，以有意试验得到的发明中，有些是将同一试验加以变化或推广而得到的，有些是将几种试验彼此转换与并合而得到的，这一类的发明，一个经验家足以做到。知道了自然的原因，是不会没有许多新的特异事件的征兆与指示跟着来的，只要人在推理的时候留一只眼睛照管着应用与实际。但是这些都是沿海岸的航行，因为我说的是不大能够在自然中找到任何根本的变换与革新的，不论是靠试验巧遇与试探，或自然原因的光明与指引。所以，如果我们已经说过超自然科学有缺陷，我们对于同它有关的自然的魔术也一定要这样说。因为关于现在书上讲起的那种自然的魔术，包括交感性与反对性、内蕴的性质和一些细琐的试验的几种轻信与迷信的意见与观察，由于隐蔽着的原因而觉得奇异而不是它们本身有何奇异，它在自然的真实上与我们所需要的知识的不同，是和不列颠的阿搭尔王波尔多休的故事在史实的真实上与恺撒的略记的不同相类似的。因为很显然，恺撒在实际上所做的事，要比假托的想象里的英杰所做的大得多。但他不是照这种虚构的样子去做的，堤丰的寓言是这类学问的一个比喻，他想与朱诺司权力的女神为欢，可是实际与他媾和的只是一片云，从这种混合中产出了半人半马的怪物与狮头、羊身、蛇尾的喷火怪。同样，谁怀着高而空虚的臆想而不去努力与持重地探索真理，便会生出离奇与荒谬的企望与信念来。因此，我们在那些包容着许多幻想与信念的学问，如这种堕落的自然魔术、炼金术、占星术里面，可以看出在它们提出的事情上，方法的叙述总比它们假托的目的来得更怪诞。因为这种事体的或然性，就是说，一个人深知道重量、颜色、锤炼时的柔韧与脆弱、经火时的变形或固定，与其余的这类情形，能够以宜于生出前述性质的器皿在一种金类上加上金的性质与形状，比一些掺入的药物能够在顷刻之间把大量的水银或其他物质化为真金来得更多。同样，知道“物质”干化的性质受营养物吸收的影响，了解“营养物”的精气的培益与净化的情形，对于身体受到损害的人，以饮食、澡浴、敷擦、药物、运动与这一类迂回的方法来延长生命，与恢复一部分青春或活力的或然性，也要比用了几滴或少量的药液要大些。所以，真的自然魔术，那就是以要素的知识为根据的那个极大的运用的自由与范围，我可以说有缺陷，同与它有关“就是论要素的知识”的那一部分，超自然科学有缺陷一样。对于这一部分，如果我们是郑重而不偏于夸诞与类似真实地议论，除了从超自然科学里找出那些运用本身外，还有很有用的两点是适合的，一个关于准备，一个关于预防。第一个是应该同人的财产清单那样做成一个目录，备记现时已有的各种发明，这些是人所已经获得的。从这里面当然可以知道还有何物现尚无发明的可能，或尚未发明；如果你再在每个著名不可能的事项上都加记着现在已有何物，在程度上与这不可能的最为接近，这种目录是制得更好与更有用的了，为的是要想有了这类的愿望与可能，人的探索就可以更注意从原因的推究上去觅得指示。第二个是不要专重视那些立即可以应用的试验，却应该偏重那些在发明别种的试验上有最普遍的效果的，与那些最能够在原因的发现上供给人以光明的试验。因为指引方向的航海指南针的发明，于航行的有利是不下于给予动力风帆的发明。

我已经这样编述了自然哲学与它的缺陷。在那里，如果我的见解与一向为人所信服的见解不同，因此要引起反对，这同我并不喜欢立异一样，我也无意于与人争辩。如果这句话是真实的，“我们怎样唱，林木怎样应”，那么自然的声音是会得到响应的，不管人的声音是否这样。如同鲍尔奇常说法国人到那坡里远征，他们用粉笔来画出他们的住所，而不是拿着武器来打仗。我也更喜欢真理的得来，是很和平地带着粉笔来画出能够接受他的心意，而不是带着争斗与争辩的。

但是他研究的报告是自然哲学的一部分，而材料与论题上都是与那无关的，这部分是受实验考量的，就看作他的研究是报告一种断言，或是一种疑问。这些疑问或未证明事件有两类，即某一种的与全部的。论到第一类，我们在亚里士多德的问题集里找到一个极好的例子，他的问题是应该有人去努力为他完成。做这种工作的时候，有一点应该注意，疑问的记录有两种极好的用处：一种因为不把未经完全证实的事情记入断言的部分，把它们保留在疑问中，这样使哲学避免了错误与虚妄；还有一种，有些事情如果没有疑问在前，人们是不会知道的，也就不加注意地走过去了，而为了疑问的暗示与诱导，使它为人所注意与研究。因此疑问的记录是像许多的吸管或海绵来引出知识的增加。但这两种便利几乎还抵不过一种不便，这种不便，如不加以拦阻，是会闯入进来的。这里所说的不便，就是凡有疑问，一经公认，人往往专去努力怎样可以使它始终为一种疑问，而不是怎样去解答它。因此就把他们的智力用在这个目的上了。在律师与学者中会见到这种情形的实例，这两种人，如果他们一次承认了一个疑问，这就永远被认为是一种疑问了。但是聪明与知识的这种用法，就是努力使可疑的事情变为确定，是应该赞许的，不过却不是把确定的事情变做可疑的那些用法，所以，我把这些记录疑问的目录作为极值得注意的东西提出。只要注意到这一点，就是当它们受了充分地整理与得到解决以后，应该就把它们从目录上删去，不再留下来辅助与鼓励人去怀疑。在这种疑问或问题的目录后，我主张再加一种同它一样，或更为重要的目录，这就是一种日常错误的目录。我的意思多指自然历史中的错误，如同那常在谈话与意见中遇到，但是无疑为人所觉察与被认为非真的。有了这种目录，可使人的知识不致为了这些渣滓与虚谬，而减少了力量与降低了身份。至于论到一般或全部的疑问及未证明的事件，我知道有那些关于自然的原则与主要各种见解的不同，但是那些要想得到真实而不是得到服从的人，如果能够看到他们面前有论到自然的基础的那几种意见，这似乎不能不算是一件极有利的事情。天文学中有同样的现象，连着它们的离心圈与那以中点画成以地球为中点的大圈的行星运行的小圈来解释，也可以用哥白尼的学说来解释。一切的计算对于两种学说，都符合这样在偶然的观察中所见到的现象，许多时候也可以用几种不同的理论来解释。而如要找到真实，却需要另一种的严密与注意，同亚里士多德说的那样，稚子最初见了女人都叫娘，但是到了后来，他们会渐渐依着真实来分别，如果尚在孩提的阶段也把所有的理论都认作娘，但是到了他长大的时候，他会辨出他真的娘来。所以在经验还未成熟的时候，能够看到各种对于自然的解释与见解，我以为是很好的，在那里，或许每个人在某一点上都看得比他人格外清晰，因此我希望有人很仔细地把古代哲理全部汇拢起来，这种工作，我觉得尚是缺乏的。可是此处我要提出警告，就是说，这种学说的搜集，应该依人分列，每一个人的理想都统归在一起，不要同布鲁塔克那样，把他的题目捆装与叠加在一起。因为使一种哲学得到光明与得到信仰是它本身的调和。如果只载着几部分与把它分开，看起来就觉得奇怪并且不谐和了。如同我在塔西佗的《编年史》里读到的尼禄与克劳狄的行事、同时代的形势、起因、发生的事件合在一起，我觉得并不稀奇。但是我在特兰奎拉斯的《罗马皇帝传》里读到这些事，照着它们的性质分作若干部分而不是照着时间的顺序，它们看起来就显得怪诞而不可信了。那么一种哲学整个的记录与分割为若干条款，也是这样的。我并不排斥近代的见解使它不得同样地列入这种哲学派别的目录中，如同帕拉色勒的哲学，经丹麦人塞佛利奴的笔墨把它很好地编成了一种系统。修责攸斯同他的弟子杜纽斯的那种田舍风的哲学充满了实际的智慧，但是不很深奥。弗拉凯斯托留的哲学，虽然他并未创立一种新的哲学，却对于旧的学说有着他自己独到的批判。我们本国的吉尔培都的哲学，他重述色诺芬的见解，却是带着修改与证明，与同其他一切值得他加入的系统的。

现在来讲古代的神灵所指示的关于我们自身的知识。这种知识应该照它于我们关系的远近的程度，得到比现在更精密的处理。这种知识，在人的意见上是自然哲学的目的与极限，在自然的范围内却只是自然哲学的一部分。我们通常可以把这个作为一种规则，知识的部分只可认为界限与脉理，不能证明为割裂与离析，知识的连贯于完整依然还要保存。相反的情形会使各个科学在它不能从公共的源泉上受到给养与支持的时候，变为没有结果、浅薄与错误。因此我们看到雄辩家西塞罗这样指斥苏格拉底与他的学派，说他是把哲学与修辞学分开的第一个人。这样一来，修辞学就沦为一种空洞的与口舌的技术了。同样，我们可以看到哥白尼对于地球自转的意见，非天文学自身所能纠正它，虽然它与任何现象都不相矛盾，但是自然哲学可以纠正它。我们也看到，医学如果为自然哲学所弃，就没有比一种根据经验的实际应用好多少。保留了这一点，我们就开始讨论人生的哲学，这个有两部分：一部分研究分离的人或是对人个别的研究；另一部分研究集合之人或是对人在社会中的研究。所以人生的哲学或是单纯于个别的，或是联合于社会的。个别的人生学所包含的各个部分与人身所包含的各个部分相同，就是说，是关于人身的学问与关于人心的学问。但是在没有布散到这种程度以前，我们应该先综合一下。因为的确以为对人的天性的一般研究是应该受到解放而使它自身成为一种学问的，这倒并不是只会说人的可贵，他的不幸、他的地位与生活和他的共同与整个的天性的这类附属物的那些可喜与美好议论，却多半是为了他关于身心的感应与合一的知识，那些事情因为是混合的，所以不能很适当地划归专说里面。

这种知识分为两支，因为凡是联盟与修好却无非是相互了解与相互补益，所以这种心与身的联合也有这两部分，这个怎样显出那个和这个怎样影响那个的展露与感动。这两个里面的第一个衍生出了两种技术：两种都是预言或预知一类的，在人身心方面有有利的用处。第一个是相术，这是借身体的外形来展露心灵的气质。第二个是自然的梦境解释，借心灵的想象来展露身体的状况。第一种我觉得是有缺陷的，因为亚里士多德研究过身体构成的状态，但是没有研究到身体表情的姿势，这也一样可以用技术来通晓，而且是有更大的用处与利益的。身体的外形确能展露心灵的一般气质与倾向，并且远可以显出当时心灵与意志的气质与状态，但是面貌与身体各部的动作不能如此。“舌头是同耳朵说话，同眼睛说话”，因此有一些精细的人，他们的眼睛是看着人的脸与动作的，他们深知这种观察有用，因为他们的能力多半即在于此。

后面的那一部分，关于感动，还没有成为一种技术，却受到了散漫的处理。并且与前面的那一部分同样地可以分为两部分，它们彼此的关系也和它一样，不过是把方向反了过来。因为这种研究是二重的：或是研究怎样或到怎样的程度，身体的气质与状态确实改变或影响着心理；或是研究怎样或到怎样的程度，心理强烈的情感或忧虑确实改变或影响着身体。在前面的这一部分会作为医学的一部分被探讨与研究，但是更普遍地是作为宗教或迷信的一部分。这些规定的根本与生命，就是看到了心理状态对于身体状况的这种依赖。如果判断薄弱的人，以为这种心理从身体上受到的痛苦，不是可使灵魂的永生发生疑问，就是可以减损他超越的地位，他可以从容易了解的事例上得到教训，那就是胎儿直接受到母体的影响。最专制的君王，有时虽然被他的臣仆引导，但君王仍然是不会服从臣仆的。至于相反的知识，就是心理的知解与情感在身体上所有的影响，我们看到凡是有见识的医生，在为他们的病人规定饮食的时候，都总以为心理的症候在增进或阻碍治疗与恢复上有很大的影响。关于想象的研究就是怎样与到怎样的程度，它改变想象者的身体，尤为深邃与有重大的价值，因为它虽有一种显著的能力来伤害，但并不因此也有相等的力量来扶助。如同人不能因有可使健康的人忽然死亡的疫气，就下结论说也有能够把病人立即治愈的有效的空气。由于困难与深奥，这一部分的研究有着极大的功用。但是对于所有这种互相影响的，关于身心应合的学问，研究心理的各种官能，在身体的机构上部分的那种探讨是最有必要的；这种知识，以前曾有人尝试寻求，现时是在辩论中，但是值得更精密地探究。柏拉图的意见，他把理解放置在脑海里，憎恶放置在心里，色欲放置在肝里，这是不该轻视的，但是更未可赞许。所以，我们组成了关于人的全部天性的探讨，作为应该单独处理的一部分知识。

五、医药、医学与病症

关于人的身体的知识分类，同关于身体欲望状况的分类一样，对于后者，前者是一一相应的。人体的欲望状况有四种：健康、美好、力量与快乐，所以那关于身体的几种学问就是医学或治疗的技术、健身术、运动的技术与快乐的方法，塔西托很正确地将它们称为受过训练的奢侈。人身是自然中所有各物里面最容易受到治疗影响的，不过这种治疗也是最容易有误的。因此这种探究应该更加严格。

说到医药，复述我们已经说过的，再深入一点，古代的这种见解，以为人是一个小世界、一种世界的缩本或模型，是为帕拉色勒与炼金术家很怪诞地伸张的，仿佛在人身上可以找出与各类东西相应的若干符合与相似，例如这个大的世界上所有的恒星、行星、矿物。这样是显然不错的，就是在自然所产生的一切物体中人的身体是最极端的、复杂的。因为我们看到草木是受水的滋养；兽类大半是受草与果实的给养；而人所靠的是兽肉、鸟鱼、蔬谷果实、水。而人在他的居宅、睡眠、运动、情欲上有无限的变化，这就不能否认人的身体是所有各物中最复杂的。但是相反，灵魂是物质中最简单的，如同下面所引用的诗句："除那个天上光明的精华以外，更别无他物。"所以如果那个原则是真实的，就是"离开了他们的地位，物的动是疾速的，但是在他们的地位，都是安静的"，虽然灵魂这样运动着是得不到一点休息，但并不是一件可诧的事。但是回到题目上来：人体这种容易变动的组织使他成为同一种容易失调的乐器一样，所以诗人把音乐与医学联合在阿波罗"日神"身上。因为医学的任务无非是调整人体这个神秘的立琴而使他调和，而主体是很容易变动的，所以这种技术也就包含着更多的推测性。因为技术的多推测性，所以也就有欺诈的可能性。所有其他的技术与科学几乎都是以它们行事，或是可以说，最高的成绩不是以它们的结果来评定它们的优劣的。律师的优劣是：辩护的好坏不是以案件的结果来评定的。船长的优劣是以他引导航行的是否无误，不是以经商的成败来评定的。但是医生或政治家，是没有特别的行事来显示他们的能力的，却大都以结果来评定他们的优劣。这总是随着观察者的意见而异。因为谁能肯定一个病人的死亡或痊愈，或是一个国家的安全或破败，究竟是因为技术，或是偶然？所以常有欺诈者获得了奖赏，而真正的好手反而受到非难。岂但如此，人是这样愚昧与轻信，以致常把江湖术士或巫觋看得比饱学的医生还要重。所以诗人们把厄斯邱拉璧与色西作为兄妹或姊弟，把两个都作为太阳的子女，是很明了地辨出了这种极端的愚蠢，同在这些诗句里说的那样：朱庇忒用了雷电把阿波罗之子（那个卓越的医生）打入了地狱。还有，"现在他们在近着色西的海岸边的沙滩上跑着，富有的色西，太阳的女儿"。因为无论在什么时候，在群众的眼里，巫觋、老妇与骗子都是同医生在竞争着的。这结果是怎样呢？就是医生们对自己也说，如同所罗门在论一个更重要问题的时候所说的“如果我所得的同愚人所得的一般，何苦要努力使我更有智慧”，因此不能太责备医生，说他们常对于他们所喜爱的其他技术或事业比他们的职业更为注意，因为你可以在他们里面找出考古学家、诗人、人文学者、政治家、商人与教士，并且他们在任何一种职业上都比在他们自己的职业上更为擅长。无疑是为了这个缘故，就是他们觉得在他们这种技术里，平凡与优越，对于他们的命运，在利益或名誉上，是没有影响的。因为病者的愚昧、生命的可爱与希望的存在使人更依赖医生，不论他们是否这样坏。可是我们所说的这些事情，是从很少的机会与许多的怠惰与不负责里面生出来的情形。如果我们肯鼓起勇气并唤醒我们的注意，我们可以在常见的事例里，看出理解的微妙有着怎样一种凌驾各种物质或形态的能力。世上没有比面貌变化更多的了，但是人仍能够记着它们无限的差别。不但如此，一个画家利用贝壳的颜色与他意想的习惯，能够把凡是曾有、现有与可能有的都模拟出来，只要能够让他看见。没有比声音变化更多的了，但是人也能把它们一个个的辨清。不但如此，一个丑角或口技人，他能够依他意愿所喜欢模拟出各种各样的声音。也没有比单字不同的声音变化再多的了，但是人已经知道把它们归纳于少数简单的字母。所以，生出这些迷乱与不能了解来的，不是人的心智的不充足与无能力，却是他们站立或放置得太远。就像感觉离得远了就会充满了错误，但是一近就正确了一样，理解也是这样的：这里的解药不是把这个机构加速与加强，却是让它与目标再接近一点，这是无疑的。如果医生们能够知道与利用自然真正的通路，他们就可以同那诗人所说的一样："因为病症有变化，我们也要变化我们的技术，有千种的病，就应该有千种的疗法。"这是他们应该做的，也是他们所应该有的。

医学这门学问是认它为职业的要比能够把它详细研究地多，而能够把它详细研究的还比能够把它推进的多。这种详细地研究，依我所见，也是回环的而不是前进的。因为我看到了许多的艺术，却只有很少的增益。他探究疾病的原因以及致病的情形，疾病本身同症候与治疗，同保健的方法。我觉得应该指出的缺陷，列举不分先后。

这里第一个是废弃了古代勤勉的习惯，就是记录病人的症状，如何为他们进行治疗，如何痊愈或死亡而得到结论。有了这种技术的原始记录，就无须再援引这种职业以外关于那个律师的智慧的例子，他们为要指导未来的审判，对新的案件与判决的记录是很仔细的。这种医学历史的记录，我觉得既不是如此无限，把每个平常病症都要记下，又不是如此谨慎，非要治疗奇异的病症。因为有许多东西，虽然性质不新，形态却是新的，如果人们肯去注意，可以找到很多值得注意的东西。

在解剖的研究上，我找到很多缺陷：因为他们研究身体的各部分和他们的实质、形状与位置，却不研究同一部分在各人身上的不同、管孔中的秘密、体液的聚处，也没有研究许多病症所遗留的痕迹。我想造成这种缺失的原因是因为前一种的研究可以观察一个或几个尸体来完成；但是后一种的研究，因为是比较的，并且常有偶然发现的变化，一定是要从观察许多尸体上得出。至于说到同一部分在各人身上的不同，例如内脏部分的形态与构造，无疑是与在外各部分一样的不同，并且多种疾病含有的原因也就在这种内部的不同上。因为没有注意到这种情形，“医师”们常归咎于体液。那些其实并没有疵病，因为疵病是在这部分构造与机构的本身上的，是不能以祛病的药物来把它去掉的，却一定要以饮食或适宜的药物来适应与缓和它的。至于管孔，固然古代就知道那里面隐藏的东西在尸体上是看不出来的，它们在死体上是闭着与隐秘的，而在活体上是开着与显露的。假定是这样的话，虽然活体解剖不人道，但是看到这种观察的极大用处，他实在不必把这种研究完全放弃，或转向外科偶然的手术里去觅取这种机会，其实可以把它移到活的动物的解剖上。这些动物，虽有它们身体上各部分的不同，已完全可以适应这种研究的需要。至于体液，在解剖上平常是作为分泌物略而不论的，而观察体液在各部分有何种窝穴、聚处与容器，同这样容贮着的各种不同的体液，实在是最要紧的。至疾病的痕迹与它们对内部的毁损、脓肿、分裂、腐烂、消耗、收缩、伸展、抽搐、堵塞、多血，连同一切超越自然的物质，如同石、肉瘤、赘肉、虫等这一类。这些都应该利用多数的尸体与多人个别的经验的贡献来精密地观察，与仔细地记录下来，或是历史性质的依照它们的形状，或是学理性质关于它们所发生的病症与症候。如果尸体是一个病亡人的，这些在当时解剖尸体的时候，都是疏忽与略过的。

在研究病症的时候，时常放弃多种病症的治疗，有些是不能治疗的，有些是过了可以治疗的时间。所以西拉与三人执政团所认为的公敌宣布应该处死的人，也没有庸医误诊致死的多。这里面有许多人可以免于死亡，比从罗马的死刑判决里逃出来容易得多。所以我毫不迟疑地认为他们不研究多种病症或无救的病症疗法为一种缺陷。早早地宣布这些病无药可治，实在是像制订了一条允许忽略、懈怠的法律，使那些无知的人得不到指责。

并且我以为医生的任务不仅在恢复健康，还在减轻苦痛与疾苦，不但这种减轻可助于恢复健康，并且还在它可使死亡平和与安适，因为奥古斯都常在企望那种安适地死。这尤其在安敦庇获死的时候可以看出来，他的死是同安睡一样。关于伊壁鸠鲁的记载说在他病重被认为凶险之后，他饮了大量的酒使他的胃与感觉麻醉，因此，他的碑文上说，“他已经不够清醒去辨出斯替克斯河水的苦味了。”但是医生们相反地认为在病已证为不治之后，仍与病人相守是一件不合理的事情，而据我的意见，他们却应该勤加研究如何使死亡安适与减轻病人痛苦的这种技巧。

论到病症的治疗，我觉得对专治某病的特效药尚属缺乏。医生们以他们的武断，在药方上随意增减、改换药品，使传授与经验的效果都消失了。他们这样支配着药品，使药品失掉了治疗病症的能力。除了蛇毒消解剂、密色律达底解毒剂与近来的健胃膏，还有几种其他的药剂，他们并不慎重对待任何药剂。至于药店中所售的成药，他们是便于立即应用而不是特为某种病症而设的。他们都是为开通、缓和、变换等一般的用处，并非对于某种症候特地的使用。经验者与老妇在治疗上常比科学的医生更为见效的原因即在于此，因为他们都是遵守验方，不敢随意改动。所以这里我所找到的缺陷，就是医生们除了他们自己猜测与武断的说明以外，没有从自己的经验、从书上记着常有见效的试用、经验家的传授中记下与传出治疗特种病症的验方。同罗马国家里最好的人物是倾向人民的执政官“从贵族中选出”或是倾向元老院的护民官“从平民中选出”一样，在我们现在所论的事件上，最好的医生是有学问而倾向于经验的传授或是经验家而倾向于学术方法的人。

可是，我却无意于过分地挑剔，所以只再举一种缺陷，就将这一部分结束。这种缺陷，我觉得是极为重要的，就是现用的药方太简单，以致不能取得预期的效果。因我以为如以某种药品为这样的有效或适用，只用着它就能在人身体上产生重大的效果，这是一个虚夸与阿谀的评判。如果有这么一句话，你只要把它说着，或常常说着，就可以使人免于他天性所易犯的罪恶，这句话一定是很奇异的。只有药品使用的顺序、持续与变换是在自然中有力量的，这种办法虽然在下处方时需要更正确的知识，在遵守时需要更严格地服从，但是可以取得巨大效果。虽然人们以为医生这样每日来诊视，他们一定是依照着一种确定的方法治疗的。可是一看他们的处方与所用的药，就可以知道那些都是彼此互相违戾之事与每日临时的办法，并无决定性的计划。不是说每个守法或涉于迷信的方子都是有效的，如同不是每条狭路都是通往天堂的路，但是正确的方向总该是应严格遵守。

论到装饰，它分为社会部分与女性部分，身体的清洁是出于对上帝、社会与我们自己适当的尊重。至于人为的装饰，这是应该让他有他所有的缺陷的。这种精巧不足以欺人，用了也无益于健康，优美也不足以使人愉快。

论到健身术，我用这个字的广义来概括，可使人体得到的一切能力，无论属于活动一类，或是属于忍受一类。活动有两类，实力与敏捷；忍受也有两类，对饥寒的坚强和对痛楚与苦恼的坚忍。关于这些，我们看到有野蛮人与受刑责者的实例。此外例如有不在前列以内的能力，如同有一种人能够把呼吸闭住与这类的奇异能力，我都把他们归入这一部分。这些事情的实例是人所知道的，但是关于它们的哲理很少有人探究。尤其是因为这类能力的获得是被认为或由于天性的相近，这是非教导所能奏效，或全由持续的习惯，这又是很早就养成的。这种见解虽然误谬，但我也不想于此处指出它有何缺陷。因为奥林匹亚的竞赛运动消沉已久，而这种事件上平凡的程度已足以应用。至于它们优越的程度，寻常却只做献技得财之用。

至于供给感官快乐的技术，最大的缺陷却在禁止它们的法律上。像有人讲过的那样，在德行长成的时候，最发达的技术是军事技术；在德行全盛的时候，是文艺技术；在德行衰落的时候，是快乐技术，所以我恐怕世界这个时期是有点江河日下了。我把谐谑的习惯同快乐的技术合在一起，因为欺蒙的感觉是感觉的一种乐趣。至于运动的游戏，我以为是属于社会生活与教育的。这些都是说人生哲学里关于人体这一部分，人体不过就是灵魂的躯壳。

六、技术与发明

关于心智的技术，依它们的目的，可分为四种：人的工作是发明人所寻求或提出来考虑的东西，或是评判那已经发明的，或是保管那已经评判的，或是传播那已经保守的。因此这些技术也必须有四种：探索或发明的技术、审查或评判的技术、保管或记忆的技术、发表或传授的技术。

发明术有两种：一种是关于技术与学问，一种是关于语言与辩论。我认为缺乏第一种，如同在编制一个人的遗产目录时，账下并无现金一样，如同金钱可以换取所有其他各物，这种知识也是可以传自其余一切的知识。如果我们忽略了发明与发现的技术，那么不能再发现新的学问也不足为奇。

现在缺乏知识这一部分，据我的意见，这是显然无疑的。

第一，逻辑学并不以发明各种学问或各种学问的原理自居，却以“我们只能信任各种学问的专家”这样一句话就把他略过了。色尔塞斯讲到医生的经验派与武断派的时候曾郑重地说过：“是先找了药物与疗法，然后再去讨论它们的原因与理由的，不是先找着了原因，然后倚着它们的光明，再发现了药物与疗法的。”柏拉图在他的西依体忒对话集里说道：“个别的事例是无限的，而高层次的通说也不能给人充分指示，使专家有别于非专家的一切学问的具体都是中间的命题，这些，在每一种学问里面，都是从流传与经验中得来的。”因此我们看到那些讨论发明与原始的人才都说他们是由于偶然而不是由于技术，总是说他们是通过鸟兽鱼虫而不是通过人。他带来治病的白鲜，这是他从克利特田野中仔细觅来的，粗糙的梗茎绕了生毛的叶子。叶间有紫色的花，凡是受过伤的野羊都会认识它，这确实是有效的药物，能使痛苦减少许多。所以，埃及神庙里的神像没有几个是人形，却几乎全部都是兽形也就无足怪了。埃及全国所尊奉的阿纽比斯“司冢墓的神”与每个异状的怪物云云。如果你更喜欢希腊的传说，把最初的发明归于人类，那你恐怕仍以为伯罗美修“火发明者”是先击了火石，才觉得光焰的奇异，然而不是他第一次击火石就料定会有火焰出现的。我们知道西印度群岛的伯罗美修同欧洲的火的发明者没有互通消息，因为在那边最初发出火焰的火石是很稀少的。所以后来人似乎是因野羊而得到外科手术，因夜莺而得到音乐，因红鹤而得到医学的一部分，“因此鸟以海水灌肠”，因水汽冲开的罐盖而得到艺术，或是大概都因偶然或任何其他的事，而不是因逻辑学而得到学术的发明。维吉尔所说那种发明的样子，也并没有很大的不同。“热炼可以逐渐锤打出各种技术来。”如果你仔细看他所用的字，就会知道这是畜类所能用与实际用着的方法，就是为保持生存所驱迫的，永续的注意或练习一件事情，因为西塞罗很恰当地说过：“对于一件事情的熟练，往往比自然与技术的成就更多。”所以，如果有人这样说过“为需要所驱迫无休止的工作，何事不可为”。对畜类也有人这样说过："谁教鹦鹉'说您好吗？'"乌鸦在天旱的时候，在瓶中见到了水，是谁教它衔了石子填入致使水上涨，叫它可以喝着？是谁教蜜蜂飞渡大海般的天空，去找寻很远有花的地方又回到它窠里的路？谁教蚂蚁去咬它埋在蚁垤里的每粒谷子，要不是这样它就会生根长起来？再加"锤打"这个词，含着极端困难之意，与"逐渐"这个词，含着极端迟缓之意，这就是我们刚才所说的情形，甚至即使在埃及的神灵之中，关于发明的事情也没有多少留给理解的能力，也没一点留给技术的关联。

第二，逻辑学家所说的，并且是为柏拉图所熟知的归纳法，可以说各种学问的原理与从这些原理里面演绎出来的中间命题都是凭借它才发明的。他们这种归纳方式，我说是完全误谬与不中用的，他们的错误更显得可耻，因为技术的本职是在使自然完美与增高，而他们相反地损害、妄用与玷污了自然。注意观察心灵如何收集知识这种露珠，好像诗人所说的"气体的蜜这种神的赠予物"，从自然的与人为的各种事例中，仿佛从田野与园圃的花里面把它蒸馏与创造出来。凡是注意观察这种情形的人，就可以知道心灵自身天然地能够处理与运用一种归纳法，比这些人所说的要好得多。因为列举了许多事例而没有遇到反证，就下的结论，是算不得结论的，只能算一种猜测。因为（在许多题目上）看了所有的这些例证，谁能够断言在相反的方面不会还有尚未发现的例证存在。仿佛撒母耳就因为看了走过他面前的那些耶西的儿子，而漏去了在田野里的大卫。老实说，这种方式是如此的粗疏，所以这几乎是不可能的一件事。说处理这类事情，机敏的才智竟能把他们向世界提出，但是他们急遽地就提出了他们的论理与意见，而对于个别的事例有傲然不屑之色。他们把这些不过当作清道与传召的人把闲人赶开，这样好给他们的意见腾出地方，不是拿来作为他们的正当用处。看到引诱的步骤在神圣与人生的真理上的完全一样，真正可使人感到一种宗教上的惊异，因为如同在神圣的真理上人不肯以孩提自居。在人生的真理上，人们也把对我们所说的归纳法的注意，看作第二种的孩提或幼稚时代。

第三，即使承认有几个原理是以正确的归纳而得到的，但这关于自然的现象不能从这些原理里以三段论法去演绎出中间命题来，就是说不能以一个中间名词来试验与证明它们是大前提必然的结果。固然，在通俗的科学中，如道德、法律这一类，甚至在神学中这种方式或许有用，在自然哲学中也是这样，把它用来作为论辩与可以满足他人的理由，“这种可以得到同意，却不能产生结果”，可是自然与其动作的微妙是不能以这些拘束去缚住它的。因为论辩由命题而成，命题由字而成，而字无非是事物通常观念的通行符号。如果这种观念是粗略与随便从各种事例里收集聚拢来的，那么无论对于结果或论辩或是对于命题的准确如何悉心审察，都不能纠正那种错误，因为那是在第一步的消化中。所以这并不是没有理由的，这就是许多卓越的哲学家都变为怀疑派与柏拉图派，否认一切知识或了解的确定，以为人的知识只及于表面与或然性的原因。在苏格拉底身上，这句话固然认为是一种讥诮，“他以假托无知识来冒充有知识”“谓以知道的作为不知，这样可以使人以为他连那真不知道的也知道了”。因为他常轻视他的知识，为的是要提高他的知识，同泰比留斯接位初年的奇想一样，他要统治但不肯承认这么多。在西塞罗所信仰的后期柏拉图学派中，这种人不能得到确定知识的意见，不是诚意遵守的人，因为善于口辩的人大都入了这一派，这些人好像是因娱乐而游行，不是有目的的旅行。但是在怀疑派与柏拉图学派里，的确有很多人都单纯地与诚意地信守这种意见。但这就是他们最大的错误，他们以感觉为不可愚信。这些，据我的意见是足够证明传达事物的真相。虽然不是直接的，但是用了器械的辅助和把太微妙而为感觉所不能知的事物引导与驱迫到能够为感觉所知的结果上，与同其他类似的辅助的。但是他们应该用感觉的传达来推断的那种方法。我说这句话并不是轻看人的心智，而是要把它激起来去寻求帮助。没有人能够仅凭手的稳熟画出一条直线或一个完全的圆，如果有了界尺或圆规相助，这便是可以很容易做到的。

发明的这一部分，关于学问的发明，把它先分做了两部分之后，我以后再提出。这里面的一部分我称它为记录的经验，另一部分我称它为自然的解释。前者不过是后者的一个阶梯。但在一种拟做的事体上，我不想说得太多或太大。

语言与辩论的发明实在不能算是一种发明，因为发明是发现未知，而不是追忆已知，而这种发明的用处无非是从我们心智中已有的知识里引出或唤起那些与我们正在考虑的目的有关的知识。所以正确地说，这并不是发明，只是记忆或暗示，带着一种应用。这就是经院学派把它置于判断之后，作为在后的而不是在前的原因。但是不论在有栅围的苑里，或是在森林里，一样都叫作逐鹿，它已得了这个名称，让我们仍旧称它为发明就是了。只要让人知道这种发明的范围与目的是我们知识迅速的应用，而不是它们的增益与扩大即可。

要得到知识迅速的应用，有两条路径，即准备与暗示。这里面的第一个几乎不成为学问的一部分，只包含着勤勉，而不是任何学者式的博通。亚里士多德很诙谐地，但是很不平庸地取笑与他时代相近的诡辩学者说："他们的所为好似自称专习制鞋的人不教人怎样制鞋，却只很便捷地陈列了许多各种式样和大小的鞋。"可是，人们可以这样回答他，如果一个鞋匠在店里没有鞋子陈列着，有人同他说话的时候他只是做工，他一定不会有多少生意的。但是我们的救主讲到神圣的知识说："天国像是一个好的家主，他的储藏室里新旧的东西都得藏着。"

但是这种储蓄或准备储藏收集的性质，虽然它是逻辑学与修辞学所共同的，但是在这第一次讲到它的地方把他记下之后，我想可以把他的详细阐述归于修辞学。

发明的一部分，我称它为暗示的，确实指示了几种可使我们的心灵重新拿出它以前所积贮的知识，来使我们应用。这种用处也不是只限于供给与他人为或辩论的资料，却也可辅助我们自己适当的判断。这些论题也不只使我们的发明更为容易，却也可以指导我们的研究。因为一种明练的究问能力是一半的知识。同柏拉图说的那样："凡是寻究的人，大概都知道一点他所要寻究的东西。要不然，在找到它的时候，他怎样会知道它呢？"所以你预先知道得越多，你的寻究也越为直接与省事。而且也可以辅助我们来决定在已知的东西里面该把什么重新拿出的论题，也可以帮助我们来决定，如果有经验的人在我们面前，什么问题是该提出的，或是，如果有书籍与作者来教导我们，哪几点是应该寻究与考虑的。所以我不能说发明的这一部分就是大学里所称为论题的。

可是论题有两类，即一般的论题与特别的论题。一般的论题，我们已经说过了，特别的论题虽会有几个人提到，但是为一般人所斥弃，以为它不能规律化与多变动。而弃去那在经院中势力太大的风气，我接受特别的论题，就是在每种学问中的发明与深究的论题或指导，认为它们是极有用的东西，因为它们是论题。在这些上面这句话是适用的，“发现的技术，以发现的多而愈加发达”，同走路一样，我们不但已经达到走过了的那一部分，并且连没有走到的那一部分也可以看得比前面清楚。所以在科学上每进一步，都能使后来得到一种光明。这种光明，如果我们把它引出来作为探究的问题或论题，确实可以大大地推进我们所从事的事业。

现在我们讲到了判断的技术，这是处理证明的性质的技术，这种技术与归纳的关系恰恰与发明相同。因为在一切的归纳上，不论方式的正确或误谬，同一心智的动作，一面发明，一面判断，同感觉的同时传达印象与保证他们的其实一样。但是在三段论法的证明上就不同了，因为证明不是直接的，是用着中间名词的，所以中间名词的发明是一件事，结果的判断又是另一件事。前者不过激起“我们的心灵去搜寻可以证明结论的中间名词”，后者却是审察“那结果是否为前提所必有的”。因此，关于判断的真正与严正的方式，我们需参照上面对自然的解释所说的那些话。

论到用三段论法的那种判断，因为它最为人所喜用，所以它自来即为人所最热心与加强研习的。人的天性确是把在他的理解中有点固定不动的东西，作为其心灵的一种支架。所以，如同亚里士多德要想证明在各种运动中都有安定之点，与很优美的解释阿忒勒斯这个古寓言（他站着不动，支起了天，使他不坠）说这是指天体所凭以转动的轴。人也是无疑要想有一个阿忒勒斯或轴在他们的心里使他们不动摇，好像总是要往下坠落的那样。所以人确是急于要按照几个原理，使他们的各种辩论可凭以旋转。因此，这种判断的技术无非是以一中间名词来把命题改造为确定的原理。这些原理都是要为一切的人所公认而可免于论辩的这个中间名词，可依任何人的发明来随意选定的这种改造有两种：直接的与反转的。一个是在命题改造为原理的时候，这个他们所称为显明的立证；一个是在以命题的反面改造为原理的反面的时候，这是他们所称为强为诞说的中间名词的数目，是要与命题与原理相距阶级之多寡相同的。

但是这种技术有两种不同的指示方法，一种是指导，另一种是提防。前一种制订与定下一种推论的真正方式，用与这种方式的不合，就可以正确地断定一种推论的错误。对于这种方式的组成与构造，我们还能连带处理它的各部分，那就是命题；与命题的各部分，那就是单纯的文字。这是包括在分析论里面的那一部分逻辑学里的。

第二种指示方法是为迅速地应用与保证人的信息而设的，发现误谬的论法与迷惑理智之间较为微妙的方式，连同他们的驳辩，虽然在较为粗浅的误谬论法中是同变戏法一样，我们虽然不知他们是怎样的弄法，但深知绝不是像他们看起来的那种样子，不过是他里面较为微妙的那种，不但使人不能驳辩并且在很多的时候，还蒙蔽了他的判断。这个关于驳辩的部分在规律上，得到亚里士多德精审的处理，但在实例上还得到柏拉图更精审的处理。不但在辩士派身上，甚至在苏格拉底自己身上，他自称并不能肯定何物，而且破坏凡为人所肯定的，发表过所有各种的反对论误谬论法与驳辩。虽然我们说过这种理论的用处在于驳辩，但这是显然的，就是它堕落与腐化的用法，是篇妄造虚伪与诡辩的论端，这些充做了优越的能力，显然是一种很大的利益。虽然辩论家与辩论家的这种区别是对的，就是一个好似猎犬，驰逐擅长，还有一个好似狡兔，躲闪机灵，所以这种是弱者的利益。

但是，再进一步地说，这种辩驳的理论还有着比一般所见更广阔的范围，即延及知识的各部分。这些，有些被人研究，有些还是为人所忽略的。首先，我觉得那些有时属于逻辑学，有时属于基础哲学。关于要素的共同性的部分，无非是一种驳辩。因为所有诡辩中最大的诡辩是辞辩的含混，尤其是在每种研究中最通用与总得碰到的那些词语，所以我以为关于多数、少数、在先、在后、相同、相异、可能、实际、总和、部分、存在、缺乏与同这类研究的真实与有效地用处，无非是对于语言含混的一种有意识的提防，同样把事物分为若干部分，这种，我们叫作范围，无非是对定义与分类混乱的一种提防。

其次，还有一种诱惑是以印象的力量，而不是以迷惑的微妙发生效力的。不是怎样迷乱了理智却以想象的力量克服了它。但我以为这一部分到讲修辞学时再讲更为适当。

最后，人心中还有一种更重要与深邃的误谬，我以为全未经人看出或研究过，应该在此处把它作为最适合于矫正判断的事讨论，它的力量不是能够震耀与迷惑关于某种事件的理解，却是较普遍与在内的传染与破坏了理解的情况。因为人的心灵不同明净与平正的镜子那样可以照出物的真相的，却是同施过妖术的镜子那样，里面充满了怪异与虚伪的影像，如果不解除了魔力使它归还到原状。为了这个目的，让我们考虑那心灵一般的性质用来蒙蔽我们的虚伪的模样，在一两个实例上将他们观察一下。第一个，如同那个一切迷信根蒂的事例，就是对于一般人的心理来说，凡是肯定的与实际的都要比否定的与缺乏的影响来得更大。所以几次中肯或存在就可以抵过多次的失败或缺乏。让我们在一个事例里看看，就是因为人的精种是一种一致的性质，故人常以自然中存在的一致较实际为大。正是这个缘故，数学家非把天体的运动作为圆形不肯休止，斥聚螺状线，极力想不用离心圈。为了这个缘故，自然中有许多单独无对的东西，而人的认识偏要假想他们是互相关联的、平行的、联合的。实在并无此类的存在，如他们假想有火这样一种东西，如地、水、风，与这一类的东西并列一样。不但如此，在未经指出以前，无人相信以人的行为与技术为比拟，与以人为共同的量器，在自然哲学中输入了多少的虚构与异想，没有比那粗鄙与孤独的修道者在斗室中产生的信上帝为人形早期教派的异说，与那在异教中与他同等的伊壁鸠鲁的意见好多少。所以伊壁鸠鲁“快乐主义”派的阜实攸斯不必询问何以上帝要用星星来装点天空，仿佛他是一个营造司，应该演出盛大戏剧来的那样。因为如果那个大造物者有同人一样的性情，他一定把星宿布成有趣与美观的结构，同屋顶上的雕饰一样。而人在这无数的星星里面，几乎找不出一个列成正方、三角形或直线的星际。人与自然在这两种精神里面的调和是彼此不同的。

七、语言与文字

关于对语言与文字的研究，产生了文法这一种学问。人们利用这种文法的技术，研究本国语上较少而在外国语上较多的语言，尤其研究的是现时学术语言的那些外国语。这种技术的任务具有两种性质：其一是通俗的，那是迅速与完全的学成语言，为语言的互相通晓，加深对于文籍的了解；其二是哲学的，考虑字的力量与性质，它们是理智印出来的痕迹，这类字与理智的符合只得到断续而不是整个的处理，因此，虽然我认为值得使它单独成为一种学问而不能缺少。

而隶属于文法的研究还有字形，这些是音节的长短，声音与音调的高扬，和它们的和谐美与不调和，从这上面引出了修辞学里面的几种规则，尤其是在诗律上，因为那是关于诗句，而不是关于题材的。在那个上面，虽然古文“希腊拉丁文”学家谨守着古代的节奏，但在现代语里面，我以为制订新的节奏，是同新舞蹈一样的自由。因为舞蹈是有节奏的步调，同诗句是有演奏的语言一样。在这些事件上，感觉是比技术还要好的一个评判者，在关于不伦不类的题目上奴性地遵从古制，有人说过：“那种时代论是古朴的东西，一到不能适合，就成为崭新的了。”

论到暗号，它们经常是在字母上，但是也可在整个的字上。暗号的种类是很多的，按照它们隐蔽文义的性质或规则，有重轮推转式的暗号，变易字序的暗号，加倍与其他。但是凭以判断它们的优劣以资采用的标准有三：不难写与不难读；不能为人猜出；在有些事件上，让人不觉得它们是暗号。最高的程度是可在任何掩蔽之下做任何文字，这最多是用五倍的字母数，再没有其他的拘束，可以决然做到的，“培根自己会创此法”。与暗号的技术相对的是解释暗号的技术，这种技术凭着假想是无用的，但就事情的实际情况来说，极为有用。因为假若所用的暗号都编制得很好，那里面一定有多种是无从解释的，但是因经办这种事件的人手段生疏与拙劣，最重要的事情还是常用最易发觉的暗号去传递的。

我列举这些秘密与隐秘的技术，人们或以为我意在备举各种学问的名称，以资炫耀，更没有多少别的用处。可是让精于这些技术的人去判断我是否专把他们作为辅饰，或是在我讲论他们的话里面是否略无精诣。这一点我们该记住，就是如同有许多人在他们的乡邑中是卓著的人，而一旦到了国都，只占了低下的地位，几乎不为人所注重。这些技术，在此与主要的和最高的各种学问并列，但是对专注于研究它们的人，它们还是会被看作是重大的事件。

对于传授的方法，我知道曾于现时激起了争论。可是同政治上的事情一样，如果是有了集会，人人互相辩论，那么往往这件事情一时就到此为止，更不能再进行。在学问上也是这样，争论甚多的地方，往往并没有多少的探讨。这一部分关于方法的知识，据我看来是如此的薄弱，我认为缺乏这方面的研究。

在知识的传授与教授上，还有一种见解的区别，对于见解不同的知识，又是与它们相合与熟悉的，是应该以不同的方法传授的。所以亚里士多德在他以为是责备德谟克利图的时候，确实是在褒奖他说："如果我们真要辩论，而不是搜寻比喻。"因为凡是他们的意见都已经是在一般人的意见中占着地位的，是只需要证明或辩驳的，但是他们的意见还没有与一般人的意见发生关系的，却有一种二重的工作：一个是使他们的意见进入人的心里，另一个是证明与证实他们。所以他们一定要用明比暗喻来使人了解他们的意思。因此，在学问的幼稚时代，那时候的世界充满了寓言与比喻。因为不是如此，人在他们没有了解或判断以前，便会对提出的意思毫不留意，或且认为是奇论而摈斥。所以在神圣的学问中，我们看到寓言与比喻是如此之多，这是一种规则。任何学问，如果不是人心中先有预想与它相应，都必须求助于比喻。

此外还有其他普通流行的各种方法的区别：如同解析、综合之类，这些我都很赞同，虽然我只详说那些最少人处理与论述的。我之所以要把所有的方法都提到，是因为我想建立或构成一种关于传授智慧的总探究。

但是，隶属于知识的这一部分，不但要有一种著作的整个框架，并且还要有那里面各种梁柱的建筑法。不是关于它们的材料，而是关于它们的数目与形状。所以方法不但考虑论题的处理，还涉及各个命题。并不是关于它们的正确或实质，而是关于它们的限制与形式。因为在这上边，雷穆斯重新提出命题的优良规律，要普遍的正确，要从根本上正确，实在比用他的提要法这种使学问中止了进步的腐蚀病，更应该得到赞许，但是要想取得这一个，就使他要碰到那一个。因为想把命题易位的人需要适当的引导。

关于命题的讨究，是大半涉及极端的命题，它们限制了各科学问的范围。每种学问，除了它的深度都还有一种长度和一种宽度。宽度是从它与别种学问的分界上计算的，长度是从它与行为的关系上计算的。也就是说，从最宽泛的概说到最个别的指示。一个规定应如何限度，一种学问可在另一种学问的范围内与它交混，这是人所谓在要点上正确的；另一个规定是一种学问可以下降到适合个别事态的何等程度。这后面的一种是两者中较为重要的，我觉得要是没有人理会它就这么略过了。当然还得有点东西留着，但是留多少是值得研究的。若想发现距离很远的地方，没有比以一张奥第留斯的世界地图来指示伦敦与约克间的路程更实用。那里较好的一些规则被人比作没有磨亮的铁镜，从这里面你可以看出物的影像，但是先要把它磨过。同样的，这种规则也可以有用，如果以实用来加工与磨治它们。但这里的问题是：开始就可以把它们磨得如何的明净或预先把它们磨到何种程度？对于这些研究，我觉得缺乏。

还有人致力于一种方法，这是一种欺骗的方法，这种方法是这样的传授知识——使没有学问之人可以很快地成为有学问的人。

盛留斯的工作，在造成以他的名氏著称的技术，就是这样的。差不多同后来编集的那些各科语汇那样，无非就是各科学术中单字的集合，使人信为凡是用这些名词的人，都可叫人认为知道这种学术。这些字很像一个旧衣铺或旧货铺，里面任何零星碎物都有，却没有价值。

在我们称为修辞学的那种学问或辩论术的那种技术里，这是很好的一种学问，而且得到了很好的研究。虽然在真实的价值上它是亚于智慧的，如同上帝同摩西在他缺乏这种能力，而自称为不称使命的时候说的那样："亚伦可以代你说话，你对他应该同种一样。"但是它对人来说是比智慧更有力量，因为所罗门这样说："心里明白的人，应该称为明达，但是话说得好的人，可以收到更好的效果。"意思是说智慧的深邃可以使人得到声名或为人爱重，但在实际生活上获得效果的是辩才。至于论到这种技术的精研，亚里士多德与他同时代的修辞学家的争辩，与西塞罗的经验，使他们在修辞学的著作里显得比在实际生活上还要伟大。再把德摩斯尼与西塞罗的演说中所存留的辩论的模范的卓越加于辩论规则的完备上，就加倍了这种技术的进步，因此，我将要指出的缺乏是在一些编集的材料上，那些可以同侍女们那样地随侍这种技术，而不是在这种技术本身的规则或实用上。

虽然，同我们对其余的学问所为一样，在这种学问的根边把泥土翻动一点。修辞学的任务是要更适当地推动意志，把理智推荐于想象。因为我们知道理智的使用常受到三方面的扰乱：为迷惑所谬论，这是关于逻辑学的；为想象或印象，这是关于修辞学的；为情感，这是关于伦理学的。如同在与人有事务交涉的时候，人是受着欺诈、强求与迫切的影响。在这种对我们自己的交涉上，人是为错误的推论所倾陷，为虚假的印象所诱惑与急促，为强烈的情感所激荡的。人的天性却也不是这样不幸地构成的，说那些力量与技术能够有力地扰乱理智，而不是建立与推进他，因为逻辑学的目的是教人以一种可以获得理智，而不是倾陷他的辩论方法；伦理学的目的是使情感服从理智，而不是规避它；修辞学的目的是充实想象使它为理智之副，而不是压制它。

因为技术这些流弊只是间接的进来的，我们注意就可以了。所以这是柏拉图极大的不公，虽然是出于对当时修辞学家的一种应有的嫌恶，就是把修辞学看作无非是一种快乐的技术，把它来比烹调术，那是损害了有益的食品的，而以各种调味品来佐无益的食品可以使人感到愉快。因为我们看到言辞是更常用来装点好的、粉饰坏的东西，人总是说的比他所能做与想的都要好。修昔底斯很明确地在克里翁身上看出来，因为他常是赞助不好的问题方面，所以总是攻击辩才与优美的讲话。知道没有人能够把污浊与卑下的行为说成是优美的。所以，如同柏拉图所说："品性如果能叫人看见，可以引起极度的爱慕。"如果它不能以实体呈现于感觉，那么次一等就是以生动的表象呈现于想象。因为只以论辩的微妙使它呈现于理智，是克拉息帕斯与许多的坚忍主义者常为人所嘲笑的一件事，他们要想以锐利的辩论与结论把品性强加于人，而那些与人的意志没有同感。

还有，如果情感的自身是柔软而服从理智的，那么除了单纯的命题与证明外，劝诱与讽示对意志的确没有多大的用处，但是看到的只是情感不断地反抗与叛乱，"同奥罗德说的那样"，"我看那较好的途径，而且赞成它，但我仍朝着较坏的方向走"，理智将要变成拘囚的与奴性的，如果劝诱的辩才不用阴谋去把想象从情感方面运动过来，在理智与想象之间就不可能缔结一种反抗情感的联盟。因为情感自身也同理智一样，带了一种对善的嗜欲。不同之处是情感只顾目前，理智却顾到将来与一切的时间。因此，想象中越充满了现在，理智往往越被征服了。但是要得到辩才与劝诱的力量，把将来与相距甚远的事弄得同当前一样，然后在想象叛变的时候，理智才有势力。

我们的结论是，不能以粉饰那些坏的东西来责备修辞学，犹如不能以谬论责备逻辑学，或是以罪恶责备伦理学。因为我们知道反对的理论是统一的，虽然它们的用法是相悖的。我们也可以看出逻辑学与修辞学的不同，如同拳与掌，一个是握紧的，一个是张开的，它们的差别要大得多，因为逻辑学处理理智是正确而照它的本质的，而修辞学处理理智是同它为一般人所设想的那样。所以亚里士多德把修辞学置于逻辑学和伦理学与政治学的中间，作为参有两者的性质，这是很有见地的。因为逻辑学的证明与证据，对于一切的人多是统一不变的，所以修辞的证明与劝诱，应该视听众而不同。如果一个人要同几个人说同样的事情，他应该逐一地同他们说，而且各用一种说法。虽然最大的雄辩家都缺乏这种个别谈话的交际部分，但同时，为了谨守他们说话富有韵致的风度，他们失掉了适应的敏捷。所以，将这一部分提出叫人加以精心地研究，不管我们把它的位置放在此处，或在关于政治的那一部分，都是合适的。

现在我再讲各种缺乏，这些无非是伴随着这种技术的。首先，我觉得亚里士多德的智慧与勤勉是没有被后人努力效法的，他开始搜集了表示好与坏的通用符号，单纯的与比较的，这些实在都是修辞学上的谬论。但是亚里士多德的这种工作还有三种缺陷：第一个是还嫌挂漏；第二个是没有连带着他们的反驳；第三是他不过看到了它们的用处的一部分。因为它们不但只在证明的时候有用，而且给人一种印象的时候更为有用。有许多说话意义虽然相等，而所生的印象却是不同的，如同穿透的程度是尖的与平的不同。

其次，我还要重提从前说过的那供给语言与准备发明的储备，这里有两类：一类像贩卖没有制作材料的店铺；另一类像已经制作好东西的店铺。这两种店铺都应该预备常为人所需要与最为人所需要的东西。这里面的前一种我将称为对当的说法，后一种称为程式。

对此说法是可从赞成与反对两个方面来论辩的论题。在这上面，他人将较详尽地讲说，但是我愿能够做到的是，为避免记录的繁杂，把赞否两方面辩论的要点都做成简练与尖锐的短句，不是预备诵述，而是作为线绞或线球那样，在要用的时候可以把它们抖开来，以参考加上例证，例如拥护法律的文字。短句离开了文字的解释不是解释，是猜度。审判官离开了文字的时候就成为立法者了。总之，对于短句，我们应该从全部文字里求出每个字应有的解释。

八、知识传授

格式无非是语言的适当段落，是可以不加选择地适用于不同题目上的，如序言、结论、旁引、承接、谢绝等。因为如同在房屋中，阶梯、入口门户、窗户与同这类安置得适合是很可喜与便用的，在语言中，这些段落也为特种的装饰，有特种的效力。例如，一个结尾是这样写的：这样我们可以挽救从前的错误，与防止未来的不便。

关于知识的传授有两种：一种是批评，一种是教授。因为一切学问都是或由教师传授，或由自己的努力获得的，知识传授的主要部分大半是关于书籍的著作，所以与它关联的部分是关于书籍的诵习。以下所说的那些研究都是属于诵习的附带。

第一种是各家著作正确地校订。在此，鲁莽留下了很大的弊害，因为这种批评家常把他们所不能了解的认为是书中的错误。如同那个教士，看到《圣经》上说圣保罗是“在筐子里为人缒下‘城’去”，他把它改为“为人置于门侧”。因为“筐子”是一个他所没有看到过的新字，而他们的错误虽然没有这样的明显与可笑，但是还是同此一类的。所以，那些经过最大修正的本子往往就是最不正确的本子。

第二种是关于各家著作的发挥与解释，这里所指的是注解与释义。在那上面就是要避去深晦的地方，来详说那本是明白之外。

第三种是对于著者生存的时代，应该在许多地方给予正确的解释以极好的明确。

第四种是对于著者的那些简短的意见与批评，应该使人可以自己选择应读哪些书。

第五种是对于各种研究的次序与处理，应使人知道应该依照何种顺序去阅读。

论到教授上的知识，它包括适合于青年的那种传授方法，这里包含着多种极有价值的研究。

第一，安排各种知识传授的适当时期。如应该先授哪种，应该使他们暂时练习哪种。

第二，考虑应从何处授起，由浅入深地到达那比较困难的部分，与在何种场合，先传授较为困难的，然后再移转到较为容易的。因为用气泡来练习游泳是一种方法，穿着重靴子来练习跳舞又是一种方法。

第三，是照才智的所宜去治学问。因为所有智能上的缺陷，都有与它们对症的疗法存在于某一种的研究中。比如，如果有一个注意力不容易集中的儿童，数学就能够给他一种治疗，因为在数学上，只要略一分心，他就得重新做起。同某种学问特宜于纠正某种智能上的缺点一样，某种智能也是在某种学问上最能见长与最易进步的。所以，何种智能与天性同何种学问最为相宜与适合，这实在是一个很有智慧的探讨。

第四，功课的排列是于伤害或辅助都有极大关系的一件事：因为同西塞罗观察出来的那样，人在运用他们的智能的时候，如果他们没有得到适当的指导，的确可以运用他们的短处得到不良的习惯，同得到好的习惯一样。所以对于功课的持续与间歇，是应该用郑重的态度审查的。要逐一举出许多其他这一类的考虑，那些表面看着平凡，但是特别有效果的东西，是太冗长了。因为如同种子或幼稚的植物处理地是否适当，与他们的生长至关重要。罗马后期的国家极度伟大的主要原因就在于它对这幼年期和青年时代的人的心智的培养。如果有这样有力的影响，就是以后无论怎样长的时期，或是怎样努力地工作，都不能改转。而且这也是值得注意的，因为教育是获得微小与平凡的智能，碰到大人物或大事件，确能产生重大的效果。关于这点，我们在塔西托的书里看到两个优伶——波塞纽斯与味普仑奴的一个可注意的实例，他们以演戏的才能，把班尼阿“多瑙河南的罗马属省”的军队激起到极度的扰攘与兴奋。因为在奥古斯都死的时候，军队里面起了叛变。省长勃莱塞斯已拘捕了几个叛变者，但被他们的同党救出。在这时候，味普仑奴向来人这样演说：“这些已经注定了要受惨死的无辜的不幸者，你们已使他们重见天日了。但是哪个能够还我的兄弟，或是把生命还给他，哪个受了驻在日耳曼的军队的使命来与我们商议这个共同目的？他在昨天晚上已经派了几个在他左右专为屠杀军士的那些凶徒把他杀害了。勃莱塞斯你告诉我，你将他的尸骨怎样处置了？在我含着眼泪吻过尸骨，这样地履行了我最后的天责，你就可以叫他们把我杀死在他的身旁。”他用这样的演说激起军队无限制的愤慨与嚣扰。而实际上他并没有兄弟，也没有这样的事件发生，他只不过像在戏台上似的扮演了一回。

回到正文，我们现在已把理智的学问讨论完了，在这上面，我不赞成凡我所不用的分类法，因为有两种必要使我不能不改变原来的分类。一个因为把性质相近的事罗列一起，与把用处相同的事罗列一起，它们的目的与用意是不同的。如果一个掌理国家事务的秘书要把他的文卷分类，大概在书室里或普通的箱柜里，他当然把性质一类的文件排列一处，如同条约训令等。在箱柜或特别的箱柜里，他却要把那些或者同时要用的文件放在一处，虽然它们的性质彼此不同。在学问的分类上，我按事件性质分类而同时如果我要处理某一种学问，当然就尊重那最适合于实用的分类了，因为献上了这些“应该补充的”缺陷，结果当然要使其余事件的分类都改变。假定（为便于举证起见）现有的学问之数为十五，再假定连着“应补的”缺陷，学问之数为二十，那么十五里面的部分，就不是二十里面的部分了，因为十五的各部分是三与五而二十的各部分是二、四、五与十，所以这些事情都是不可反驳，而不得不然的。

第五讲

智识与人生

一、对知识的误解

二、学问与政治

三、学问与学者

四、学问的三种病症

五、求知与学问

六、学问与品性

七、习惯与教育

八、读书与学问

九、社会知识与智慧

一、对知识的误解

我常听神学家说，知识这一类东西需要大加限制与注意才可接受。希望得到过多的知识，是人类坠落的原始的诱惑与罪恶。知识本身也有点和蛇相像，它“咬着”人的痛处，能使人的痛处肿胀。“知识足以长傲。”所罗门有过这样的意见：“著书多，没有穷尽；读书多，身体疲倦。”在另一处，他说：“因为有智慧，就有烦愁；增加知识，就增加忧伤。”圣保罗也给过我们警告：“我们不要因虚空的学问而被掠夺了。”经验指示有学问的人怎样才是大异端者，学问发达的时代往往都是倾向于无神论的，人们研究怎样刺激“自然”的原因的探讨，减损对于上帝，即初级的原因的依赖。

要明了上面这种意见的愚昧与错误以及在论据上的误解，好像这些人并没有观察或考虑到那使人堕落的，不是关于自然与普遍性的纯粹知识。倚仗知识的光明，人在世界上见到各种生物时，就能依其性质，各个予以名称。诱惑人类的却是辨别善与恶的那种骄傲的知识，有了它，人类就想自己制定生活的规律，不再依赖上帝。知识无论怎样多，也不能使人的心灵膨胀，因为除了上帝与思想中的上帝以外，没有事物能够充满，更不用说膨胀人的灵魂了。所以所罗门说到在知识获取上最为重要的两种器官——耳与目的时候，他说：“眼看，看不饱；耳听，听不足。”如果是没有满盈的话，那么容者是大于他所容的了。关于知识本身与人的心灵——对于后者，各种器官不过是报告者——所罗门在为各种行为与目的定了它们适当的时期以后，他也用这样的字句来说明，而且是这样的结论：“上帝使万物各于其时成为美好，他又将世界安置在人的心里，但是上帝自始至终所做的工作，人都不能知道。”这很显然是说上帝把人的心灵做成镜子一样，能够接受宇宙全体的影像，并且这种接受，如同眼睛喜欢接受光明。它不但喜欢看种种的物类与时令的转变，并且还要进一步看出从这种种变动中可以绝无错误地看到的规律。人之所以不能明白自然的最高规律，是因为有种种的障碍，如同生命的短促、合作的不完美、知识传授的不得法，人的生活所常受到的各种各样的不便利。因为这个世界的表面没有哪一部分是不允许人去研究与发现的，并且对于有些地方，所罗门还能如他所说那样判断：“人的心灵如同上帝的灯一样，用它可以去搜检各种秘密的内情。”如果人的心灵的容量是这样的话，那么无论知识的比例与分量如何大，显然是没有一点可以使它肿胀或超过了它正当的限度。但是知识的性质是这样的，不论它的分量是多少，如果服用的时候不加以适当的消解剂，它的表面总是有一点毒素或有害的性质，那么吃了这种毒素的结果就是气胀或肿大。这种可以使知识有这样特效的解毒剂就是博爱精神，所罗门这样说：“知识叫人自大，但是爱心是能够造成人的德行的……我若能说各种人和天使说的话，却没有爱，那也不过就如同响着的铙钹。”

这句话不是说谁能说各种人和天使的话不是一件好事，而是说如果离开了爱而无涉于人类的福利，那他只有虚空与无价值的光荣而没有切实的好处。至于论到所罗门关于著书与读书过多和精神因知识的满溢而不安的那些意见，与圣保罗所给我们的警告：“我们不要为虚空的学问所诱惑了。”我们只要明白在什么地方可以划清人类知识真正的界限，而不至于这样的缩小了它的范围致使它不能包括一切事物的普遍性。这类界线，共有三种：第一，我们不要这样高估了有知识的幸福，致使我们忘记了道德；第二，我们应用知识时，一定要使我们获得安息与满足，而不是厌恶与懊恨；第三，我们并不想借研究自然而达到上帝的神秘。关于第一点，所罗门在同一本书中发表了他很好的意见，他说：“我看出智慧胜过愚昧，如同光明胜过黑暗。智慧人的眼目，是常留心里看着的，而愚昧人只在黑暗中摸索。但我知道这两种人都逃不过同样的命运。”关于第二点，除完全出于偶然外，决无因知识而产生的心理的烦恼与不幸，因为各种知识与知识引发的好奇心都能使我们得到一种愉快的心情。可是人用他们的知识来制成的结论，应用于他们自身的处境，当他们有了脆弱的恐惧或广大的愿望的时候，这就有了上面所说的心理上的顾虑与烦扰了。在那时知识已经不是“纯粹的”光明了——赫拉克利图关于这点曾说过“干的（纯粹的）光明就是最好的灵魂，”而不是已变为湿的“掺杂的”，或是被浸渍了的、被浸渍于各种病症的湿气中的光明。至于第三点应该稍加论列，不可略过，如有人以为对凡可以感知与有实质的物加以观察与思考，便可得到这种光明，而且因此就能够明了上帝的性质与意志，那么他真是被虚夸的学问掠夺了。

思量上帝所造的生物与所成的工作，如果在生物与工作方面都是可以产生知识的，如属于上帝方面，那就不能产生完全的知识，只能产生惊异了。因此，柏拉图学派中某人其意在调和希腊的哲学与摩西的著作时说得最好："人的官能，很像太阳，它可以烛照天地，同时它却隐蔽住了星光；同样，人的官能能够发现自然之物，但是把那神圣遮蔽了。"所以其结果是有很多大学问家，当他们要想以官能这样的蜡制的羽翼探索上帝的神秘时，他们已都属于异端了。至于说到知识太多了就会叫人倾向无神论，与不了解次级的原因将使人更专一的信任，那为初级原因的上帝那些话，我们先要同约伯一样地发问："你们是因要见上帝而为他撒谎，和一个人为要见他人而为他撒谎一样吗？"上帝在自然中工作，除用次级的原因外，显然更别无他法。如果要想叫人信为不然，那无非是欺骗，仿佛这样就可以对上帝表示一种好感似的。也就是对于创造真实的上帝，来贡献谎言这种不清洁的牺牲。但是，少量或肤浅的一点学问可使人心偏于无神论而再向前进，又能将他的心引回到宗教这是经过证明的事实与根据经验的结论。当人开始研究学问的时候，他的心看到了与他的官能最接近的次级原因，可以使最高的原因隐晦，可是当他继续前进，去寻求各种原因的互相依赖时，按照诗人的比喻，他是很容易相信自然链的最高层，是一定附着在朱匹忒大神的椅子脚上的。最后一句话，凡人不要因他对节制的意义了解不充分，或是误用了中和，认为是在上帝的训示《圣经》或对"自然"的神学或科学中研究得太深，他们却应该在这两者中试求无止境的进步，只需留意把二者都应用于慈爱而不是夸大，应用于实用而不是铺张，最后更需要注意的是不要把这几种研究混杂或淆乱了。

二、学问与政治

学问在政治家那里受到了不公正地评价，他们认为学问足以软化人的心理，使他们过于谨慎与寡断或是太严格地遵守规则与真理，使他们过于固执与自信，使他们的志向过于远大或怀有更多奢望。

至于说学问可以使人喜欢闲逸与隐退并使他们懒惰，这种看法是缺乏依据的。反过来说，除了有学问的人，再没有别人喜欢为工作而工作，这种断言是不错的，因为他人或为利益而爱工作，如佣工者爱工作是为了工资；或是因为光荣，有事做使他们被人看重，并可以重振将要低落的名誉；或是因为做事使他们想到了他们的利得与给他们酬恩报怨的机会；或是因为做事可以运用他们所自矜的一种能力，因此叫他们高兴并对自己重视；或是因为做事可以对他们别的目的有所补益。如同人说不真实的勇敢一样，有些人的勇敢是表现在人的眼前的，至少他们的意愿是这样的。只有有学问的人喜欢工作，是因为工作是合于自然的动作，是因为工作宜于心理的健康同运动宜于身体的健康一样，是以这种动作的本身为愉悦而不是因为他可以获得利益。所以在所有人里面，他们是最不倦怠的。

如果有人勤于诵习而怠于事务，那是源于身体衰弱或精神软弱而不是源于学问。如森立卡所说的“有些人在暗处生活得太久了，他们一到了光亮里面就感觉到困难”。有这样脾气的人往往专心于学问，但绝不是学问使人有了这种脾气。

如果说学问占用了太多的余暇，我的回答是：忙碌的人，在他等着事情到来的时候，无疑也有好些空闲的时间。问题是怎样利用这种余暇：用于娱乐，还是用于研究。德摩斯尼的敌对者厄斯启尼是一个喜爱娱乐的人，他嘲笑狄氏，说：“他的演说带着灯油气。”狄氏回答他说：“的确，你和我在灯光底下所做的事是大不相同的。”所以人不必恐怕学问驱除了事务，因为它可以保障人的心不至于为怠惰与娱乐所乘，使事务学问二者都受到损失。

再说学问可以从根本上伤害法律与政府的尊重的这些意见显然是一种毫无根据的谤言。若说一种盲目的服从习惯要比彻底了解的责任靠得住，那就是说一个被人领着的瞎子行走比一个健康的人拿着灯走还要稳当。学问使人的心理平和、宽大，容易驾驭与管理，而愚昧使他们粗暴、拗戾与易生反抗，这是无可辩论的，历史上的证据都足以证明。因为最野蛮、粗鄙、与没有学术的时代也就是骚动叛乱与变动最多的时代。

至于论到检学者凯图的见解，他对学问的诬蔑，后来是受到了与他的过错同类的惩处。他过了六十年反为一种极度的愿望所驱使重入学校，学习希腊文字，目的是要看希腊人的著作，这件事情可以看出他从前对于希腊学术的非议是故示郑重，而不是由衷的意见。至于论到希腊人的诗句，虽然他乐于把统治帝国的技术归于罗马人，而把臣伏的技术传与其他的民族来与世界挑战，就是说罗马人并没有能够在他那种技术达到高度以前，先达到了这样的帝国的高度。因为在最初的两个执政时代，那时统治的技术达到了最大的完备，同时就生活着人所熟知的最好的诗人马罗、最好的历史作家李维、最好的考古家法罗、最好的或是第二位的演说家西塞罗。至于论到苏格拉底，我们却应该记着他被迫害的时候，是在那统治者中的最下劣、嗜杀与毒虐的三十僭主的统治下。在这种政治革命刚完成的时候，被他们认作罪人的苏格拉底也就被他们造成了英雄，使他追忆上神圣与人类的荣誉（按：此为培根误记，苏氏虽为三十僭主所传召而受了斥责，但其受审判与被处死刑在恢复民治以后），他那在当时被称为使人行为堕落的见解，到后来却被认为是心灵与行为的良药，直到如今。让这件事情就作为对那些在一种任意的严格或假饰的郑重中，擅自将咎责加于学问的政治家的答复吧。但是这种反驳在现时没有需要，因为两位有学问的君主伊丽莎白女王与殿下，如双子座里的凯斯忒与坡拉克那两颗很光亮与有最良好势力的星星，以他们为榜样，鼓励在国内有地位与权力者引起对学问的爱好与尊重。

学问所受到贬抑的第三种：那是学问家自身使学问受到贬抑，也就是平常黏附得最紧的那种不信誉。这种不信誉是因为他们处境的艰苦，或因为他们的性情与行为，或因为他们研究的性质。上面列举的第一种非他们的力量所能左右，第二种也出于偶然，只有第三种是应当加以讨论的。但是因我们并不是真实地衡量，却只是说一般人的评判与意见，我们稍说一点前两者，也不是不当因学问家的处境而使学问受到的贬抑，或是因为他们的贫乏，或因为他们生活的隐退与职业的卑下。

论到物质上的缺乏与学问家大都出身贫穷，并且因他们没有把大部分精力用于货利与孳息，以致不能与他人同样地易于富饶。我们大可把揄扬贫穷这个题目委给乞食僧去讨论，对于他们，马基弗利极为推崇说："如果没有乞食僧贫苦的高名与对于他的敬意来抵消僧侣与高等教士们富羡与侈汰的恶名，那么宗教团体早已经消灭了。"我们也可以说，如果没有学问的贫穷来维持着生活的洁净与高尚，那么君王们的幸福与安逸，也早已变成粗鄙与野蛮了。可是，这是一件值得注意的事，来自见解平正的罗马，在几个时期内，境遇的贫乏是何等为人所敬重的一件事。我们看到李维在他的绪论里说："如果我没有为我所从事的工作的爱恋所迷误的话，那就没有比罗马更伟大、更崇信宗教、更富于良好的榜样的国家，也没有贪婪与奢侈这样不容易侵入，或是贫寒与节俭这样郑重与历久的为人所尊敬的国家。"在罗马颓衰以后，我们也还看到那自任为恺撒战胜后的顾问者，在他们重新整理国家的时候，以削除对于财富的重视为所有方策中的最有效力者："在财富不为人所重视和行政长官的职责与其他为一般企图之目的物不能以金钱买得时，这种弊端自然都全部消灭。"现在结束这个论题，有人很正确地说过"惭色是德行的颜色"，即使有时它是出于罪恶，同样，我们也可以很适当地说："贫困是德行的命运"，即使有时他是因为政治的不良或意外的事由。所罗门觉得金钱可以用在学问上，而学问不可以用去博得金钱，确凿地在他的意见与教训中说过："那赶着求富的人是不会无罪的"；"买真实，但是不可将它卖去，对于智慧与知识，也是一样"。至于论到学者生活的隐退与卑下，一种不受嗜欲与懒惰所累的私人生活，比政治生活来得安全、自由、快乐与有尊严，至少比后者远于耻辱（因为凡是与他接触的都是好好的对待他的），是常为人所称扬的。他是这样的易于博得人们的同情与赞许。我只需再重申这样一句：为国家所遗忘了而不炫耀于人眼前的学者，却似朱尼阿出殡时的凯修斯与布鲁忒斯的遗像，塔西托对于他们没有同许多人的像同在行列中，这样说“就因为他们看不见，他们比所有看得见的像更显得光亮”。

三、学问与学者

论到职业卑微，那最为人所轻视的是儿童管理，往往属于学者。因为这种年龄最没有权力，凡与此有关的事都受到了轻视。我们看到人将何物置于新器，与将何物架置于幼小植物的四周，要比置于旧器与长成植物的四周更为慎重，就可以明白这种谤言不当了。所以各物在最幼弱时期，都常会得到最好的用具与辅助。你愿意听那些希伯来教师的话吗？“你们的少年人会见到异象，你们的老年人会得到异梦”，他们的意思是说少年是很有价值的年龄，因为要比梦接近于上帝的真相。这一点我们也需要注意到，不论学者“教师”的生活状况在戏场上遭到了怎样的轻侮，如同把他们演成虐政的模仿者，与近代的松懈或怠慢对于学校教师选择的不注意。但是以往最好的时代的智慧，却总是在恰当地控诉着国家过于留情于法令而没有太注意到教育。古代教训里这种好的部分，近来被耶稣会的学校稍微恢复了一点。虽然关于他们的迷信，我可以说“他们越好，就是越坏”，但是关于这点和涉及人的学问与道德事项的其他几点，可以说，同阿偈西劳对他的敌人法纳倍叟说的一样：“你这样的好，我想你在我们这一边了。”这是论到因学者的处境而生出的不荣誉的几点。

至于说到学者们的行为，那是一件属于个人的事。他们和在其他的职业里一样，具有各种的性格。但是说学术的研究对于他们研究者的行为有一定的影响，这却并不是毫无根据的话。

在注意与无偏倚地考察下，我却不能找出可以从学者行为上发生的不荣誉的事，没有因他们有了学问也必然就有那种不荣誉，除非是下面所说的这种过失。鉴于他们在书籍上读到的时代常比他们身处的时代好，所教的责任比实行的责任好，他们有时太想把一切臻于完善，把腐败的行为变做纯正的教训与过于崇高的榜样，但是在这些地方，他们自己中间也有着足够的警示。梭隆在有人问他是否已为他的人民制定了最好的法律时，是这样有智慧地回答的："是的，我已经给了他们可以接受得了。"柏拉图觉得他的本心不能赞同国人的腐败行为，谢绝担任公职的时候说："人是应把他的国人当作父母一样看待，就是说只能用卑和的劝告，而不能用强力的争持。"恺撒的顾问在他的警告中说："不要想把各事恢复到因行为堕落得久了而为人所轻视的原始制度。"西塞罗致书于他的友人爱第克的时候，在凯图二世身上立即看出了这种错误，"凯图的意见甚好，但有时使国家受到不利，因为他说话像他是生在柏拉图的民治国中而不是在罗马平民的渣滓中。"在他说上面那句话的时候，西塞罗是同时在辩解与申说哲学家的持论太过，他们在教训上太严格："这种德行的教导者似乎把责任的标准定得比自然所能支持的还要高，因为要使我们力求达到理想的标准时，可以达到适当的标准。"但是他也可以说，"我没有能够做到我自己的教训”，因为这所说的也就是他自己的过失，虽然没有到这样极端的程度。

还有一种类似的过失，也为学者所常有的：就是他们把国家或主人翁的生存、利益与荣誉看得比自己的生命安全还要重要。德摩斯尼对雅典的民众这样说：“如果你们去注意一下，你们就可以晓得我对你们的劝告，并不是我因此在你们中间显得伟大而你们却在希腊人中变得渺小，是我提出了有时不利而你们遵依了总是有利的。”同样，辛尼加把“尼禄当国的最初五年”做成了有学问的统治者，永久光荣的纪念，他在政迹上变为极端的腐败以后，还是至诚与忠实地贡献着良好与无所顾忌的劝告。这是因为学问使人确实明白了他们身体的脆弱、命运的无定和灵魂与职责的崇重，所以他们不能以自己的幸运为他们生命与职务的真正或正当的目的，而愿以这种词句报告上帝，与在上帝之下的他们的主人翁：“你看，我为你获得了利益。”而不是“你看，我为自己获得了利益”。反之，较为腐败的政治家，因为他们的思想没有被学问确立于责任的爱好及了解中，也从没有向外注意到一般的利益，就把所有之事都从他们自己的关系上看，把他们置于世界的中心，仿佛各方面的线路都集中于他们的命运中。在各种风浪中，从不管国家那只船是怎样，只要他们能够在自己命运的那只小船里救出了自己就已足够了，但是感到责任的分量与知道自私之界限的人，他们即使受着危险也能不失他们的地位与责任。如果他们能够经历变乱而依然无恙，那是因为在许多时候，争斗的双方对于正直都能尊重，并不因为他们行为善于趋避。这种学问赋予人对责任之敏捷的感知与切实的进行，不论怎样受着命运的压迫与有多少人在他们腐败心理的深处怎样嫌恶他，总还可以受到一种表面的赞许，因此用不到许多的反证或辩护。还有一种学者所常有的短处，就是他们有时对于某种人不能适应。这种缺乏，由于两种原因：第一种是因为他们广大的心胸不能专用在一个人的秉性与习惯之细密的观察或研究上。伊壁鸠鲁说的“我们彼此都是足够大的一个剧场来容纳对方”是恋爱者的话而不是有智慧人的话。但是我承认凡是不能把心的视力缩小，同把他放射与扩大一样的人，都是缺少一种重大的官能。那第二种原因，却不是因为不能为而是不愿为。因为一个人对于他人的观察是有他的界限的。只要对于他有了充分地了解，可使我们不至于得罪了他，或是能够给他忠实的劝告，或是对他有合理的提防与注意，那就不应该再前进了。如果因想要知道可以怎样左右他、指挥他或是支配他而去窥探他人，这用心就是双重与分歧的，而不是诚意与坦白的了。在友谊上既失了正道，对于君上或长官又失了本分。东方的习俗，对于君上不许注视，虽在外表的礼节上甚为野蛮，但这种教训是好的，因为人不应该用狡诈的窥伺来透入那《圣经》称为不可窥测的君主的内心。

此外，还有一种常在学者身上发现的过失，就是他们在行为上常不能合礼与审慎而在小节上常多过失，因此使小人用他们小处的缺陷来评判他们的大处。不过这种推断常能误人。我可以指示他们去看忒密斯托克里所说的那句话。他这样的自夸固然是骄矜与无礼，但是用来说一般的情形，是适当与合理的。在他被邀请弹奏一种弦乐的时候，他回答说他不能拨弄弦线，但是能够把一个小城造成大国。无疑，有许多人在统治与政策这类的事务上颇有见的，而于微细的事情上存有缺陷。我还可以再叫他们去看柏拉图说他的授业恩师苏格拉底的话。他把苏格拉底比作药铺里装药的瓦罐，外面描绘着猢狲、枭鸟与怪异的形象，里面却装着特效与名贵的药液与药剂。他承认若依着外表来判断，他并不是没有表面的放浪与缺陷，但是在内里却充满了极好的品行与能力。这上面是说学者的行为这一点。

但是，同时我并不赞许有些学者受到了污辱的那种卑贱行径，例如罗马季年那些依附于巨室而实际已变为食客的哲学家。琉欣这样可笑地描写着那个贵妇人带了同车而一定要他抱着小狗的哲学家。贵妇的侍童看他这样的愿意，但是笨拙地抱着那狗，嘲笑他说，他很怀疑可以从画廊派的哲学家变为犬儒派。许多并非不学的人，污辱与误用了他们的心志与笔墨，同杜巴达说的那样，把海邱巴变做了海仑那，浮斯丁那变做了琉克理细阿这种卑下的谄谀。在所有其他事上，极度地贬低了学问的价值与尊重，至于近代将著作献于他们的支持者的这种习惯，也不足称许。因为著作，如果想不辜负这个名称，是除了真实与理智外不应该再有支持者的。古代的习惯，是只把著作献给与个人平等的朋友，或是把他们的名字作为书名。如果献于君上与贵人，那么一定要那人与书的主题确实相称。可是这种办法，与其说是可以辩护，不如说是可以非议。

我并不是说我不以学者的适应贵显为然。旦奥泽尼在人家嘲弄着问他“何以总是哲学家跟着富人而不是富人跟着哲学家”的时候，他有着很好的回答，他庄重而锋利地回答说：“因为哲学家知道他们缺少何物而富人们却不知道。”亚列斯德保对于旦奥尼修斯有所陈请而不见听受，就匍匐于他的脚下，旦奥尼修斯这才停住了听他的陈诉并且允许了他的请求。后来有人为哲学感到屈辱，责备亚列斯德保说他以私人的事求跪于王者的脚边，使哲学这种高尚的职业受到了污辱。他回答说，这不是他的过失而是旦奥尼修斯的，因为他把耳朵生在脚上。他的不肯与亚得里安皇帝以口舌争胜，也只能算谨慎而不能算是弱点，他这样辩解着说："对指挥着三十个军团的人让步就是理智。"这种适应与俯屈到必要的地步，是不可咎责的，因为他们表面虽有点卑屈，可是在正当的判断上，他们只能算是对事势，而不是对人的屈服。

现在我要来说夹在学者研究中的那些错误与虚诞，这是与本论有最重要与最正当的关系的。我的目的不是要笼统地为这种错误辩护，而是要加以批评并把它们分别开来，对好而正常的予以辩论，使它不至于为不正当的所误，因为我们知道，人是喜欢用腐败与堕落来诽谤那维持着本来的状态与性质而不失坠的。但是我无意于此时去正确地考虑那些较为隐秘，而为世俗评判所不及的学问上的错误与障碍。

有三种研究上的虚诞是使学问最受毁谤的。因为凡是虚伪或琐屑，既非其实，又无用处的东西，我们是确认为虚诞的。而轻信与过细的人，我们也以为是虚诞的，过细或是在材料上，或在文字上。所以在思考和经验上，我们发现了学问的三种病症：第一，怪诞的学问；第二，争辩的学问；第三，细琐的学问。即虚诞的意想，虚诞的论难与虚诞的矫饰。现在我先说最后的一项。马丁·路德受到一种较高的指责，但是运用着他的理智，发觉他所担任的反对罗马教皇与教会的堕落习惯的工作是何等重大，并且发觉他自己的孤立，不能在同时代人的意见中得到一点辅助是被迫着去唤起古人，叫过去的时代来为他声援，合成了一党与现代对抗。因此在图书馆中久已无人过问的宗教与人文方面的古代作家，都重新很普遍地为人所诵习与讨论。为求更完全地了解这种作家，与更有利地主张与实行他们的教训，结果是不能不对他们所用的原文详加研究。因这种研究，再生出了对他们文体与诗句的欣赏和那一类文章的崇尚。提倡这种古旧而看来似乎新颖见解的人，对经院学派的敌视与反对，更推广与促进了这种古文诗的爱好，因为经院学派大都是立于与他们相反的地位，他们的著作有着完全不同的作风与形式，他们随意创造学术上的新名词来表现他们的意思与避免语言的纠缠，绝不顾及文句是否纯正、是否合乎规律。还有，那时最重要的工作是对于平民方面，为劝诱他们起见，辩才与说话的变化是当然最为人重视与需要的，因为这是达到一般民众智力的最相宜与最有效的途径。所以这四种原因，对于古代大作家的爱好，对于经院学派的厌恶，语言文字的认真研究，与宣讲的效力，联合起来就引起了一种对语言的便捷与热心的研究。这种研究，也就在此时开始。但是不久就流于过度，因为人们渐渐对文字的搜求比材料更加注意，他们驰骛于词语的简练、句读的琢磨、节奏的谐美与辞藻的繁饰，更甚于材料的重要、题目的价值、议论的健全、想象的生动与见解的深刻。在那时候，葡萄牙的奥莎利斯的流畅而空疏的文笔就渐渐为世所重。在那时候，年迈的司忒缪斯对于雄辩家西塞罗与修辞学家海莫泽尼和他自己的论句法与模拟和这一类的著作，是这样无限制与用功。在那时候，图桥的卡雨与亚香，以几乎要与西塞罗与德摩斯尼抗衡的演讲与著作的声名，诱使了所有勤学的青年来钻研这种矫饰与优美的学问。在那时候，伊拉士莫乘机对他们发出了嘲笑的回声：“我在西塞罗的诵读上浪费掉了十年的光阴。”而得到了一个用希腊文的回答：“你这驴子。”在那时候，经院学派的学问是极端地被人轻视而认为鄙野的。总结地说，那时候全部的倾向是对文字的流利而不是对于材料的重要。

四、学问的三种病症

只研究文字而不研究材料，这是学问的第一个病症。虽然我仅举出了几个近代的例子，但这是从古至今多少总有的一种通病。这种病症怎样会不影响到学问失去信仰呢？对于俗人的智力来说都是如此，他们看到了这种学者的著作，如同看到了一张君主的授权证，或是饰以绘画的书上的第一个字母一样，那上边虽然加着许多的花饰，细看来还不就只是一个字母？据我看来那种疯狂是这种虚诞的一个象征或写真，因为文字不过是材料的影像。

可是，哲学本身很隐晦，加了那使人容易感觉与欣赏的一种修辞的衣装，是不可轻率斥为不当的。这里我们有着色诺芬、西塞罗、辛尼加、布虚塔克这些卓越的榜样，就连柏拉图也是这样。这种衣装有着很大的用处。固然于钻研真理与深入哲学是一种障碍，因为他使人心过早地得到了满足。在我们得出适当的结论以前，已把更进一步去探讨的志愿削减了，但是一个人如果要想在公共的事业上应用这种知识，如同在会商、建议、劝诱、讲论的时候，他就可以觉得这一派的作家已经把他所需要的知识预备得足够了。不过这种学问的装饰要是太过了，就应该被轻视，如同赫邱里在神庙里看见维纳斯女神的爱人爱多匿的雕像的时候以轻蔑的口吻说“你不是神”一样，学问上的赫邱里的追从者，也就是说，那些较为认真与努力的真理研究者都轻视那种确实没有神的资格的矫饰的。这上面说的是学问的第一种病症。

学问的第二种病症，其性质却比第一种还要坏。因为材料的实质要比文字的优美来得重要，所以反过来说，虚诞的材料比虚诞的文字还要坏。在这里我们觉得圣保罗的指责，不但在他的时代是对的，就是对于他以后的时代，也具有预言的性质，不但关于神学是如此，就是一切学问也无不如此。他说：“避掉那些不神圣的新名词和谬称为学问的言论。”他在这句话里指出了这种意想的与虚伪的学问两种标识：一种是名词新奇，一种是议论武断。后面这一种必然要生出反对，因此就有了问题与争论。如同自然中有许多坚实的物体会腐烂而生虫，良好与确实的学问当然也会腐化而分解为许多精微、无用、不健全与同虫一样蠕动的问题。固然它们确有一种精神上的活力，但是毫无实体上的可靠与性质上的优点。这种退化的学问，在经院学派中确是最有势力的。这派的学者有着锐利与强健的智慧，他们的智慧被关锁于几家的著作中同他们的身体关锁于寺院与学校中一样，没有多少历史的知识，他们仅就在无多的材料的分量与无限的智慧的激动中，给出了我们可以在他们书里看到的那种大费经营的学问。因为人的心智，如用在实物上是依着了材料工作，当然得受着材料的限制，但是如果用在他们自己身上，如同蜘蛛结网一样，那就没有穷尽，只会得生出一张张学问的蛛网，它们的丝与工作的细固是可爱，但是没有一点实质和用处。

这种无益的精细有两种：或是在他们论题的本身上，如果那仅是一个不能产生结果的揣度或辩论或是在他们治学的方法上，如下面所说的那样。他们对每个论题都要提出辩驳，再对每个辩驳都提出解答。这种解答大半都不是将错误驳倒而是另建一个论题。一切科学的力量都同《伊索寓言》里说的老人的一捆柴一样，是都在那捆上的。因为一种科学里面各部分的调和，每一部分都支持着其他部分，并且应该为一切次要的非难的真正与简括地驳斥与镇服。反过来说，如果你把每个命题逐一提出，如同捆中的柴枝一样，你就可以随意同它们争辩，使它们弯曲、断折。如同人说辛尼加那样，“他以口舌的微妙来把事实的重量破散了”，人也可以很正确地说经院学派，“他们以所提问题的琐细来破碎了科学的坚实与连贯”。因为人在宽大的室内点起一个大灯，或在一个分枝的烛架上点满了蜡烛，不是要比拿着一支小烛到每个角上去照探来得更好吗？他们的方法不是以辩论、权威、比较来证明的真实证据，却是每个小节诡辩，与异议的辩驳与解答。大都是一个问题刚解决又生出另一个问题来，同刚才所说的比喻那样，你把蜡烛点在一角的时候，其他的角上都黑暗了。希腊寓言仿佛就是这种哲学或学问的一个活脱脱的影像，他的上截是个美女，而他的下体却四面环生着怒吼的怪物。经院派的概论有一会儿工夫是好而包含甚广的，但是当你研究他们的区别与判断，那不是一个可以孕育人生的实用与利益的，而仅是怪异的争论与喧闹的发问。之所以这种学问是不能免于嫌恶的，是因为人们看到了争论是容易把真理轻视的，迷失了道路而不会再相会合的。在他们看到关于细节与无用或无关紧要的事的争论时，他们很容易引用锡拉古王旦奥尼修斯的判断，“那种都是没有事做的老人们的话”。

如果这种经院派学者在他们对真理热心的寻求与智慧的不倦的运用上加以诵习与思考，他们一定可使各种学问与知识得到巨大的进步。但是照他们的样子，他们确是工作辛苦。在研究思索神圣的真理上，他们的自矜偏向着离去上帝的语言而消失于他们自己创见的混乱中；在研究思索自然上，他们也总是离开了上帝的工作而尊奉着他们自己的心理，几个崇信的作家或原理不平的镜面向他们映照出误人与失真的影像。这是学问的第二种病症。

学问的第三种病症是欺诈或不真实。这是所有各种病症中最坏的病症，它毁灭了知识的要素，那就是真实的表现：因为存在的真实与知觉的真实是合一的，它们的差别就像直接的光线与反射的光线一样细小。这种病症的坏处分为两类：就是喜欢欺人与容易受欺——欺诈与轻信。虽然这两种坏处的性质似乎不同，一个由于狡诈，一个由于简单，但是它们的大部分仍是会合在一起的，如同“贺雷斯的”诗句上说的：“避掉多问的人，因为他们就是多说的人。”凡是喜欢多问的也是喜欢多说的，同样的理由，一个轻信的人也就是欺人的人。我们在谣言的传播上可以看出，凡是容易听信谣言的人，也是容易在谣言上添加他自己的材料的人。这种情形，塔西托在说下面这句话的时候，是很聪明地看到了，他说：“凡是容易造谣的人，也是容易相信的人。”像欺人与容易受欺就是这样密切的联系着的。

这种轻信，照着历史学者或律师们的说法，可以分为两类：实事的信受与技术或意见上的事件的信受。关于第一类，我们在宗教史上就看到了这种错误的经历与不利。宗教史太容易接受与记录殉教者，隐居的修士或沙漠中的僧侣与其他圣徒的奇迹的传说与故事和他们的遗物种类中的神品、祠与神像。这种传说，虽然因为一般人的愚昧迷信的真诚与部分人的策略上的利用，把他们当作无非是神圣的诗咏而流行一时，但是过了一段时间后，当迷雾渐渐地消散后，他们也就将它当作无非是老妇的诡谈、教士的伪诈、鬼神的幻象与反基督者谓为“恶魔”的标记，使宗教遭受了很多的谤言与不利。

同样，在自然历史的研究中，我们也看出没有用那该用的选择与判断，如在普林尼、卡台奴、爱尔培都，与许多阿拉伯人著作里，我们看见都是充满了不可信的事，有一大部分不但未经证实，并且都是靠不住的，因此使自然科学对人们大失所望。在这些地方，亚里士多德的智慧与忠实是值得注意的。他尽力与审慎地编成了一部生物史，很少有虚幻或想象的材料混入，而把他所认为应该记录的各种异常的故事另外编成了书，很明白地让人看出了事实，在那上面可以观察和研究不可信的，不可与不甚可信的事相混而使他减少了力量，而同时也不可把稀有的事与看上去似乎不可信的传说抹杀了使它们无闻于后世。

至于对技术与意见的轻于接受也有两种：就是对于各种技术的本身崇信太过与对于某种技术中几个作家崇信太过。技术本身与人的意见相比与他的理智更接近的有三种：占星术、自然的魔术与炼金术。这几种技术的目的或假托，都是高尚的。

因为占星术自称能找出天体与地球的相应与关联。自然的魔术自称能把自然科学从理想的变化中引回到工作的伟大上。炼金术自称能把在自然状态中合为一体的物体里面的不同部分分离开来。但是达到这种目的的路径与方法在理论与实行上，都是充满了错误与虚幻的，这种技术中有名的专家常用隐晦的词句来掩护着这类虚幻，并用口授与那一类的秘密方法来拯救这种作伪的信用。但是炼金术应该有同《伊索寓言》中的农夫所种类似的权利，农夫死的时候告诉他的儿子们说他有金子埋在葡萄藤底下。他的儿子们把整个葡萄园掘遍了也找不到一点金子。但是葡萄根边的泥土掘松了，第二年葡萄的收成极好。同样，因为要想炼成金子，所以也得到了许多好处，很有效果的发明与实验，同时找到了自然的秘密以提供给人们使用。

至于对科学著作者的过分信任，使他们成为绝对的权威而不是贡献意见的参与者，科学受到的损害是无限的，因为这是使他们不能发展或进步的主要原因。在技术上，最初的发明者知之甚少，时间久了，才渐渐增进与完成，而在科学上，最初的作者所见特远，时间久了，反而失坠与歧误。如驾驶术、印刷术等这一类的技术，起初都是很粗略的，等时间久了，才能够得到适应与改进，但是相反亚里士多德、柏拉图、德谟克利图、希波革拉第、欧几里得、阿基米德等的哲学与科学最初却是最为炳盛，时间久了，反而退转与变坏。这里面的缘故不过如此，起初是有许多人的智慧与工作用在一个题目上，到了后来，却是许多人的智慧与工作都去用在另一个人的智慧上，而且把这个人的工作弄坏的时候，比他发明的时候更多。如同水不能上升到比它源头更高的地位，从亚里士多德那里得到的知识，排斥了对他审查的自由，因此不能再上到比亚里士多德的知识更高的地位。虽然我们学习的时候，“我们应该相信”这句话是对的，但是还得要下面的这一句来加以补充，“在我们学习了后我们应该判断”，因为学徒对于师长只应暂时信任和把他们的判断悬系着到他们受完了教导以后，而不是绝对放弃自己的观点或是永远受其束缚。结束这一点，除下面这层意思外，不必再说别的了，就是说让著名的作者得到他们所应得的，但是不可让时间夺去了他所应得的，应该一步一步地前进去发现真理。

五、求知与学问

求知可以作为消遣，可以作为装饰，也可以增长才干。

当你孤独寂寞时，阅读可以消遣。当你高谈阔论时，知识可供装饰。当你处世行事时，正确地运用知识意味着力量。懂得事物因果的人是幸福的。有实际经验的人虽能够办理个别性的事务，但若要综观整体、运筹全局，却唯有掌握知识方能办到。

求知太慢会弛惰，为装潢而求知是自欺欺人，完全照书本条条框框办事会变成偏执的书呆子。

求知可以改进人的天性，而实验又可以改进知识本身。人的天性犹如野生的花草，求知学习好比修剪移栽。实习尝试则可检验、修正知识本身的真伪。

狡诈者轻鄙学问，愚鲁者羡慕学问，唯聪明者善于运用学问。知识本身并没有告诉人们怎样运用它，运用的方法乃在书本之外，这是一门技艺。不经实验就不可能学到。不可专为挑剔辩驳去读书，但也不可轻易相信书本。求知的目的不是为了吹嘘炫耀，而应该是为了寻找真理、启迪智慧。

有的知识只需浅尝，有的知识只要粗知。只有少数专业的知识需要深入钻研，仔细揣摩。所以，有的书只要读其中一部分，有的书只需知其中梗概即可，而对于少数好书，则要精读、细读、反复地读。

有的书可以请人代读，然后看他的笔记摘要即可了。但这只限于质量粗劣的书。否则一本好书将像已被蒸馏过的水，变得淡而无味。

读书使人的头脑充实，讨论使人明辨是非，做笔记则能使知识精确。

因此，如果一个人不愿做笔记，他的记忆力就必须强而可靠。如果一个人只愿孤独探索，他的头脑就必须格外清醒。如果有人不愿读书又想冒充博学多识，他就必定很狡黠才能掩饰他的无知。

读史使人明智，读诗使人聪慧，演算使人精密，哲理使人深刻，伦理学使人有修养，逻辑修辞使人善辩。总之，“知识能塑造人的性格”。

不仅如此，精神上的各种缺陷，都可以通过求知来改善，正如身体上的缺陷，可以通过运动来改善一样。例如打球有利于腰肾，射箭可扩胸利肺，散步则有助于消化，骑术使人反应敏捷；等等。同样，一个注意力不集中的人，可以研习数学，因为数学稍不仔细就会出错。缺乏分析判断力的人，可以研习经院哲学，因为这门学问最讲究烦琐辩证。不善于推理的人，可以研习法律学；等等。这种种头脑上的缺陷都可以通过求知来治疗。

六、学问与品性

现在从政治与军事技术的谙练讲讲学问在个人的品性与行为上的影响。包含在下面所引的诗里的是一种无可置疑的真实："无疑的，文艺忠实的研习可化人性为柔和与仁慈。"他可以祛除人心的凶暴与粗野，但是我们应该注重忠实这个词，因为少量的肤浅知识颇有相反的结果。它暗示各种疑点与困难与使心灵熟悉于权衡双方的理由，摈弃心中最早发生的意念与不接受未经考虑的事情，祛除了各种浮躁、鲁莽与傲慢。他祛除了对任何事物的虚矫爱慕，那个一切弱点的根苗。所有为人爱慕，都是为了他们的新奇或伟大。对于新奇，凡曾深究学问或经过深刻的思考之人，他们心里都刻着这一句话，"世上没有新的东西"。看木偶戏的人，凡曾探首帷幕之后，明白了那里面的动作，也就不会再觉得稀罕。对于伟大的亚历山大，在他习惯了大兵与在亚洲广大地域内的大征服之后，得到希腊送来的战报，那里面说的大多是争夺一条河、一个堡垒，最了不得的也不过是一个城池。他说他看起来好像人在告诉他蛙与鼠的战争，像那故事里说的那样。同样的，如果人常想了解自然的全部构造，这个世界在上帝看来也不过像一个蚂蚁巢，那里面有的蚂蚁背着谷粒，有的背着小的蚂蚁，有的空着走，大家来来往往于一堆尘土之中。学问可以袪除或减轻对死亡或坎坷命运的恐惧，这种恐惧是品德的最大障碍之一，也是行为最大的缺陷之一。如果一个人曾经忧虑万物的终归毁灭，他很容易与挨辟克替都有一样的意见！挨辟克替都有一天出去，看到一个女人为打碎的瓦罐在那里哭；第二天他又出去看到一个女人为死去的儿子在那里哭。他说："昨天我看见一个脆东西被打碎，今天我看到一个人的死。"所以维吉尔很恰当与有深意地把关于原因的知识与一切恐惧的征服连在一起，作为联结物，他的诗说："晓得一切事物的原因的人是快乐的，他静穆地伫立在一切恐惧、不可变易的定命与那在下面怒吼着的永无厌足的大壑上。"

如要逐一指出学问对心理上各种病症的治疗太烦琐了，有时开通障凝，有时辅助消化，有时增进胃纳，有时去腐生新；诸如此类。因此，我就用那含有全部的要素来结束这一点，使人的心理不至于凝固在他自身的缺陷里，却是总能够生长与改善的。因为没有受过学问训练的人是不懂得自我审察的，或对自己责备，或感到那一种自己觉得一天天变好的愉快生活的乐趣的。他所有的好处，他自然会晓得把它们充分地表露着与精巧地运用着，但是不会很懂得怎样增进它们；他所有的坏处，他也晓得怎样遮饰它们，但是不会懂得怎样去改正他们。同一个不善于割草的人一样，他总是割着，却不懂得磨他的镰刀。但是有学问的人就不同了，他总是把他心理的改正与运用混合着。不但如此，他还会有真与善的区别，不过同印章与印文一样，因为真的就可以印出善来，而情欲与激动的暴风雨，是在错误的灵魂里降下来的。

讲完学问在品性上的影响以后，让我们再讲一讲它在能力与权威上的影响。权威的身份是与受这权威支配的东西的身份相称的。对于牲畜有着权威，同牧人那样，是可轻贱的；对于儿童有着权威，像教师那样，也没有了不得的荣誉；对于罪囚有着权威，不但不算荣耀，并且还是一种耻辱。暴君对于已经弃掉了他们高尚情绪的人民的权威，也不比这些好多少。所以说，在自由的王国或民主国里任职，要比在专制国里更为有意义，在那里权威多半是超过人的意志，而不仅限于他们的行为与劳役。因此在米琪尔竭力把人世最伟大的光荣归于恺撒的时候，他是用这种字句来说的："他一路去征无不服，照他的意思对于愿意接受的人民颁布法律，在人世最可称述的事迹里划定了他到天上的路线。"但是学问的权威比意志的权威还要再高，因为那是对人的理智、信念与理解的权威。这几种都是心灵中最高的部分，可以指挥意志，世上除知识与学问外，没有哪种能力能在人的灵魂里思考、想象，意见与信念上立起一个庄严的宝座。因此我们看到了那些大异端者、假先知与欺骗者在他们觉得能够左右人的信仰与良心的时候，为极端与可憎的快乐所激荡的情形。他们所感到的快乐如此之大，只要尝过一次滋味，任何酷刑与虐待都不能够让他们放弃它。

至于说到幸运与地位的提高，学问的惠泽并不是这样狭隘，以至于它只予国家以幸运而不及于个人。人很早就注意到荷马给予人的财富，比西拉、恺撒或奥古斯都曾经给人的更多，虽然他们有巨额的赏赐与赠予和把土地分给这许多的军团。当然，很难讲究竟是军队还是学问提高了更多人的地位。至于论到权力，如果兵力与世袭的权力可获得国君的地位，学问也可获得祭司的地位。

知识与学问的愉快也远驾于其他的愉快之上。情感的愉快是否应该这样超越感觉的愉快，就像一种欲望或胜利的达到超越一曲歌或一餐饭一样。同样，心智或理解的愉快，是否应该超越情感的愉快？在所有其他的愉快里都有一个满足点：在我们得到了这种愉快以后，它们就不见得新鲜了。这证明它们是愉快的幻觉而不是真正的愉快，那使我们愉快的，是因为它的新鲜而不是因为它的本质。所以我们看到了逸乐的人去做丐僧，拥有野心的君主变得抑郁。但是知识的愉快有满足充分地享受与嗜好，是永远可以互换的。照此看来，是它自身就好，并没有谬误与意外的情形。那种愉快对于人心的效果与可给他的满足也不在小处。诗人琉克理细阿很好地描写了这种愉快："在海边站或走着看船在风浪中颠簸，或在一个有防御的高阁里看在平原上的两军相接，是一种很愉快的景象。"但这与人的心灵的安顿，与稳占在真理的确定中，从那里察出与看到别人的错误、慌乱、努力与常常往来那种愉快，是不能相比的。

最后，姑且不论那些普通的见解，例如有了学问，人可胜过他人如人胜过畜类；有了学问，人可上升到他的躯体所不能到的天上而观察那里的运动。让我们以人的天性最所希冀的一点来结束知识与学问优越的讨论，就是永生或继续存在。因为生育与成立家族、建筑设立公益机构与纪念物、荣誉与声名的获得的企望，究其实际，所有人类的企图的力量，都是以这个为目的。在这里我们看出才智与学问的纪念物要比权力与人工所造成的纪念物经久得多。荷马的诗句流传了两千五百年以上，连半个字都没有失掉，而无限的宫殿、庙宇、城堡、都邑都颓败了或遭到了毁灭。现在要得到居鲁士、亚历山大、恺撒的逼真的画像或雕像，已不可能了。即使之后许多的君主或大人物的逼真的画像，也都不可能得到。因为原本不容易久存，所以摹本总不免失了神气与真相。但是人的心智与知识的影像常留于书册，不受时间的伤害，却能够永远更新。因为它们总是能够繁衍，在人的心里播下种子，在后继的时代里激起与生出无限的行动与见解。所以，如果船舶的创造被认为可贵，他们能把财产与物品转运各地，连接了相距最远的地方来共享他们各自的收获。那么，文字能够同船舶一样渡过时间的大海，使相距如此远的各时代共享它们的智慧、灵光，文字的可贵不是更要扩大多少倍吗？不但如此，我们看到有几个极端的无神论的、仅凭感觉与大都不承认灵魂永生的哲学家，却都仍承认这一点，就是凡是人的精神能够不恃身体上的机构来做的任何动作，他们以为在死后依然可以存在。这种都只是理解的动作而不是情感与嗜欲的，知识在他们看起来是一种永不灭亡与永不毁坏的东西。但是我们，以圣灵的显示，不但是理解，连净化过的情欲；不但是精神，连改变过的身体，都可以上升到永生的地位，是否认这种感觉所说的初步原理的。但是在这最后的一点，也许在其他的地方有同样的必要，我们应该记着，为证明知识与学问的优越，我从一开始就把神圣的证明与人类分开，而且始终用着这种方法。

七、习惯与教育

人们多半是依意向而思想、依见识与学问来谈话、依习惯而有某种行为的。因此，意大利政治家马其亚维尔说：“人的性格和大胆的言辞都是靠不住的，只有习惯才是可靠的。”他举了个例子说，如果要谋杀一个人，应当考虑找一个什么样的人去做才合适。找一个生性残忍或者做事果决的人还是不够的，而应找一个曾经杀过人的老手去做才比较合适。可是，马其亚维尔却不知有个叫克利门特的僧侣，他和雷维拉克、约雷垓、吉拉德他们一样，都是第一次杀人的凶手，他竟也稳健地像老练的屠夫一样。在刺杀事件中，誓言甚至也如习惯一样有力。习惯的力量在别的事情上也可显现出来。你会感到奇怪，常听到人们发誓说以后要做些什么，或者说不再做些什么，而结果却是从前做些什么，现在依然做些什么，他们似乎都像是受习惯的巨轮推动的机器一样。我们也常看到人们受习惯的暴虐支配，而做出各种蠢事来。印度人静静地躺在一块木板上，而牺牲在火焰中；妻子为自己的丈夫殉葬，争着跟随丈夫的尸体一起火化；古代斯巴达的男童常被摆置在月神戴安娜的神坛上受鞭笞，一声也不喊叫。我记得在伊丽莎白即位的初年，曾有个爱尔兰叛徒被判死刑后，他上书请求以柳条行刑，而不要用刑索来绞死他，他的理由是从前的惯例是那样的。俄国有些僧侣为了忏悔，常通宵坐在冰冷的水缸里，直至被冰块冻结为止。诸如此类的例子太多了。从这些例子中也可以看出习惯对于人们的身心有多大的影响力。

既然习惯成为人类生活中的主宰，那么人们就应尽量设法养成好习惯。青年时代养成的习惯可以说是最好的，我们称为教育，而教育实际上就是一种早期的习惯。我们可以看出，人们在年轻时无论学习语言或各种技艺，都比较灵活而容易接受；而年纪大了以后，学起东西来便比较迟钝而不灵活了。有的人并不固执，他们愿意敞开心扉随时准备接受新事物以补充自己，然而这样的人到底是极少的。个人习惯的力量是如此大，团体习惯的力量则更大。在团体中，人们互相模仿、互相激发，以至于习惯的力量会继续增强而登峰造极，发挥它最大的效用。无疑，只有优良的社会制度和社会秩序，方能使人类道德昌盛。民主共和政体和良好的政府虽都可助长既存的道德，但要根本改良道德并非易事。不幸的是，如今最有效的方法却被利用到最不理想的事情上，这实在是可悲。

八、读书与学问

有的人读书是为了获得乐趣；有的人是为了增添文雅；有的人则是为了增加能力。人在独处或归隐时便会体会到读书的乐趣，谈话时便能表现出读书的文雅；而判断事情或做事时，便能发挥出从读书中获得的能力。没有学识而有实际经验的人，对某些事情的细节，虽然也可以做事，但是对整个事业的筹划、指导与处理，就需要真正有学问的人来担当了，这样才能愉快地胜任。读书的时间花费得多便是进步的表现，太炫耀自己的学问便是矫揉造作；而一切都要按学理来判断，那就是书呆子在钻牛角尖。

学问能使人性美化，经验又可充实学问，就像自然生长的植物，必须人工加以修剪，人类的天性也需要用学问来加以引导才行。而学问又需要经验来作为依据，否则便要流于空洞了。学问自己不会把它的用途告诉别人。因此，有技术的人看不起它，浅薄的人佩服它，而聪明的人利用它。但是，要怎样去应用它呢？这又需用另一种聪明。这种聪明超过学问，是要靠观察而获得的。读书的目的就是要懂得对事理思考并能权衡轻重，读书不是用来辩护什么、盲目服从什么或作为谈话的资料的。有的书只适于选读；有的书则只适于略读；有的书则非精读不可；有的书只读节录本就可以了，不必去读原著，这也只限于内容不太重要的二流书籍。不然，读节录或删摘过的书，就会像饮蒸馏水一样淡而无味。读书能使人博学，辩论能使人机智，写作能使人精细。一个人如果很少读书，对自己不知道的事情狡猾地装作知道；一个人如果很少辩论，就会缺少机智；一个人如果很少写作或记录东西，那就非有很强的记忆力不可了。历史能使人变得更聪明；诗歌能使人增加想象力；数学能使人精确；自然哲学能使人思想深刻；伦理学能使人态度庄重；逻辑学与修辞学能使人擅长辞令。总之，读书能陶冶人的个性。此外，读书还可以消除心理上的种种障碍，这就像适当的运动可治疗身体上的某些疾病一样。例如，滚球可助于肾脏健康，射箭可助于胸部发达，散步可助于肠胃消化，骑马可助头部健康。

九、社会知识与智慧

社会的知识，在所有的题目中，事实上最为具体，是最难于成为原理的那一个。这种知识有三个部分，按照社会三种最重要的活动，是合群、办事与统治。因为人是在社会中寻求安慰、实用与保护的，而这些是三种性质不同的智慧，并且常是彼此分开的，即举动上的智慧、事业上的智慧与统治上的智慧。

合群的智慧是不应该过分地把它当作一种目标的，但是也不该这样轻视，因为它不但本身很重要，并且在事业与统治上也有一种潜在的势力。诗人曾说，“不要用你的面色抵消了你的说话”，一个人可以用他的面色来消除他说话的力量。同样，他也可以用面色来消除他行事的力量。西塞罗在劝他的兄弟对人应该和气的时候说：“有着开放的门与关闭的脸是没有用处的。”这是说开了门让人进来，而以关闭着或冷淡的面色接待他，是得不到什么结果的。所以在恺撒与西塞罗会见之前，其时战事的前途就取决于这次会晤，我们看到爱第克很郑重地劝告西塞罗，要使他的面色与举止镇静。这些真正的模范，李维很恰当地发表过意见，他的意思是并非为此而发，“但愿我不会叫人看了说是傲慢或卑屈，傲慢的人是不理会到别人的自由的；卑屈的人是不理会他自己的。”最适合的举动是保持一个人自己的品格，而不侵犯别人的自由，而在相反的方面，如果我们对举动与外面的仪态太注意了，首先，这就成为做作；而其次，“那里还有比把戏场搬到真实的生活上”来扮演一个人的生活“更来得不适宜的吗”？但是，即使没有到那种极端，这也是太浪费时间与脑力。所以如同我们常劝青年学子不要广结朋友时说：“朋友是时间的窃盗者。”注意举动的辨别，无疑也是思虑的一个大窃盗者。凡是长于这种礼貌的人常以此自足，很少有企望达到更高的道德；而于此不足的人，却想于名誉中去求得适度，因为有了名誉，一切几乎都是适度的了。但是如果得不到名誉，那么只有以曲谨与礼文来代替了。正如所罗门说的那样，“那只看着风向的是并没有下雨，而那个只望着云的也不能有所收获。”人造成机会的时候一定要同他碰到机会的时候一样的多。归结起来，举动好似心理的一件衣服，是具有衣服的条件的。衣服应该合于时尚，但不应该太过讲究，它应该显出身体的所有的优点，而遮掩它所有的缺陷，尤为重要的是不可太紧窄了，以致有妨碍于运动。但是有关社会的知识的这一部分，是经有人处理过的，因此我不能再说它是缺乏的。

关于办事或事业的智慧，自来未见汇集成著作，很大地减损了学问与治学专家的价值。我们以这种意思的谚语来表示的那种责备或品评，就是说学问与智慧两者之间并没有很大的关联，多半是从这个根株上起来的，在我们已经举出而认为属于社会生活的三种智慧里面，关于举动上的智慧，有学问的人大都对它加以蔑视，以为不及德行重要，而且是思虑的一个敌人；关于统治上的智慧，在它们要担当这类事情的时候，它们的成绩却很不错，不过这只限于少数的几个人；关于事业上的智慧，虽然它与人的生活关系最密切，但没有专门的著作，除了一些分散的条规。如果要在这个题目上，有同在其他的题目上一样的著作，我毫不怀疑经验少而有学问的人可以胜过那些富有经验而无学问的人，用前者的弓射得比后者还远。

我们也不必害怕这种知识能有这样多的变化，以致不能将它约成条规，它比讲统治的学问确定得多，那种是有人研究过，而且是有一部分制成了条规的。关于这种智慧似乎在至关重要与最多智慧的时代的古代罗马人中有过几个专家是这样的。因为西塞罗记述着，当时以有一般智慧的著名的元老院议员，如科伦凯纽、克留斯来留斯与很多别的人，都常在一定的时间到公共集会场所去走动，遇到有意见的人，就听听他们的陈述。各个市民也会去找他们商量女儿的婚事、儿子的职业、购买或诉讼与人生所遭遇的各种其他事情。所以就在私人的事务上，都有一种从事务的一般的见证里面发出来的商量与劝说的智慧。虽然用于提出的各个事件上，但是是从同类事件的一般的观察上获得来的。因为我们在西塞罗为他的兄弟所著的那本书——《论运动执政官》里面看出来，虽然那是关于当时正在进行的一件事情，它的内容充满了许多智慧与精明的原理，那里面包含着关于民选之事，并非一时，但是是永久的指示。尤其在那《圣经》证明了心如海沙的所罗门王所著，列在神圣的著作之林的那些包括整个世界与一切事务的箴言里面，我们可以看出不少深远与卓绝的警戒教条、意见和关于很多类的事务。在这里，我要提出几个例子来思考一下。

“如果一个智慧的人与一个愚人在抗争，不论他是大怒或大笑，他都不会得到安宁的。”这里描绘了一个有智慧的人与一个不如他的人抗争的时候所占据的不利地位。这是这样一种争夺，无论一个人把他看作一个笑话，或是真动了气，或是不论怎样转变方向，他总是不能把这件事情处理得很好。

“我曾看到一切行走于日光下的生人，都有代替他的第二个孩子跟着。”这里表示那种先为西拉，后为泰比留斯所注意到的情形，“崇拜初出之日的人要比崇拜将落或方中之日的人多”。

“有一个小城，里面住着不多的人，有一个拥有大兵的君主来征伐它，将它围困起来，在它的四周筑了营垒。城里有一个贫苦而有智慧的人，以他的智慧挽救了这个围城。但是没有人记得这个贫苦的人。”这里说的是国家的美德，只有用到德行或能力的时候是才看重它的。

“一个柔和的回答摧折了怒气”，这里是说不回答或粗鲁的回答可以激人发怒，但是一个不假思索与平和的回答可以平息人的愤怒。

“懒人的路是荆棘的篱”，这里很生动地写出了懒惰的结果是何等辛苦，因为把事情都延搁到了最后的期限，没有一件事情有先期的准备。那么，跬步都碰到了牵衣的荆棘或阻步的障碍了。

“一篇演说的结尾要比它的开端好”，这里是斥责正式的演说家的虚矫，他们对于发言绪论比他们演说结束与结果还要注意。

“尊重人的审判官是不好的，因为只为了一片面包他就会背叛真实”，这里是说一个审判官受了贿还比尊重人来得好一点，因为一个贪赃的审判官还没有同一个柔顺的人那样容易有过失。

“在恶人面前倒下的好人，好似搅浊了的水源与一汪不洁的泉水”，这里指出了一种公开的、明显的司法不公，是比许多暗中忍许的各种违法的事更能够搅浊了公道的源泉。

“那个偷窃了父母的东西，还说没有犯罪的人，是一个破坏者的伙伴”，这里是看到了人做坏事，他们最好的朋友总为他们的过错辩解，仿佛他们对那些做坏事的人可以断定与确信一切，实在是反而加重了他们的过失，把他们的过失从不法改成了不孝不友。

“不要同一个发怒的人为友，也不要同一个狂暴的人同行”，这里是给予了一个警戒，教我们择友之时要避开那些不能忍耐的人。

“那个扰乱他自己家庭的人是只能承袭到清风的”，这是说人想在家庭的分隔与破裂上得到心理的安静与满足，但仍不能达到他们的希望，只化作了清风。

“一个有智慧的儿子使他的父快乐，但是一个愚蠢之子使他的母忧愁”，这里分别指出父亲在他儿子好的行为上得到最大的安慰；但是母亲在儿子不好的行为上感到最大的苦恼，因为女人看不出德行，只能看出幸运。

“那个想遮掩他的罪过的人去求爱，但那个把一件事情做两次的人是连好友都分离了”，这里给予了一种警戒，就是忘怀往事，不提过去的事情，是一种比道歉与解释更好的和解的方法。

“在每一种做得很好的事情上，都有着丰足，但是嘴里说的话是只趋向着贫乏的”，这里指出了说话是在没有事情与没有东西的地方来得最多。

“那个先来声诉他自己事情的人似乎是合理的，但是那样会显出他的真相来”，这里是说，在一切事件上，先入之言的效力是如此之大，除非在其所说的话上发现了欺妄与不实，否则那上面已经成立的那种成见是不会消除的。

“欺诈的人的话，看似很天真的，它们可以进入到心腹最深的部分”，这里是辨出了那种看似预先想好的与虚饰的谀辞与讽刺，人人是并不深入的，但是那种有着自然、自由与直率的外表的能够深入。

“那个训诫亵慢的人自己取了耻辱；那个斥责恶人的人自己得到了玷污”，这里给予了一个警戒，就是我们向傲慢与蔑视一切的人提出了责难，这种责难是那些人所认为带有侮辱性的，而我们受到了他们的侮辱。

“把机会给予有智慧的人，他以后还可以更有智慧”，这里是区别那种已经成了习惯的智慧，与那种只是口头的与在意识中浮游着的智慧，因为前面一种智慧遇到了机会就加速与倍增，而后面一种智慧就惊惶与惑乱了。

“如水中映出的脸与在水上照着的脸相同，人的心在有智慧的人看来是很明显的”，这里把有智慧的人的心灵比作一面镜子，各种各样的性情与习惯的影像都在里面表现着。从这种表象里生出了那种适应，“有智慧的人能使他与各种性质适应”。

在所罗门的这些有智慧的话上，我停留的时间之长是超过了与一个例证相称的比例。要想以这样的先例来给我以为有缺陷的这一部分知识一点权威，并且还在它们下面加上了我以为不违背原意的那种简短的意见。我知道它们还可以作为更神圣的用处，但是，在神学上，这也是容许的。有些解释，可以比其他的更避于人事，但是把它们看作生活的教训，或可以得到详细的论述，如果我把它们分开了，就得以推论与例证来证明它们。

这也并不只在希伯来人中通行，却是在较古时代的智慧中也常常遇到的。人得到了他们认为对生活有用的观察时，他们会把它收蓄着，以比喻箴言与寓言来表示它。寓言是事例缺乏的时候拿来做它们的代用品的。现在的时代充满了史实，那么用活历史描述还可以更好一点，“以真人真事来印证一种格言，自然是更好的办法”。所以，最为适宜的文字就是讲论历史与实例的文字。新近得来的知识是最能适合于实事的。而且把讲论附列于实例，比把实例附列于讲论在实际的指导上要有用得多。在事例作为讲论的基础时，把事例无拘制地放置于一种史实中，它与各种情况都有了关系。这些有时可以修正关于它们的讲论，有时可以辅助这种讲论，同一种行为的实在典范那样；而为讲论而援引的事例往往只是简略地举出了，而且是没有一定适用的地方，对于以它们来证明的讲论的关系，是跟奴隶一样的。

但是记着这种区别是不会错的，如同各时代的史实是关于统治讲论最好的基础，传记也是关于事务讲论的最适宜的基础，因为它们是关于私人的行为的。但是，为这种目的，还有一种比上述两项更为相宜的讲论的基础，就是关于有智慧与意义深重的书札的讲论，如同西塞罗致爱第克的书札里有很多与其他书札里比记事或传记里更多与更专属于某项的事务，这样我们已经论证列举了关于办事这一部分的社会知识的实质与形式，这部分我认为缺乏。

但这一部分里面还有一部分与我们已经说过的那一部分不同，如一般的智慧之于一个人对于自己事情的智慧，一个仿佛是向着外围走的，一个向着中心走的。因为有一种对他人贡献意见的智慧，又有一种推进自己幸运的智慧。这两种有时会汇合，但多半是分离的，因为有许多在他们自己的事务上有智慧的人，到了关于统治的事情与对他人贡献意见时就显得弱了。好比蚂蚁，就它们自身来说是一种有智慧的生物，但是对于园圃是极为有害的。罗马人是很承认这种智慧的，那个诙谐的诗人说："有智慧的人造成他自己的幸运。"这句话渐渐地变成了一种谚语："人人都可以造成他自己的幸运。"而李维以为凯图一世是能够如此的，"他有着这样心智与道德的力量，不论他生在何处，他都可以为他自己造成幸运"。

这种意见如果言明了，以为是一个不智与不幸的事情，如同在雅典的铁墓第斯身上观察到的那样。他在当政的时候，为国家建立了许多伟大的功业，而且按照当时的习惯，将这些事情向国民陈述，在叙述完每件事情之后，他总是这样说："在这件事情上，和幸运是没有关系的。"结果他以后所做的事，都是无一顺利的了。因为这种口吻是高傲的，有点像有些说法那样，"你说这河是我的，是我自己造成的"，与那诗人这样表示着的，"我的右手与标枪就是我的上帝"。因为这种自信是不神圣与不能得到赐福的。所以伟大的政治家总把他们的成功归功于幸福，而不是他们自己的能力或德行。西拉就是这种把“有幸”这个词加在他姓名之后，而不用“伟大”这个词的。恺撒也是这样同船长说，“你载着恺撒与他的幸运”。

但是这些意见，“人人都可以造成他自己的幸运”，“有智慧的人能够指挥星宿，意谓星宿是主吉凶的”，“每一条路都可以达到德行”，把它们用来促进勤奋不是支持骄傲，来引起决心不是自矜或夸大，是向来人都以为不错与良好的。而且是无疑地铭刻在最伟大的心灵上，他们觉得有这样的意见，使他们几乎不能把它藏在心里。例如我们在奥古斯都身上看到，怎样在他将死的时候，他要在他旁边的朋友为他鼓掌，仿佛他自己是在舞台上表演。这部分的知识，我也认为缺乏。虽然它的实行已经太多，但还是没有经人以文字记录下来。所以恐怕有人以为它不是单学了原理就可使人明白，我们需要与论事务上的智慧那样记下它的几个主要项目或结论来。

教人怎样造成他们的幸运，初看似乎是一个不常见的题目。这种教训在人没有看出那里面的困难以前，或者是人人都愿遵从的，因为幸运所征的税是与德行一样的重。而要做一个真正的政治家，是同要真正的道德好一样困难与艰难的一件事。但这件事情的处理，在荣誉与实质两方面都同学问有着极大的关系。在荣誉方面，要使实行的人不至于抱着这种见解离去，就是学问是同百灵鸟一样，它能够腾上鸣啭与自娱，却没有别的作用，但是可以知道它还同鹰一样，它能够高翔，也能够疾速搏击它要捕捉的东西。在实质上，这是探索真理完善的定律，是没有东西存在于物质中而同时也不是存在于心理中的。这是说没有存在与行动的东西是不能引入与收集到教训里去的。学问也不羡慕或重视这种幸运的造成，除了把它作为一种低级的工作。因为没有一个人的幸运是够得上为它生存的目的。许多时候，最可敬的人的确为了更高的目的愿意放弃他们的幸运。不过幸运作为一种德行与善行的工具，却是值得讨论研究的。

所以，对于幸运的增进至关重要的教条就是获得慕奴（讽刺的神）所要求的那个窗户。它在人们的心中看到了这些隅角与深隐之处，嫌弃没有一个窗户可以望进那里面去。就是说，可以获得关于人，他们的性情、愿望与目的、习惯与风俗，他们所有的辅助与便利，与他们力量主要来自的各种事项可靠的知识，并且还连他们的弱点与不利，与最缺少掩护的地方。他们的朋友是支持他们的党派与依靠他们的人，与同他们的反对者、妒忌者、竞争者，他们的秉性与最宜于他们接近的时候，“只有你知道与他接近相宜的时间”。他们所遵守的原则、规则与习惯，这种知识不但是关于人的，并且是关于行为的。什么事情是时时都在那里进行的，他们是怎样办理，得到赞成、反对对他们是怎样重要，与此相同，因为关于现在行动的知识不但自身重要，并且少了它是连我们关于人的知识都很靠不住的。因为人是跟着行为变化的，他们在追求一种目的的时候是一种样子，而回到他们的本性上又是一种样子。这些关于人与事的各种事项的知识，仿佛都是每个实行三段论上的小前提，因为没有观察的优越足以保证一种结论，如果小前提里面有了错误。

这种知识有获得的可能，所罗门可作为我们的担保者，他说：“在人心里的秘密如同很深的水，但是了解事情的人可以把它汲起来。”虽然这种学问的本身不能作为教条，因为它是关于个人的，所以教人求得这种学问的方法是可以的。

我们照着古代的见解，就以这种教条开始，智慧的关键是信任与不信任的认可。我们应该对于面色与行事比说话更加信任。而在说话上，与其信任准备好与有意的说话，不如信任临时与无意的说话。我们也不必怕有人说过的“面貌是不可靠的”，这句话的意思是说一种一般外现的举动，不是说面色与姿态的隐微的动作与工作。西塞罗很好地说过的是“心灵之门”。没有人比泰比留斯更深沉的了，而塔西托还说盖拉斯“他在他的面色上猜度出他是怀着怒意”。塔西托还看出他在元老院称赞日耳曼尼克与特罗塞斯的时候不同的特征与态度，他关于泰氏说日耳曼尼克时的态度，这样说道：“在那种为求动听而用心做成的文字中，比可信为从他的心坎中流出的更显得用心。”但关于他说特罗赛斯时的态度，是这样的，“他的话不多，但是热心与真挚的”；在还有一个地方讲到他做了任何加惠于人与为人所喜的事情时，他说：“在别的事件上，他的说话好像是从他心里用力挣扎出来的，他在援助一个人的时候，他是很轻易与流畅地说出来的。”所以没有这样精于装假的人或是这样控制着面色，能使一篇言不由衷的话一点不流露出这些样子——或是比一般更为随便与不注意，或者是更显得有准备，或是更来得累赘与支离，或是说的时候更觉得费力与困难。

行为也不是这样可靠的保证，可以不仔细地考虑它们的重要与性质就信任它们，“奸诈的人起初在小事上有意的忠信，为的是这样他们后来更容易欺人”。意大利人遇到人待他比他向来受到的好而没有显著的理由时，以为他是被收买了。讲到小惠，它们只把人哄着睡着了，关于提防和努力两个方面，同提冒斯洗俚称他们那样“懈惰的食物”。同样，我们在缪替安奴与安东纽斯·白林谟成立了那种空虚与不诚的和解以后对他的那种行为上，还看到行事之性有些是怎样虚伪。缪替安奴利用这种和解，擢用了许多安东纽斯的朋友，“他同时以护民官与地方官诸职滥授予他的朋友。”这样的假托培植他的势力，实际是使他陷于孤立，而收买了依赖他的人。

至于从声闻上间接地知道：人的弱点与错误都是最容易从他们敌对的人那里知道他们的德行与能力的，从他们的好友那里知道他们的习惯与起居，从他们的仆人那里知道他们的意思与见解。一般的声闻是没有什么价值的，而地位较高与平等的人所持的意见是不可靠的，对于这些人是要隐藏一些的，“较准确的新闻是从知道他们真相的人那里来的”。

但是人最可靠地表露与解释是以他们的天性为目的的，在那上面，最愚弱的人是最容易用他们的秉性来解释的。而那最有智慧的，以他们的目的。因为这是教皇的一个代表，在他从充任驻使的某国回来时，很滑稽与有智慧地说过的。在征询他们关于派遣继任者的意见时，他表示这样一种希望，就是无论怎么样，都不要派一个太有智慧的人去，因为没有一个很有智慧的人可以想到在那里，他们可以做出什么事情来。料事料过了头，与假想着较实际更深的目的与更多的巧妙手法，实在是常有的一种错误，这句意大利的谚语很有风味，而且大部分是正确的，“金钱、智慧与诚意往往都比人所期待的要来得少”。

但是到达探究这一程度的最简捷的方法有三种。第一，要广交有知识与深谙处世哲学的人，就要先了解或熟悉他们，尤其要知道他们是做什么样事情的人，如果你不掌握这些，至少要有一个朋友深知这种人或常与他在一起。第二，在语言的自由与秘密之间要保持一种适当的距离，在大多的事情上，在有关系的时候，秘密因为语言的自由诱致与引起他人也用同样的自由，所以会使人知道很多事情。而在相反的方面，秘密招来了信任与亲密。最后是使自己养成这种在每次谈话与行动上，都注意与安静地推究理由与目的的习惯来观察与实行。因为如同挨噼克替嘟要叫一个哲学家在做每一件事情的时候都向自己说："我要做这件事，并且还要确定我的计划。"一个有智慧的人在每件事情上也该向自己说："我要做这件事并且还要想从这上面学到一点东西。"我在这个获得适当的知识的教条上讲述得较详细，因为它是单独就可与一切事物相由的一个主要部分。但是在这一切之上，我们需要注意人都能够自守范围，知道很多事情都不会生出许多之纠纷来。没有一件事比轻率与鲁莽地把许多事情放在一起更为不幸。因此，这类知识的甄别不过如此，就是更适当与自由地去选择那些可与我们有关的行动，以更少的错误与更熟练的程度来处理它们。

关于这种知识的第二个教条是人要充分吸收关于他们自身的知识。我们闭目塞听，同圣詹姆斯说的那样，虽然人常照着镜子，但他们仍会经常忘记了自己的形状。如同神圣的镜子是上帝的教训《圣经》，社会的镜子就是世界的形状，蓝天是我们所生存的空间，在那里面，我们可以照见自己。人应该无偏私地查看自己的能力与德行，再查看自己的短处与缺点，把哪些看得最重，哪些最轻，根据这些审查来为下述的内容做各种考虑。

第一，考虑他们的赋性与时代的一般情况适合到何种程度，如果他们觉得两者彼此适宜，那么无论在什么事情上都可许他们以较宽的范围与自由，但是如果觉得两者不相和，那么在他们全部的生活中，都要格外退避与谨慎。如同我们在泰比留斯身上看出来，他是从来不到剧场的，与在他当御使的最后12年中，没有到过元老院一次一样。但奥古斯都是总在人的眼前，这种情形塔西托看出了，“泰比留斯的性情是殊特的”。

第二，考虑他们的素性、各种职业与生活适合的程度，照这种程序来选择他们的职业或生活，如果他们还有选择的自由。但如先已定好，那么一有机会就改换，如同我们看到梵仑登公爵的所为，他是经他的父亲指定了祭司职业的，但是不久就因他的特性与偏好而将它放弃了。但是这样叫人有把握，他们还是做一个君主或一个祭司较好。

第三，考虑他们与或可与他们竞争者适合的程度，来决定做哪种竞争者最少，而他们自己最容易显得出色的事情。如同恺撒的所为，他本来是一个辩护士，但他看到西塞罗、霍登修斯与其他人的辩才之好，而在军事上，除了国家不能不依靠的朋友外，却更无有名的人，他就放弃了他那开始向着政治与民事上伟大的生活，而把他的野心转到军事上。

第四，在选择朋友与从属的时候，照他们自己性情的构成进行。如同我们可在恺撒身上看出来，他所有的朋友与徒党都是能干的，而不是徒有威仪或声名的。

第五，在他们以为能同他们看到别人做的那样去做的时候，应该特别注意他们是想要照哪种榜样做，因为他们与他们所要模仿的人的性情与做法是完全不同的。朋友似乎陷于这种错误，正如西塞罗所说他：“西拉能够做这件事，我就不能做吗？”这种说法是错误的，因为他与他榜样的性质与做法是世上最不相同的，一个是猛厉、暴戾与奔赴他的目的地；一个是郑重，充满了尊严与仪式。

但是这种关于我们社会知识的教条，还有许多别的分歧，那些我们就不详述了。

在充分地明了与辨出了自己之后，接着是要充分地开发与表现自己。在这方面，能力越大的人越少铺张，因为充分显示一个人的德行、幸运与能力，有一种极大的利益。智巧地掩护一个人的弱点、缺陷与不名誉，也是如此。人应该以可能的种种方法来维护这一个，以解释去修饰那一个，以此类推。在这类事件上，我们看到塔西托怎样说缪替奴斯，他那时候是最大的政治家，“他所为与所说的，都是用这种技巧来有力地表彰他自己”。这种事情的确需要一点技巧，不然的话，他就会变得惹人讨厌与骄傲。虽然如此，好强是性质上的，而不是行为上的一种过失。因为同有人说的那样，“大胆去毁谤，总有一天会黏着的”。除非是到了极可笑的畸形程度，也可以“大胆去自夸，总有一点会黏着的”。虽然有见识和地位的人确是笑他与轻贱他，他仍能黏着那些较没有知识与低级的人。而从多数人身上得到的权威可以抵消少数人的轻侮。但是如果适度与节制来处理这种事情，同对于合于自然是可喜的，与天真的风尚一样。或是在一种危险与不安全混在一起的时候；或在他人最受着嫉妒的时候；或是很轻淡与随便把他提起与放开，并不叙说得太久、太认真；或是以同样的自由来咎责与称赞自己；

或是用来击退或制服他人的侮辱，它是大有利于声誉的。无疑，秉性强、缺少这样虚张能力、不能乘风高翔的人，都受到了损害与不利。

这些装饰德行与使它的价值增高的东西，或者是没有必要的，至少也应该使德行不至于贬价与降落到平均水平以下。使德行贬价之道有三种：不待见人的请求、自愿与强要为别人做事，在这种时候，人们接受后就要求报酬；做得太快了，不能使做得很好的事情有机会可以固定，直到满意为止；与太早就在赞美、称颂、荣誉、赞成中得到了德行的结果。关于这一点，如果有人略有所得就感到满意，让他听人很正确地说过的那句话："不要在一点小事上就这么高兴，让人以为你是没有见过大世面的。"

掩藏短处的重要也不亚于显扬长处，这也可以用三种方法来做到：以提防、以假托、以欺骗。提防是很智巧与谨慎地避去他们不能做的事情；而相反，鲁莽与不安静的性格会不加辨别地闯进一切事情中，因此显露了他们所有的缺点。假托是想以一种方法把他们的错误与缺点做成好似由于一个较好的原因，或是有着另一种趋势。关于这种，有人很好地说过："一种过于失常在邻近的一种德行影里潜伏着。"所以，不论人有了哪种缺点，一定要注意到他是假托了有着隐蔽这种缺点的德行，比如他迟钝的话，他一定要故作庄重；如果他是一个懦夫就要装作和蔼，以此类推。人必须造出他何以不尽他的所长，与何以要使人不知道他的真实能力的近乎可信的理由。为了那种目的，他必须常常假装不知他显著的各种德行，使人以为他真正的缺点也是有意假装的。论到欺骗，这是最微不足道的，但是最能见效的药方就是贬抑与看着似乎轻视他所不能做到的一切事情，遵守这种商人盘算利害的主意，他们常想抬高自己物品的价值与减让他人的价值，但是还有一种胜过这种的欺骗，那就是强颜对着自己的短处，仿佛他自以为在暴露着缺点的地方实际是最为擅长的，并且再与这种方法相辅，在他真正擅长的地方却仿佛他最不看重自己。同我们常在诗人里看到的那样，就是如见他们拿诗给你看而你对于某句持一种与他们不同意见，他们一定会说："他们在那一句上所费的功夫比在任何其他各句都大。"而随即他们又似乎轻视与怀疑着其他的一句，这一句他们明明知道是全篇中最好的。但是，比其他一切尤为要紧，在这样矫正与协助他的举动时，他必须注意到，他没有因为性情太温和、善良，而使他失去了自卫而容易受到轻视与凌侮，却要表现一点自由、气概与锋芒的火花。身体与命运上的某种关系，使他们不能不有这种有防范的持身，同样，有一种敏捷地把自己免于轻侮的能力；但这种是总能够得到幸运的。

第六讲

性情与人生

一、慈善与性善

二、狡猾与聪明

三、改革与守旧

四、勇敢与鲁莽

五、善的差异

一、慈善与性善

我在这里说的“慈善”，是指为大众谋求福利的举动，也就是希腊人所说的“博爱”。用“同情心”这个语汇来表达慈善，是不够分量的，不能表达出它真正的含义。“慈善”是表现于外的行为，而“性善”是内蕴的性情。“善”是一切内在的道德与人类尊严中最高贵的美德，因为上帝本身就是“善”。人们如果没有这种美德，那就和老鼠相去无几，必会成为一种有害的可怜东西。“慈善”就是宗教上称作“仁爱”的那种美德。除了偶尔会误用以外，这种美德是永远不会用得过度的。天使会因为有过分的权力欲望而堕落，可是“爱”这种德行的发挥，不论怎样都是不会过分的，天使和人都不会因为它而发生危险。性善是人与生俱来的一种天性，这种天性如果没有机会与对象来施用于人类，那就会在其他的生物身上去求得发挥。古代的土耳其人是很残酷的，然而他们很爱护鸟类和兽类，常给鸟和狗喂食。据巴斯伯契斯的报道，君士坦丁堡有一个青年基督徒，曾经因为将一只长嘴鸟钉在自己的门上，差一点被人用石子活活砸死。

但是，有时慈善和仁爱也有误用的情况。意大利有句讽刺的谚语，说：“对谁都行善，也就无善可言了。”有位叫马基雅维里的意大利学者，曾经大胆而坦率地这样写道：“基督教的信仰使好人甘心去做坏人的牺牲品。”他下这样的断言，是因为从来不曾有一种法律、教条能像基督教那样发挥仁爱的精神，做出许多伟大的善举来。所以，我们要留心善良的行为可能发生的错误，以避免毁谤和危险。别人是否善良一定要看清楚，别被他的外表欺蒙。外表常是虚假而不可靠的，因此诚实的心灵很容易上当受骗。对于伊索的鸡，不可抛给它珍珠，因为一粒麦子将会使它更加喜悦。对于这一点，上帝就做了很好的示范——他把雨水赐给所有的人，让阳光照射公正之人，也照射邪恶之人。可是，他并不把财富、荣誉和道德都赐给所有的人。普通的恩惠可以不分等级地赐给任何人，而特殊的恩惠需要慎重的考虑与选择了。

在复制一件东西时，要注意不能把原来的样本弄坏了。神学家把我们对自己的爱比作是原来的样本，却只把我们对别人的爱看作是一个副本。耶稣说：“变卖你所有的东西，分给穷人，跟我来！”然而，如果不跟“我”来，你也一样可以做出不要许多钱才能办得到的善举，最好还是别把所有的东西都变卖掉，不然等于是汲泉水去充河水，泉水被汲干了，河水却未必能增加多少，那样未免太过失算了。慈善和仁爱固然需要感情来启迪，还需要理智去引导。

有的人生来便是性善的，也有的人生来就是性恶的。我们常看到一些生性固执而不愿学好的人，这种人倒不见得怎么坏，他们只不过是顽固罢了，有时喜欢与人发生冲突而已。然而，有些人是生性极度阴狠，这种人就非常危险了。他们喜欢看到别人的不幸，在别人失势的时候，他们落井下石，连癞皮狗都不如，简直就像是见了东西就嗡嗡乱叫的苍蝇。这些厌世的人，一心要使别人意志消沉，要把别人推向死亡的边缘，逼着别人上吊，然而花园里连一株可供人上吊的树都没有，因此这种人还比不上雅典的泰蒙（莎士比亚剧中极为厌世的一个人物）。这种性格是人性中的反常现象，不过却也有它的用处，伟大的政治家常是由这种性格造就而成的，正如木材中的弯曲者，它虽是不适用于做造房屋的栋梁之材，但用来制造海上乘风破浪的船倒是很合适的。

“善”有很多特征，对于一个善良的人，我们可以从许多方面去认识他。一个人如果连对待陌生人也亲切而有礼貌的话，那他必定是一个通情达理而具有同情心的好人；他的心将和别人的连在一起，他是不会感到孤独的。如果他怜悯又同情别人的苦难与不幸，那么他的心就像那种能产生香液的高贵树木一样，他是宁可自己受伤也要去解救别人的。他若能常存宽恕之心，那他就更高尚了，也不会轻易地招来别人的侵犯。虽然别人送给他的礼物很轻，他仍会感谢不已，那是因为礼轻情意重。他所感谢的是人家的美意，而不是区区礼物。如果他有圣保罗那种完美的人格。为了救同胞，甘心自己挨骂被咒，被逐出天国，这就表示他具有神性，已接近耶稣基督了。

二、狡猾与聪明

我们可以把狡猾看作是一种邪恶的聪明。一个狡猾的人和一个聪明的人当然有着显著的不同，不管是从能力方面来说，还是从诚实方面来看，他们都有极大的差别。有的人虽然爱捣鬼，善于记牌，却玩得不好；有的人虽然很会呼朋唤友，善于钻研，但在别的方面一无所能。对人的了解是一回事，对事的了解又是另一回事。所以，许多人虽然善于察言观色，懂得怎样逢迎人意，但当他实际做起事来的时候，并不怎么能干，这是由于他们读书不通，又过于重视对人的研究的缘故。这种人诡计多端，可与之共谋，却不可与之共事。他们的手段只能用于熟人身上。有句古话说："把他们送到陌生人的面前，共谋共事可测其愚智。"这句话对这类人来说刚好适用。狡猾的人像个杂货摊，他们到底有多少货色，我们细加检查便知。

有很多聪明人表面上虽然爽朗，但肚子里藏着许多的秘密，因此有的狡猾的人就效法耶稣教会的教士，一边跟人谈话，一边察言观色；他们也像耶稣教会的信徒般假正经地低头偷偷地窥探别人。

另一种狡猾是，当你急于完成一件事情，而要与人商洽时，你先得与对方谈些题外话，以分散对方的注意力，以便他不会过于清醒而反对你的提议。一位做秘书工作的人，每当他拿了许多账单要请伊丽莎白女王签字时，总是先跟女王谈些国家大事，这样一来，女王对这些账单就很不在乎了，并爽快地予以签字。当对方在极端忙碌时，对你所提的事无暇细加考虑，这时如果你向他提出某种要求，也容易得到满足。一个人如果想对某种事情加以阻挠，又怕别人知道，那么最好的办法是在表面上假装希望这件事进行顺利，而在暗中设法加以阻挠。

当一个人在说话时，如果突然中断话头，像是有话要说，却极力抑制不说，这样常会使听者更加感兴趣，而希望他能继续多讲一些。其方法是，让别人问起你某件事，然后，当即回答他，要比你主动把那件事告诉他更有效。所以遇有这种情况，不妨面露与平日不同的神色，使对方禁不住要追根究底你为什么会有这种面色，这样你便得到了一个很好的申诉机会。为人臣的尼希米亚斯就曾故意这么说："在王的面前，我以前又何曾有过这种脸色？"而后，他便开始申诉他想说的话。

对于不愉快而难以启齿的事情，最好找一个没有分量的人先把事情说出去，然后把重要的话留着等人问起时再说。纳西沙斯向克劳底斯说起他的妻子梅莎琳娜与西利斯私通并结婚的事情时，他述说的方式就是这样的。

一个人说起某件事不愿以自己的名义负责，而借用别人来掩饰，这也是一种狡猾。他的方法是用这类话来搪塞："一般人都这么说……"或"外人传说……"。

我认识一个人，他写信的时候总是将重要的事写在"再启”或“又及”的部分，似乎这是附带提及的、无所谓的小事一样。

我还认识一个人，他喜欢把演讲的内容的重点暂时略去不讲，然后再回头重新补述一番，仿佛要把它忘记了似的。

有些人故意在人前把手里拿着的东西或信件遮遮掩掩，故意装作不愿被人发觉的样子，好像不会料到有人走过来似的。而别人这时倒会因此查问他是什么事，这正中他的心意，因为他本来就想把这事告诉别人。

一个人故意说一些话让别人传播，然后再加以利用，这也是一种狡猾。有两个人，他们在伊丽莎白女王时代同时争取一个秘书职位，但他们两人依然维持着很好的友谊，还时常互相磋商。其中一个故意说，在一个没落的王朝里做事是非常艰难的，他不想干了。另外一个就把这句话向他自己的朋友说，也说他不想在一个没落王朝里求一份秘书的差事。这句话再传到第一个人耳边时，这第一个人便把这句话向女王奏告，女王听到“没落的王朝”一语，非常不悦，从此再也不听后面一个人的请求了。

有一种狡猾的说法：“巧妙地翻转锅饼”，意思是说，一个人能将自己向别人说的话，弄成像是别人向自己说的话一样。在两人之间发生这种事情的时候，就不易辨别到底是谁先开始说的了。

有些人善于用反面的说法为自己辩护，以攻击别人。比如说：“我可不会这么做。”提节林纳斯攻击巴鲁斯就是用这个方式，他说他除了关心皇上的安危之外，便没有别的目标了。

有些人有满肚子的故事，随便什么事情他们都能把它编成故事告诉别人，这样可使自己较为安全，也使别人更乐于接受他的说法。

一个人把自己所期望的回答先暗示出来，这也是一种狡猾，因为这样一来，对方对自己的意见也就不会过于坚持了。

有些人说话时居然能等待许久，绕个大圈子，而后再说出本意，这真是需要很大的耐心，但是这个法子非常管用。

趁人不备之时突然提出一个问题，让人措手不及，从而使那个人在仓促的回答中暴露出秘密，这也是一种狡猾。例如一个改掉姓名的人在圣保罗教堂附近行走，忽然有人从后面走来喊出他原来的姓名，便会使他惊慌失措，立刻回头张望，从而暴露出他的秘密。

这各式各样的狡猾实在不胜枚举，如果能把他们列出一张清单，倒也有价值。因为在一个国家里，如果大家都把狡猾的人看成是聪明的人，那是比任何事情都要糟糕的。

有些人只知道事情的表面因果，而对其关键不加深究，这就好像一幢房屋，虽有方便的楼梯与入口，但没有好房间一样。这种情形的发生是因为他们对事情只知巧妙地逃避，而不能切实地考察与辩论。这种人多半希望别人以为他们对自己的问题都能解决，而不愿与人商量。像刚刚提到的这样的一些人，他们只是在耍花样骗人，而不肯脚踏实地去做事。所以，所罗门说：“通达的人步步谨慎，愚昧的人无话不听。”

就蚂蚁本身来说，它是一种聪明的小动物，可是，它对花园与果园危害很大。与这种情形相似的是唯利是图的人，对他们自己来说他们固然是聪明的，但对别人危害很大。所以，我们除了自爱之外，也应知道对社会公益尽些义务。我们在谋取个人利益时，应以不伤害别人的利益为前提，对国家的利益更不可有丝毫的损害。一个人最可怜的是一切以自我为中心而行动，就像地球以自己为中心而转动，而让其他星球在周围环绕运行一样，孤独无助。做君主的往往就是这样，他们把自己作为人民的中心，也将自己的利益认定为高于一切，因为他们不只是单纯的个人，他们的成败得失和大众的安危休戚相关。但是，作为一般人，就不能存有这种自私自利的念头，否则，凡由他们经办的事都会被歪曲，来适合他们私下的利益。而这种私下的利益常常是与国家利益相冲突的，会造成极大的祸害。因此，元首除非愿意将这种怀有私心的部属的利益看得比国家的利益还重要，否则是没有理由选用他们的。

就主仆的关系而言，仆人为了自己的利益而牺牲主人的利益本来就是不可以的，如果仆人唯利是图到了不分轻重的地步，甚至为了自己微小的利益去牺牲主人重大的利益，那就更是坏得不堪想象了。这种情况颇为常见，比如贪官污吏或自私的将军、大使等，他们常牺牲君国大计，而去换取一己小利。他们的所得非常有限，可是国家因此蒙受重大的损失。有的人甚至自私到宁可烧掉他人的房屋来烤鸡蛋吃的程度，但奇怪的是，这种人能获得主人的信任，他们一方面用种种的方法去讨主人的欢心，另一方面却尽量求取自己的利益，对主人的利益是一点也不顾及的。

从多方面来看，自私的聪明非常卑鄙。老鼠、狐狸、鳄鱼都是聪明而自私的动物。老鼠破坏房子，到了房子快要倒塌时，自己就先偷偷地溜了。狐狸叫猫儿替它控制住洞口，等洞口控制住了，便把猫儿赶走。鳄鱼捕食时，会故意先掉下泪来，以引诱别的动物上当。但是，有一点我们能看得到，那就是自私自利的人终究是很不幸的，他们为了自己而牺牲别人，自己也免不了要成为命运之神的祭品，而他们还沾沾自喜，以为靠自己的聪明就可以掩盖自己的自私。

三、改革与守旧

刚生下来的动物的样子都不好看，同样，一切改变或改革的事物，最初也使人很不习惯。不过，有些事情是以前的较好，不容易去效仿，比如说，事业的创建者往往比他的后人高强许多，这是由于人的依赖性，使人性中的恶性越来越强，而善性逐渐减弱，这是一种自然的倾向。改革是出于需要，就像有了疾病便有了医药一样。各种药都是改革，不肯服用新药的人的结果是疾病不会痊愈的。

时间是最大的改革家。如果在时间的进程中，各种事物都在变坏，而人类的聪明才智又不能把它们变好，这说明习惯上所遵循的制度尽管并不好，却也还合乎时宜。有些惯例，时日既久，已不能见到它们的根源，要对它们突然加以改变几乎是不可能的。一种改革可能是有用而合理的，但与旧事物格格不入。而且，改革就像个陌生人，人们见了只会觉得惊奇，未必会欢迎。如果时间是静止的，环境是不变的，当然改变或改革就没有必要了。可是，时间在不停地飞逝，环境也在不断地改变，在这种情形下，如果墨守成规，那么不变所引起的混乱，将比有所改变或改革引起的混乱更大。通常太看重过去的人便会轻蔑现在。时间是个伟大的改革家，它能改变各种事物，可是它的改革是缓慢的、不声不响的，是在不知不觉中完成的。所以，人们在进行改革时，应以时间为榜样，效法它的办法去改革。不然，人们对突然而来的改革，不但会感到意外，而且也可能不肯接受。这样的改革对某些人可能是有益的，但对另外一些人却是有害的。受益的人当然高兴，对主持改革的人无限感激；而受害的人会觉得冤枉，自然要咒骂那改革的人了。

国家大事的改革如果不是必要，或者改革的效果不是非常明显的话，还是不要轻言倡议改革为妥。在改革的时候还要注意，改革是为了革新，并不是以革新来满足欲望。人们对于新事物虽不拒绝接受，但也会持有怀疑的态度，所以改革与否，经过详细的考虑之后，再做决定也不迟。《圣经》上说："你们应当站在路上察看，探访古道，要行走在那善的道途上才是。"这是告诉人们，要站在旧路上仔细察看新路是不是好的，如果真是好的，就应当走下去。

四、勇敢与鲁莽

小学语文课本中有一个虽然微不足道，但是值得博学之人深思的故事。

有一次，有人问德摩斯梯尼演说家最主要的才能是什么，他说，表情。该人又问：其次呢？也是表情。又问：再其次呢？还是表情。他之所以这样说，是因为他最了解所说的事情，同时他在自己所推崇的才能上又没有天生的优势。这真是一件奇怪的事情：表情在一位演说家所有的才能中不过是最表面的东西，并且更适合作秀者，却被抬得这样高，甚至超出其他如独创、口齿清晰等更高一筹的本领。不仅如此，这种表面的才能简直是独一无二的，是一切中的一切。然而其理由是显然易见的，人性中通常是愚蠢多于明智，因此那些能引起人心中的愚蠢的才能是最有说服力的。

与此有惊人相似之处的就是在处理事务中表现出的气概：首先是什么？勇气！其次呢？勇气！再其次呢？还是勇气！可是，勇气不过是卑鄙无知的产物，它远远次于其他美德。然而它能迷惑并束缚那些见识浅薄或缺乏勇气的人，而这种人又是数量最多的，甚至这种盲目狂妄的伪勇者能趁智者脆弱时大获全胜。因此我们常见勇气在民主政体国家中才会创造奇迹，而在参议院或君主制的国家中，它的效应就小多了。而且勇气总在大胆的人们首次活动的时候功效最大，其后就未必那么奏效了，因为勇气不等于坚守诚信。

当然，在人的肉体方面，有游医郎中等；在政治团体方面，有江湖术士等，这些人担任着治愈疾病的伟大使命，也许在最初的两三次试验中会建立奇功，但因为他们缺乏科学基础，所以这种效果不会持久。当那些江湖术士们预先答应了很重大的事，结果却很不体面地失败了的时候，他们很快就会忘记这些挫折（如果他们有足够的勇气的话），并且掉过头去，再不会为此劳心费力。

无疑，在有远见的人看来，所谓勇者不过是可笑的莽汉而已。不仅如此，在一般人的眼中，勇气也是有点可笑的。如果“荒谬”是引人发笑的东西，那么毋庸置疑，伟大的勇气很少是没有一点荒唐之处的。尤其可笑的是，当一个大胆的家伙遭人反对的时候，他的面貌会变得极其猥琐，或者呆若木鸡，一定是这样的。在退让之中，人的精神是彷徨不定的，在上述情形中，那些勇夫们给人的感觉精神呆滞，好像下棋下成和局一样，虽然算不上输，但是那一局棋无法走下去了。这最后所说的事，或许更适合讽刺的说法，而不是很严肃的。

有一点我们要注意：大胆永远是盲目的，因为它看不到危险和困难。大胆在策划中是不好的，在执行中却能派上用场。所以对有勇无谋者来说，明智的做法是永远不要让他们担任决策的首脑，而应当让他们担当副手，听从别人的指挥。在策划时必须能预见艰险，而在执行中最好对艰险视而不见。

五、善的差异

现在再继续说个人的善。善可分为积极的与消极的。因为这两种善的区别在一切事物上都有，而最容易在生物的两种不同的欲望上显现出来：一种是保存他们自身或使他们延续，一种是延伸它们自己或使它们繁殖。后一种似乎更为重要，因为在自然中，那是较为重要的、是主动的，而前一种，那是次要的、是被动的。在生物的快乐中，生育的快乐是大于饮食的快乐的。在神圣的训义中“授比受更能得福”，而在生活上，没有一个人的精神是这样软弱的，会把实现他心里决定要做的事情看得比肉欲更重，这种积极的善的优越，对于我们的生存状况是不能免于死亡与机遇的影响的，这种考虑是被人支持的。因为，如果我们可以在快乐中得到永久与确定这种快乐的稳定，就会增长它们的价值。但是我们知道了这无非是“在死的时候延续一点我们就以为是件大事”与“你不要夸明日怎样好，因为你不知道一个日子可以带些什么东西来”，这就使我们希望得到一点固定而不受时间影响的东西。这些只是我们的行事与工作了，如同人说的“他们的工作，留在他们后面”，这种积极的善的优越也是为人自然就有的那种对于变换与进步的喜爱所支持的，这种在感觉的快乐上，是不能有广大的范围的，“想一想怎样多的回数你做着同一事情，饮食、睡眠与游戏，在一个永久的回旋上一个跟着一个，一个人并不要勇敢与困苦，只因为厌倦了老是这样一次又一次地做着同样的事情，也会有宁愿死掉的想法”。但是在企图追求生活的目的时，会有不少变幻，人们在他们行动的开始、反复努力、接近与达到他们心中目标的时候，都感到快乐，这是说得很对的，“生活没有一个目的是易使人厌倦与无定向的”。这种积极之善并不与社会之善有何相同之处，即使有时候它恰与后者吻合。他常做于人有利的事，但他的唯一目的仍是自己的权力、荣誉、地位的增加与继续生存，如同在主动者之善是一种与社会之善冲突的事情的时候，可以明白看出来的那样。因为那种支配世界的扰乱者的心理状态，如西拉与比较小型的无数其他的人，他们要让他们所有的朋友都快乐，所有的敌人都苦恼，并且要照他们自己一时的想法改造世界。这种心理状态以积极的善为目的，并且希望得到它，虽然它与社会的善离得最远，但后面这种，是较大的善。

再说消极的善，这个可以再分为保守的与完成的。让我们把已经说过的再简单复述一遍：首先说的是社会的善，它的目的包括人类天性的要素，我们不过是那个分子与部分，而不能够自成为要素。我们又说过积极的善，把它作为个人的善的一部分。这是不错的，因为一切物都具有一种从自爱上生出的三种欲望：一个是保存与延续它们的要素；一个是改变与完成它们的要素；第三个是繁殖它们的要素与把它伸张到别的物上。这里面，繁殖或它在别的物上的印象，就是我们以积极的善的名义来论述的。所以现在只剩了它的保存与它的完成与提高。这后面的一种是消极的善的最高的程度。照现在的状况保存还是比较小的一件事情，而保存了再加以改进是一件比较大的事情。因此，在人的身上，“一种火样的力量嘘入了他们的生命，一种出于天上的要素”。要到达完善，这种善的误认或虚伪的仿效就是人生的风波。而人，有一种在要素上求改进的良知，是被驱动了去寻求一种地位上的改进。同有病而得不到救治的人辗转不安常移动他们的位置那样，仿佛以一种位置上的变动，就可以得到一种在他们身子里面的变动，“谓脱离所感的痛苦”。怀着大志向的人也是这样的，在无法使他们的天性升华的时候，他们就在想把他们的地位升高的一种永续的激动中。所以消极的善，同上面说过的那样，是保存的或完成的。再继续说保存或支持的善，那无非是于我们天性相宜的东西的享受，这看来是快乐中最纯洁与自然的，但仍是最软弱与低级的。这种善还可以再有一种区别，但这种区别并没有经过好的评判或好的研究。因为享受或满足的善是在享受真实，或在它的强烈与力量中，一个是因为没有变动而加上的，一个是有了较少的恶混入，有一个较多善的印象。这在两种里面，哪一种是较大的善，这是一个有争论的问题，但是人的天性是否能把两者都做到，却是一个没有人研究的问题。

把个人的善推演到了适宜的程度后，现在讲关于社会的善，我们可称为责任。因为责任这个词是能与他人适合的心理相宜，如同德行这个名词是专用于一种自身很好构成的心理。虽然没有人能够与社会了无干涉就了解德行；或是没有一点心理的倾向就了解责任。这一部分初看是可以把它认为属于政治的。但是如果仔细观察，就不是如此，因为这是关于每个人对他自己，而不是对他人的管理的。如同在建筑上，指示梁柱与房屋的其他部分的做法，与将它们装架起来造成房屋的方法是不同的事；在机械学上，指示怎样制成一种器械或机器，与怎样使用它是不同的事。但在表明这一种的时候，仍是附带地表明对于又一种的适宜。人在社会中联合的理论，也是与他们依从的社会习惯是不同的。

这种责任的部分，可再分为两部分：人人以国家一分子资格所同有的责任，人人在他的职业与地位上所特有或专有的责任。这里面的第一种现在已有，而且得到了很好的研究。第二种也可以说只是分散了而不是缺乏。在面临“缺乏”的时候，这种称誉或就真实上，或就时间上，都不是自然的，而是勉强的。但是让我们读西塞罗辩护马赛罗的演说，那无非是描绘恺撒的美德的一种图书，而且是在他面前做成的。把这个与许多其他很好的人所给予的实例放在一起，这些人的智慧，比遵守这种朝廷礼节的人要大得多，我们就再也不会质疑在一个完全适当的机会，给予面前或不在面前的人以应得的赞誉。

但是回到正文，应属于这个处理各种职业责任的部分，还有一种与他有关或相反的，就是涉及每种职业的诈骗与恶性的事件，那些也曾经有人处理，可是他们处理的方法大都是嘲讽与讥诮的，而不是严肃与有识的。因为宁可用机智来嘲弄许多在职业中是良好的事情，也不肯用审视的目光来发现与分出那些腐败的部分。因为，同所罗门说的那样，以一种轻侮与非难的态度来求知识的人，一定可以找到合他习性的东西，却是没有可以教导他的：“一个轻侮者欲求智慧而不能得到，但知识在能够了解的人是容易获得的。”但是以正直与真实来处理，我认为还有缺陷，据我看来那是可以建立诚实与德行最好的保障之一。同古寓言说的那个看一眼即可使人死亡的龙蛇那样，如果它先看见你，你死；但是若你先看见它，它死。欺诈与邪恶的计谋也是这样的，如果它们先被发觉了，它们就丧失了生命；但是，如果它们赶在了前面，就能够使我们受到危害。所以我们是应该感谢马基弗利与其他的人的，他们书上说的是让别人所做的，而不是他们所应做的事情。因为要把蛇的智计与鸽的天真合在一起是不可能的，除非人的确知道蛇的各种情态：它的下贱与卑劣，它的蜿蜒与光滑，它的嫉妒与螯啮，与其他各种各样的邪恶。没有这些书，德行是没有防护的。不但如此，一个好人如果没有邪恶的知识相助，对坏人就没有用处，而不能感化他们。因为堕落的心理先假定了诚实是出于天性的简单，而是相信教士、教师与人表面说话的。所以除非你能够使他们看出你明了他们堕落得已经到了极处，他们是轻视一切道德的。“除非你能够告诉他他自己心里怀着的意思，否则一个愚人是不会接受智慧的。”

夫妇、父母子女与主仆间相互的责任，也属于这个特有责任的部分。友谊与感谢的公例，团体政治组织、邻里社会性的约束，与同一切其他相互的责任，也属于此类。不是把这些看作政府或社会的各部分，而是关于怎样训练个人的心理来维持这种社会的约束。

关于社会的善的学问也可以处理这个问题，不仅是单独的，而且是比较的。属于这一部分的是在人与人、事与事、个人与大众间责任的权衡。如同我们在马克·布鲁特斯审判他的诸子这件事上看出来，它是这样为人所称赞，但是还有人说：“不幸的人啊，对于他的行为，后人不知道怎样的评判呢？”所以这件事情还有疑问，关于它的意见，是否赞成两面都有。还有，马克·布鲁特斯与凯修斯为要探测有些人的意见，看他们是否适于做他们的僚友，在邀请这些人晚餐的时候，提出了杀死一个专制者是否即为篡夺者这个问题，坐客的意见就有分歧了，有人以为甘为奴隶是最大的恶，有人以为专制远胜于内战，关于比较责任的这类事例，还有很多。在这些里面最常见的是一种小的不公道生出许多的好处这个问题。这个就是帖撒利的杰生反对着真实而决定的，“要获得一种较大的善，必得要做一点小的恶事”。但是他的回答是很好的：“你现在可以做好的事情，要等将来再做好事，你没有保障。”人是应该追逐着当前的事情，把将来让上帝去支配。

我们已经讲过了这种生活的结果，现在还要讲属于这一部分的艺法。没有这一部分，前面的那一部分就像一幅好的画像或一座雕像，看着虽美，但没有生命与活动。亚里士多德曾以这样的字句承认这种意思：“关于德行，我们应该确凿地知道它是什么性质，与从哪里发生出来的。因为只知道德行是没有多大用处的，如果不懂得怎样去获得它，就不知道怎样去达到它。”所以西塞罗在极赞凯图第二的时候是这样说的，他致力于哲学“并不为要想同人为哲理的辩论，却因为他可以同一个哲学家那样的生活”。虽然我们现代的疏忽可以使这一部分看来似乎没有必要，在这个时代里，没有几个人对他们生活的改良有所商榷，但我仍要以希波革拉第的那句警语来结束，“那些病而不觉痛苦的人是连心都生了病的”。他们不但需要药物来减轻他们的病症，而且还需要唤醒他们的感觉。如果有人说人心的治疗是属于神学的，那是最为正确的。但是我们还可以把伦理学同一个有智慧的仆人，与卑微的侍婢推荐给他。因为同箴言里说的那样，“侍婢的眼睛总是看着主妇的”，但是无疑总还有许多事情留给侍婢去处理，以觉察出那主妇的意向来。伦理学也应该不断地注意神学的理论，但它也可以由自己发出很多健全与有益的指示。

因为这一部分是这样好，所以我觉得没有把它做成有文字的研究是极为可惜的。尤其，这里有着许多为语言与行事所素习的材料，在那上面，人们常谈的是比他们的书籍蕴含着更多的智慧，所以我们把它更详细地提出是合理的，一来是为着它们所有的价值，而且也因此我们可以卸却责任。这句话看来似乎是不可信的，而且曾在这上面有过著作的人都不是这样的看法。因此我们要列举那里面的几个项目，才可以更明白地看到它们的真相，探究它们是否存在。

在这个上面，同在关于实行的一切事情上一样，我们应该计算一下，哪些是我们所能为的，哪些是我们所不能为的。因为一个是可以改变的，一个是只能适应的。农人不能支配地利与天时，医生也不能支配病人的体格与症状的变化。在人的心理训练与治疗上，有两件事情也是我们不能支配的——自然与命运的事项。我们的工作是被一个基础与一个条件所限制与束缚的。所以，在这些事情上，我们只能够以适应而进行，“忍耐可以制胜一切命运”，并且同样“忍耐可以制胜一切自然”。但是我们说的忍耐，不是一种愚钝与怠惰的忍耐，而是一种有勤勉的忍耐，这能够从那些看来诡异的事情里得到与造成实用与利益，这才是我们所说的适应。适应地恰当，大半基于要适应的那种先有情态或意向的恰当与明确的知识上，因为只有我们先把身体量过，才能使衣服合身。

所以，这种学问里的第一件事，就是定下人性情的各个不同特质的正确分类，尤其是关于那些最基本而为其余的源泉与原因，或是最常与别种性质合并或掺杂的差异。在那上面，不是为了要更好地说明德行，来把这里面的几个简略地论述了，就可以满足这种目的的。如果这种情形是值得考究的，就是有些心理是适于大事，有些适于小事。那么，这是否也是值得考究呢？就是有些心理能够注意到许多的事情，有些只能够注意到几个。因此，有人能够同时处理多件事情，而有人只能同时处理不多的几件事情，也就有了心理的狭隘与怯懦。并且，还有些心理是适合于那些可以立时或在短期内处理的事情。有些适合于需要长期致力才能办到的事情，“当他的计划还在摇篮里的时候，他已经在哺乳与照看它了”。所以可以很恰当地说是有一种心理的耐久性，这也是常作为一种心理的广大来归与上帝的。因此，这不是也值得亚里士多德考虑的吗？“谈话中有着一种谀顺与使人喜悦的倾向、一种与此相反的反驳和一种与人相左的倾向”，这不是更值得考虑的吗？“有一种倾向，不是在谈话中，却是在性质较为重要的事情上，在别人的好事上感到快乐，与一种相反的倾向，在别人的好事上感到厌恶”。这就是那我们所称其为好性气或不好的性气、好意或恶意。这一部分涉及天性与意向的学问，它们在伦理学与政治学上都会被人遗落，我为之惊异不已。人在占星术的传说里面可以找到一些人的性情很巧妙与适当的分类，照着他们降生的时候是哪种行星占着优越的地位：安静的喜爱者，动作的喜爱者，胜利的喜爱者，荣誉的喜爱者，快乐的喜爱者，艺术的喜爱者，变换的喜爱者，诸如此类。人在这种记述中是最富有智慧的那一类，于是意大利各邦使臣关于教廷主教团的报告里面，那些主教的性情很巧妙与生动地被描写出来。人在日常交谈的时候可以碰到那些最初的或最终的印象是感觉敏锐的、木讷的、拘谨的、老实的、诙谐的、自信的各类人。但这种观察仍是在字面上游走，而没有在研究中固定，区别是找到了，但我们不能归结到何种行为的指示。我们在这上面的错误更大，历史、诗咏与日常的经验都与这些观察者好比在种植花圃的场地那样，从那里，我们只采了几束花在手里拿着，却没有人把它们送到制药铺里，让他们可以制出应用于生活上的药方。

第七讲

艺术与人生

一、美的艺术

二、建筑与实用

三、庭园的设计

四、爱好与成就

一、美的艺术

美德好比高贵的宝石，如果镶嵌淡雅，反而会显得华贵。一个长得并不英俊的人的身上有了美德，比一个外貌漂亮或外表庄严的人更显得尊贵。外表俊美的人通常难得具有内在美，造物者似乎很吝啬，不愿创造十全十美的人。所以，一个多才多艺的人，他的品格未必也是高尚的，他往往只讲求行为，而不讲求德行。但是也有例外，比如说，奥古斯都和维思派尚两位罗马皇帝、法国的腓力四世、英国的爱德华四世、雅典的政治家阿尔西比亚底斯、波斯的伊斯美尔王等人，他们都是非常杰出、伟大，而且是十分英俊的人物。

关于人的容貌，天生的美远胜过粉饰之美，而优美的姿态和表情又比容貌的美更好，因为这种美不是画面可以表达得出来的，也不是立即就可以被人看出来的。这种美才是美的最好的一部分。美人不是各个部分都很匀称的，所以，曾将五个美女之美集于一幅画上的希腊画家修格西斯，他是用几张脸孔上最好的部分创造出一张完美的面孔；德国画家杜列依照几何的比例来雕像。然而对于这样构成的美人，我想除了创造它们的艺术家们之外，别人也不见得会喜欢。一个画家当然能创造出一张美丽的面孔，但他必须凭想象力去创造，而不是循着一定的规则或法则去描绘，这和音乐必须凭借想象力才能创造出优美的乐曲是一个道理。谁都会看到许多面孔，如果将每张面孔都一一加以分析，你将会发觉没有哪张脸的每个部分都是漂亮的。但是，把各个部分组合起来看也就不会觉得难看了。

假使优美的姿态和表情是“美”的主要部分，那么我们会明白为什么人的年纪大了，他的脸孔看起来反而比年轻时的那一张脸更加可爱，这便是所谓“成熟的美才是真正的美”。年轻人要用宽恕的眼光去看他，才能看出他真正的美。换句话说，就是要加上他的青春，那才具备了他的美的条件。“美”就像是秋天的果实，容易腐烂，不能长久保存。美貌的少年大都放荡成性，到了年纪大了，回想以前的事情时就会自觉惭愧。美貌如果在一个品德高尚的人身上，当然是光彩，品行不端的人在他面前，便会因自惭形秽而躲开。

二、建筑与实用

建造房屋是给人居住的，不是供人参观的。因此，如果这两方面不能兼顾的时候，就得以实用为先，美观其次了。让那些富丽堂皇的宫殿留给诗人们去做想象的描述吧，因为他们无需花什么钱，就可以用他们的想象描绘构建出美丽的房屋。在地点不佳的位置盖房屋，等于是盖了座监牢。我认为不仅空气污浊的地方不好，空气不均匀的地方也同样不好。你可以看到许多好房子坐落在一角平地上，四周都是山，不但阳光的热度散发不出去，而且空气也不流通，简直就像闷在凹槽里一样。不仅有坏空气，也有坏道路、坏市场以及坏邻居。如果你询问喜爱挑剔的神摩纳斯，他将借用《伊索寓言》中的一则故事来告诉你，这些都是形成不良地点的因素。还有许多事我不想详细叙述，如缺水、缺少树木和树荫、土地贫瘠、土壤质不佳、缺乏宽旷的远景、缺少平地。例如，附近没有可以行猎放鹰或竞走的场所，靠海太近或太远，没有流通河流的便利，却有河水泛滥的灾殃，距离大都市太远，做事不方便，或者距离大都市太近，生活费用高，地方太大，屋子太孤立，或者面积太狭小，没有扩建的余地等，这一切因素也许不可能都凑在一起，但我们要统统认识清楚，以做多方面的考虑，尽量避免缺点。如果有几处房屋，就应该加以考虑，使一处房屋所缺少的，在另一处房屋可以得到弥补。

庞培（罗马大将）在鲁古鲁斯（罗马执政）的房子那儿，看到了一些既宽敞又明亮的走廊和房间时，忍不住说："这儿的确是避暑的好地方，但是冬天又会怎么样呢？"鲁古鲁斯回答得很妙，他说："快到冬天的时候，这些鸟儿都要换个地方住，怎么，难道你还不及鸟儿聪明吗？"

从房屋的位置说到房屋的本身，我们要学学西塞罗以谈论演说术为榜样来谈建筑。他写了几部有关演说术的论著和一部题名为《演说家》的书。前者述说一些演说术的概念，后者列举出一些实例。所以，我们也要有一个简单的模型来描述一座王宫。如今在欧洲，尽管看得到像梵蒂冈罗马教皇宫殿和马德里西北的爱斯寇瑞尔宫殿这类大建筑，但在里面难以找出一两个理想的房间来。

所以一座王宫一定要在两边有一些侧房，否则这座王宫便不能说是完美的。其中一边的房间专供开宴会和各种庆典之用；另一边则专供起居饮食之用。我所说的不仅是两边的房间而已，同时也是宫殿正面的几个部分。里面虽然分开，但是外面是一致的。宫殿正面中央要有一座宏伟庄严的高塔，把左右两边连起来。在供宴会用的那边楼上，最好留出一间华丽的房间，约四十英尺高，下面应该有一间更衣室或预备室，以备举行庆祝会时使用。在饮食起居间那边的楼下应分成一个大厅和一所礼拜堂，都必须庄严而宽敞，但不要一个直筒通往两头。一端留出两间华丽的客厅，一间冬天用，一间夏天用。在这些房间下面，要有一个大而整洁的地下室和几间厨房。至于当中的那座塔，要高出左右两侧两层高度才行，每层都建十八英尺。塔顶铺铅板，四周环饰雕像，塔里也适当地分隔出一些房间。通往上面的房间的楼梯绕一根空心的柱子盘旋而上，栏杆要用古铜色的木雕。在楼梯尽头是一座美丽的平台。不过，这样做也有一个原则，就是不可指定楼梯下面的任何一间房间作为仆人的餐厅，否则你吃过自己的饭之后，会因他们的食物蒸气直冒上来，闻到那蒸气等于又吃了一顿饭。关于宫殿的正面，就说到这里为止。还有一点要注意的就是楼梯的高度，要同下面的房间一样，都是十六英尺高。

穿过宫殿正面便是一处美丽的庭院，三面的房屋比正面的房屋低得多。院子四角都有精致的楼梯，不过楼梯要修筑在外面的小塔里，不要造在房屋里边。这些小塔没有正面的塔高，却要和那些较低的房屋高低相配合。院子里不必砌砖，因为那样会使夏天很热，冬天则很冷。但是，院子的四周要铺上边道，当中修筑一条十字路，空下的地方铺上草坪。要经常修剪花木，但不可修得太短。宴会用的一边，靠院子有一列走廊，中间修建三五个圆顶，彼此距离要相等。窗子雕有各种图案，色彩鲜丽。在用做起居室的那排房屋里，分别有接待室、娱乐室和寝室等。三面的房子都要分成两个部分，使从一边进来的阳光不会直射到另一边去，同时早晨和下午，都要有阳光直射不到的房间，另外要温暖。更要有些美丽的房间，在里面装上玻璃，至于凸形窗子，我认为它们很有用处，因为它们是供人谈话的幽静的地方。除此之外，它们也可以用来挡太阳和遮蔽风雨，使烈日或寒气不至于透进屋里来。但是，这类窗子不宜太多，只要在院内两厢修建四个就够了。

越过大院，里面还有一个小院，即内院，其大小高低和外面的相同。内院的四周有花圃围绕着，在四周美丽的拱门上面，要建造像二楼一样高的回廊。楼下朝花圃的方向，作为夏天纳凉的地方。门窗开向花圃，地面要平坦，不可有洼地，以免潮湿。在院子中央修一个水池，或者放几座美丽的雕像，铺砌的方式比照外院。两边是私人居住的房间，尽头是回廊，其中一间作为疗养室，以备国王或其他要员生病时用。与疗养室连在一起的有卧室、接待室和休息室等，这些房间都在二楼。楼下有一列用石柱支撑着的敞着的走廊，三楼也有这样的一列走廊，以便眺望花园里的景物和呼吸新鲜空气。在走廊两头转角处，设两间优美的内室，里面应铺设讲究，室内挂着贵重的布幔，到处嵌着晶亮的玻璃，当中是非常富丽的圆顶，以及一切想象得到的文雅饰物。在上面的回廊上，如果可能的话，装上一个小喷泉，从墙壁上的不同地方巧妙地喷射水柱。关于王宫的模型已经说了许多，还有一点要补充的，就是宫殿前面必须有三个院子。最外面是一个有墙围着的绿院，其次是一个同样的院子，只是墙上点缀着一些小塔之类的装饰物，再就是和宫殿正面形成一块方地的院子，不筑墙围起，而在周围造起台地，三边装饰得非常美观。里面是许多柱子，下面不要拱门。至于办公的地方，要隔得远一点，但是要有低低的走廊通往宫里。

三、庭园的设计

万能的造物主首先开辟的伊甸园，可以说是庭园的起始。实际上，庭园的雅趣是人类最纯美的快乐，是怡养心性最好的地方。如果没有庭园，即使宫墙万丈，雕梁画栋，也不过是人为的劣等造物。在社会开化的时代，人们总是先建筑高楼大厦，下一步才营建美丽的庭园，把园艺看作是更高级的艺术。我认为整理庭园的最好办法，就是按时令经营各式各样的庭园花木，每一季都有几种美丽的花木，以供观赏。比如，十一月下旬、十二月和一月之间，必须种植冬天不会凋敝的苍翠树木，即冬青、常春藤、月桂、杜松、柏树、水松、凤梨、无花果、迷竹香、薰衣草；白色、紫色和蓝色的长春花、石蚕花、菖蒲、橘树、柠檬树和温室中栽培的桃金娘，以及要种在温暖的地方的香薄荷。接着是一月下旬和二月可种植樱桃树，这种树在这个季节正是开花的时候。黄色和灰色的番仁花都要有，樱草、白头翁、早百合、水仙也都要有。三月间要有紫罗兰，特别是早开的单瓣蓝色的紫罗兰，以及黄色的水仙、雏菊、盛开的杏花、桃花、山茱萸花、野蔷薇。四月间要有双瓣白紫罗兰、墙花、樱草、鸢草、各种百合花、迷竹香、双瓣牡丹、白水仙、法国忍冬草、樱桃花、达麻新花、梅花、发叶的荆草和丁香。五六月间要有各色各样的石竹，尤其是粉红色的各种玫瑰花，而沟姜花不予列入，因为这种花还要迟点才开花，还要有杨梅、亚尔卡那、缕斗菜、法国万年菊、非洲花、结果子的樱桃树、腊果、结果子的无花果、覆盆子、葡萄花、开花的薰衣草、香色蒂蕊、开白花的表斯卡利百合草、君影草、开花的苹果树。七月间要有各种紫罗兰、沟苔花、开花的云香树、早梨和梅子树等。到了八月，该有各种梅子、梨、杏、伏牛花、榛子、甜瓜和各色僧帽花。到了九月，就要有葡萄、苹果、各色罂粟花、桃子、半面红桃子、油桃、山茱萸、冬梨和榅桲。十月间和十一月上旬要有秋树、枸杞、西洋李、插枝或移植的玫瑰和圣橡等。这些特殊的植物都是适合于伦敦气候的。

当阵阵轻风吹过花丛，把一股股浓郁的花香送入我们的鼻孔时，就像将一阵颤动的乐声送入我们的耳鼓，这比把花采摘在手里胜过百倍。所以我们必须知道，哪些花儿在没有被采摘下来的时候最香。浅红色和深红色的月季的香味都不易发散，因此从一排排月季花前走过也不易闻到它们的香味，即使是在它们染满了晨露时也是一样。月桂也是这样，当花儿正在成长时没有香味。迷竹香的香味也不大，香薄荷也是一样。最芬芳的是紫罗兰，尤其是白色双片的，它每年都开两次花，大约在四月中旬和巴索罗慕节的时候。其次是沟姜花，莓子香会在叶子枯萎的时候，发出一种非常爽人的香味，然后是藤蔓上的花粉散出的香味，像小糖草刚开花的时候，一簇簇都是含有清香的花粉。再次要算野蔷薇了，还有石竹和紫罗兰属的花，尤其是一簇簇的石竹和赛丁香也适合于放窗前。再就是离菩提树所开的花和忍冬草等不妨远一点。至于豆科花，我不想多说，因为那是属于野园种植，但是种了这类的花，虽然不如其他的好，但是从旁走过，只要不践踏它们，那娇贵的花朵也会散发出浓浓的芳香来。最后，特别值得一提的是地榆、百里香和水薄荷这三种。在路上不妨种遍这类植物，不论打那儿经过或穿越其间，阵阵清香便会迎面而来，使你心旷神怡。至于庭园的面积应该不可少于三十英亩，而且应分为三个部分：入口处一大片草坪，往前去是一片灌木青翠的地方，正园在里面，另外两边应有道路。草坪应有四英亩，灌木区六英亩、正园十二英亩，两边道路地区各占四英亩。草坪有两种乐趣：第一，修剪整齐的草坪比什么都美观；第二，在草地当中可以踏出一条优美的道路，由这里往前去，可到达一道宏伟的围墙，里面就是正园了。但是，因为道路是长的，在夏天或日正当中的时候，如果想到园中乘凉，不得不穿过这片毫无遮拦的草地。所以在地的两边，最好各辟一条带棚的路。棚用木制，高约十二英尺，由这儿可直达正园。沿途都有荫处，以免日晒。至于旁边房屋的窗下，要不要有用各色各样的泥土做成的花坛呢？这一点无关紧要，因为花坛的样式再美，也不过同蛋糕上所做的图案一般。正园最好是方的，四面都有拱墙。圆拱最好架在十英尺长、六英尺宽的木架上，当中间隔和圆拱的宽度要相同。圆拱上再接圆拱，这些圆拱也是木制的，约四英尺高，在上层的圆拱上装一座尖形塔，当中有一中空的顶，里面可容小鸟，宛如一个鸟笼。在圆拱与圆拱之间，可以装上宽而圆的金色玻璃片，在上面制成小小圆形，阳光照在上面，呈现出灿烂的光彩。不过，我想这道围墙最好架在堤上，但并不是陡峭的堤，而是逐渐倾斜的堤。堤高六英尺，上面遍植鲜花。我认为这个方形的园子不必把土地占满，两旁要留下两条道路，可以通往带棚的草地。道路的两端，不要有墙挡住，否则一边会把美丽的草坪遮断，另一边则会把灌木林遮断。至于大围墙里面土地的层次，可以根据个人的兴趣去设计。不过，我要在这里提供一些参考的意见：不管设计成何种形式，首先不要太过于雕琢。就我个人来说，我不喜欢用杜松或某些草本植物构成像图案之类的形式，因为那只是儿童的玩意儿。用尖锥形的小树形成圆形矮篱当作边界，是我欣赏的。有的地方用木头制成藤架，四周要有精美的圆柱。园中的道路也要宽阔优美。园旁的道路可以狭窄，但是正园里的道路则相反，要宽一点。在园的中央最好有一座小山，共三层，每一层都有路，可容四个人并肩而行。小山的形状应该是圆形，周围不必有雕花栏杆。山高三十英尺，里面另有几间饮宴游乐的厅房，里面设有火炉，玻璃窗饰物不可太多。

至于喷水泉，那是赏心悦目的设计。但是，池塘对园子中的一切也会有所妨碍，会使园子变得不卫生，以致到处有苍蝇和蛙类。我主张两种泉：一种是喷水花的；另一种是用于储水，约有三四十英尺见方，里面不要养鱼，也不要有泥沙。至于第一种泉，现在流行用镀金或大理石的人像来装饰。不过，最重要的是要有疏导水流的设备，使水不要存在地里或水槽里，这样，水才不会变成绿色、红色或其他不正常的颜色，也不会生苔或腐臭。此外，还要每天打扫干净，并且四周最好有石阶，下面有砌好的道路。至于另一种水泉，我们可以称为游泳池，它不妨碍美观，这里不必赘述。池底要用石块砌好，并砌成美丽的花样，且砌有花边，同时还要装饰着五彩的玻璃和同样有光彩的东西。四周有石像构成精美的栏杆围绕着。不过，最重要的还是同上边所说的池子一样，池水必须永远不停地流动着。水是从较高的地方流下，然后再从地下的洞里流走，不会存积着水。至于精细地设计，怎样使水喷成弧形而不溅水，如何使泉水喷成各种形式（如羽毛形、水环形和宝盖形等），倒是非常好看。但是，那对于健康和实际生活并无好处。

谈到灌木区，就是我们所提园地中的第三部分，我觉得它的风格还是粗犷一点好。在这里我并不赞成种植大树，只种矮树丛就可以了，里面要有玫瑰花、忍冬草和野藤，地上再栽种些紫罗兰、丁香莓和樱草。因为这些花都有香味，且宜于种在树荫处。这些花要种在灌木丛中，不要排列得太整齐。我喜欢一堆堆的土堆，像在野灌木丛中的鼹鼠丘似的，上面有百里香、石竹，也有石蚕花，这种植物会开出非常美丽的花朵来。也可以种些长春花、紫罗兰、丁香莓、樱草、雏菊、红玫瑰、百合、红瞿麦、毛莨和类似的矮丛，小巧而芬芳。有的土堆上种的是灌木，有的则没有。这些灌木包括玫瑰、杜松、冬青、伏牛花（不过因为这些花都是有香气散发出来的，要分开来栽种），以及红腊栗、鹅莓、迷竹香、月桂、野玫瑰一类的植物。但是，这些灌木必须常常修剪，不要任它们随意生长。

至于旁边的土地，必须开辟成各种道路，有的要有树荫，使阳光无论从任何一方照射过来都会被遮住，并且也要搭盖棚子。那样，当风很大的时候，你可以在棚底下安全地走过，像是走在走廊上一样。这些狭窄的路也都要铺上细沙，不要有杂草，这样可以避免潮湿。同样，在所有这样的道路的旁边，也要种植一些果树，种在旁边或另外种成一排一排的也可以。并且要注意，种果树的路边必须美化且要宽阔，地势要低，不要陡峻，里边也要掺杂一些花草，不过要稀疏些，否则会吸收树木的养分。旁边的土地尽头要有一座相当高的假山，人站在上面，围墙只有齐胸的高度，就可以隔着墙眺望田野。正园两旁应有两条精美的道路，路旁种些果树，果树的枝叶一簇簇的。另外修建一些凉亭，亭内设有座位，排列均匀，可是不可太密，使正园不会有闭塞的感觉，而且使空气流通。至于阴凉，只要我们往边道靠近棚子就可享有。当夏天和日正当中的时刻，只要喜欢，随时都可以进棚内乘凉。但是，要注意，正园是春秋雨季都可以完全享用的，如果是在夏天，早晚或阴天也可享用。

至于鸟槛，我并不喜欢。要设鸟槛的话，园地就得相当宽阔，可以在上面铺上草皮土块，布置些植物或灌木，使鸟类有较大的空间可以自由栖息。并且，切不可鸟粪满地，臭气熏人。

这就是我心目中高尚的庭园的规模，半想象，半描绘，并非完整无缺，只算是一个大概的轮廓。我修建这样的一个庭园，并不想吝惜工本。但是，在王公卿相们看来，这点花费又算得了什么。不过，他们大部分采纳匠人的意见，同样的费用，虽把一切设备安排得颇有头绪，但只显现出低级趣味来。他们有时也增添些塑像之类的装饰物，使庭园变得非常富丽堂皇，却没有一点儿庭园的真正雅趣。

四、爱好与成就

学问也不是只在民众的优良、道德的品性、和平的技术与和平的政府上总有影响与功效，而在使人获得武事上的德行与勇敢上，也有相同的能力与效果，如同亚历山大皇帝与独裁者恺撒是显著的代表。他们在战争上的品德与行为不必再赘述，因为那是世上这一类事情中的痕迹，但是关于他们对学问的爱好与他们学问的成就是应该说一点的。

亚历山大受大哲学家亚里士多德的教育，后者的著作中有多种是奉献给他的。凯里瑞尼和许多其他有学问的人做他的侍从，他们在亚历山大所有的远行与征伐中，都跟着他在营幕里。他如何看重学问是可以很明显地在三件事情上看出来：第一，在对阿基里的妒羡上，他有荷马这样好的诗歌来播扬他的荣名；第二，在他从大流士的珍宝中找出来珍贵的宝箱所表达的意见与解决上，这里发生了什么东西才配放在那里面的问题，他决定是荷马的著作；第三，在他从亚里士多德发表了物理学的著作以后给他的信上，他对亚里士多德发表的哲学上的隐秘有所抗议，让亚里士多德知道他自己把在学问与知识上胜过他人，看得比在权力与帝国上胜过他人更重。

重述人人都知之事是一件卖弄学问而多少有点无聊的事，但因为我谈论到此，我很喜欢别人知道我是愿意奉承那去世了几百年的一个亚历山大，或一个恺撒，或一个安敦，因我要做的事是显示学问在统治者身上的光荣，不是遵循一种播扬任何人的荣誉突发的意想。注意他说旦奥泽尼的那句话，看那是否可为道德哲学上正确的解决，就是究竟享用外物，还是贱视他们，是最大的幸福，因为他看到旦奥泽尼对所有的东西都要求如此得少还是如此完全满足，他对取笑旦奥泽尼的人说："如果我不是亚历山大，我愿意做旦奥泽尼。"但是辛尼加是反过来说："旦奥泽尼拒而不受的东西，比亚历山大能够给人或享受的还要多呢。"

再注意他常说的这一句话："他只在两件事情上觉得他是不能免于死亡的凡人，就是睡眠与欲念。"看这是否从自然哲学的深处提炼出来的一句话，更像是出于亚里士多德，或德谟克利图而不是他的口中。

再看那句涉及人情与诗意的话，在他心中创出血的时候，便把常说他有神圣尊荣的那些献谀者中的一人叫过来说："你看这明明是血，不是荷马所说的从维奴斯手上为旦奥米提刺穿的时候所流出来的那种液质。"

再看他在有人诉说克散德的父亲安第帕特的时候，同克散德说的那句话里，在他的诘难辩论中微妙的敏捷。亚历山大偶然讲道："你想这些人如果没有真正的苦痛，会那么远的来诉说吗？"克散德回答说："是啊，就是为了那么远，因为他们知道是不会得到反证的。"亚历山大笑着说："你看亚里士多德多机敏，对一件事可以两头着手，赞成与反对。"

再注意他受诘难的时候，能够如何适当地利用同一方法来达到自己的目的。在他因为凯里瑞尼反对崇拜他的新礼节，对他暗怀嫌恨的时候，有一天晚上举行宴会，凯里瑞尼也在座中，晚餐完毕之后，有人为娱乐起见，提议请凯里瑞尼——因为他是一个能言的人，别人选定一个题目来说几句话，凯里瑞尼就依着办，以称扬马其顿为题，说得酣畅淋漓，听者都为之大悦。那时亚历山大却并不高兴："这样好的题目，是容易讲得好的。"他又说："改变你的论调，让我们听听你能够怎样毁谤我们。"凯里瑞尼又立刻照办。他说得非常的尖刻与生动，亚历山大制止住了他，说："前面是题目容易使他能够逞词，现在是怨恨在使他饶舌了。"

如果要找政治上的事件，那么且权衡亚历山大在他的两个朋友——海弗斯新与克宾特勒身上辨出来的这种无论哪个时代都承认的有意义的区分，他说："一个是爱亚历山大；一个是爱君主。"这说明了人主最好臣仆的重要与不同，就是有的是在情感上爱君主这个人，有的是在责任上爱君主这个职位。

再权衡亚历山大对君主的顾问们常犯错误的批评，说他们每照着自己，而不照着他们主人的心理与地位来劝谏他们的主人，帕米尼俄看到了大流士丰盛的进献，说："如果我在亚历山大的地位，我一定要承受这种进献。"亚历山大说："我也是这样，如果我在帕米尼俄的地位。"

最后，权衡他这种迅捷与敏锐的回答：在他把这么多的东西赠给朋友与臣仆的时候，有人问他留什么给自己，他回答说"希望"。凡是决意要做大事的人，他分到的资产都只有"希望"。恺撒初到高卢的时候，他的财产也只有"希望"，他真实的产业都已充了军饷。那个很好的君主居伊兹的公爵，不论怎样受野心驱动，他的财产也只有这个。人常说他是法国最大的放债者，因为他把全部的财产都变做了他对别人的恩惠。

最后的话，如同几个批评家常带着夸张地讲："如果所有的学问都消失了，可以在维吉尔里面把它们找出来。"我们一定也可以很正确地说，向来传述下来的亚历山大的那几句话里面，有着学问的象征，对于他的爱慕，并不是把他当作亚历山大大帝看，而是把他当作亚里士多德的弟子看，才使我讲了这么多。

至于谈到恺撒，他学问的好是不用从他的教育、伴侣或讲话方面去推测的，那是更进一层地在他的著作里表露出来的，有些保存下来了，有些已经消失。现在还留存的，是记载他自己战绩的那部很好的史书。他在那里面只把他叫作史话，一代代的读者都欣赏那事实的重要，动作与人物逼真地描写与生动的影像，用了最适当的字句与最明白的叙述来表现着。这部书是一种方法的哲学。在那里，他竭力要把习惯语法变做正确的语法，把语言的惯例变为语言的适切，仿佛从理智的生活中脱出文字的影像来。

在他另一本叫作《反凯图》的书里，我们很容易看出他要想在智能上，同在战争上一样得到胜利，在那里他担当起一个对于当时最大的著作权威，就是同雄辩家西塞罗的抗争。

又在他编著的那部格言里面，我们看出他以为专事记录他人的名言警句，要比让人把他自己的只言片语都作为格言，同那喜谀夸诞的人所要做的那样，更加来得荣耀。但是如果我要列举他所说的种种的话，同我学自亚历山大的话一样，他们可真是同所罗门这句话里所说到的："有智慧的人的话，是像有刺的棒与钉得很深的钉子。"我在这里只举三个例子，不是因为他们的高雅有趣，却是因为他们的有力量与实际、可爱。

第一个例子，凡是能够以一个字平定他的军队叛变的，当然可说是一个善于用字的人。事情是这样的。罗马人中凡是将领对军队讲话，称呼他们用"兵士"这个词，但是行政官对百姓讲话称呼他们用"市民"这个词。那时候军队正混乱着要求解散，但他们并不是真的要如此，实在是要想用着这种要求来迫使恺撒承诺别的条件。但是恺撒决定不让步，在沉默了一会之后，开始向他们说"市民们"这个词，是承认他们已经解散了。于是他的军队大为骇异，感到了受阻，而不知所为。他们不让他继续说下去，取消他们的要求，并且请求他仍旧称他们"兵士"。

第二个例子，恺撒极想得到王号，有人建议在他经过的时候叫大众欢呼着叫他王。但是恺撒觉得这呼声微弱而单薄，就这样以一句笑话来敷衍，仿佛认为大众是叫错他的姓氏一样："我不姓王，我姓恺撒。"如果我们去思索这一句话，它所含的生气与意思的丰富是几乎不可尽述的。首先这句话是不承认这种名号，但口气仍不是严正的。其次这句话表示一种无限的自信与豁达，仿佛他把恺撒这个字看作较为尊重的称号，这一层，因为他本身的价值，居然到现在还是如此。最重要的是，这句话是计算好了来实现他的希望的，他仿佛是表示着国家同他争持的不过是一个空名，"因为他久已握有王的实权"，不过一个微贱的族都能够使用的名称，因为罗马人里是有姓王的，同英国一样。

我所要提的最后一句话是对迈太勒斯说的。当时恺撒对于庞贝已经宣战，占据了罗马城。在他进入内库去提取积帑的时候，迈太勒斯因为是当时的民选行政官，阻止他提取。恺撒向他说，如果他不罢休，就当场击杀他。说着又停住了，再说：“青年，我说这句话，比确实杀他还要来得难。”这一句话结合了口舌所能宣示的最大的恐怖与最大的宽仁。

现在对他来一个总结：恺撒显然深知他自己学问的优越，并且以此自居。这是在下述的这件事情上看得出来的，有人说起西拉很奇怪地决定了要辞去他独裁者的地位，他嘲笑那人，以显示他知识上优越的地位，说：“因为西拉不认得字，所以不懂得怎样口授。”

到此应该可以不必再讲关于武事上的德行与学问的会合这一点了，但是我在别的例子里找到的，从极端的轻侮忽然变到极端的骇诧的那一种稀有的事情。这是关于哲学家色诺芬的，他从苏格拉底的学校毕业后到了亚洲，参加小居鲁士征伐阿塔薛西斯的远征队。色诺芬当时年纪还很轻，从没有过战斗的经验，也没有统率过队伍，不过因为对他的朋友白洛森奴的感情和喜欢同他结伴，就自愿去投效入伍，在居鲁士阵亡之后，他们只剩下少数人，深陷在波斯境内，与本国隔着大河和几千里的路程。那时法林奴从波斯王那里来向希腊人传达口谕，他也在场。那个口谕的内容是叫他们缴出军械，任凭波斯王处置。在没有正式答复以前，军中许多人常与法林奴讨论这个口谕。色诺芬在诸人中间偶然讲了这么一句话：“法林奴，现在我们只剩了两件东西了，就是我们的武器与勇敢。如果我们缴出了武器，我们怎样还能够用我们的勇敢？”对于这句话，法林奴笑着回答说："如果我没有错的话，青年，你是个雅典人。我相信你是学习哲学的。你的话说得很好，如果你以为你的勇敢可以抵抗波斯王的势力，那你是错了。"这是轻侮，后面便是骇诧了，这个青年的学者或哲学家，在全部的将士受骗被杀以后，率领了很少的步兵在波斯的全部军队阻挡下，依然穿过了波斯内地，从巴比伦安然地返回到希腊，使世界为之惊诧，并且给希腊人一种鼓励，使他们后来能够引兵侵入波斯。如后来那帖撒利的杰出的建议，斯巴达的亚偈西劳的试行，马其顿的亚历山大的成功，都是这个青年学者的行动激发起来的。

第八讲

职业与人生

一、天性与职业

二、职业的缺陷

一、天性与职业

人的天性常是隐藏的，虽然有时候可以克服，但很少能够完全对它进行改变。过度地压抑本性反而会使人更忤逆，道德与教育的力量也仅能把它稍微地加以约束，只有习惯才可以完全把它制服或改变。人们如果想要克服自己的天性，应避免从事太困难或太容易的工作，因为艰难的工作很容易失败，一再失败后会使人灰心；而容易的工作虽可以常常成功，但进步很有限。所以，不妨开始时利用别人来帮忙，例如，初学游泳的人借助于游泳圈一般，过些时候除掉这种帮助，继续在困难的情况下锻炼自己，这犹如舞蹈家穿着笨重的鞋子来练舞，并下了一番功夫，将来运用时便会产生非常完美的效果。

本性如果过于根深蒂固，难以改变，那么，想改变最好是慢慢来。第一，从时间方面暂时将天性予以制约。例如，一个人正在生气，在脾气尚未发出来时，可以先将英文字母从头到尾背诵一遍，等到背完后，火气自然也就消掉了。第二，从量的方面渐渐地减少，如同戒酒的人一样，首先是尽情狂饮，后来逐渐减少到每餐一杯酒，最后终究能将酒完全戒除。不过，假如有毅力与决心把坏习惯一次革除，那当然是最好不过的事，就像奥维德所说的："能够把擦伤胸脯的锁链一次挣脱而不再忧伤的人，便是一个解救灵魂的勇士。"另外还有一种古老的办法，那就是反其道而行，像矫正弯曲的棍子一样来矫治天性，但要注意不可矫枉过正，否则为了纠正一种毛病，又引起另一种毛病，那就算不上是聪明的办法了。

改正一种习惯需要有间歇，不可毫无间断地做下去，因为有间歇性才可以使下次的行动有改正的效果，又可避免产生其他的缺点。一种坏习惯有时会暂时潜伏起来，等到诱惑出现时，它又会立刻重新出现。所以你不可过于自信，以为你自己的天性已经被自己克服了。《伊索寓言》说："有一只猫变成了一个女人，很正经地坐在桌边，后来有一只老鼠经过那里，她就立即现出原形了。"因此，在纠正坏习惯时一定要尽量避免诱惑，不然就会反其道而行，主动地去接近诱惑，等到习以为常，也就无动于衷了。

人的天性最易在独处时显露出来，因为人在独处时不会矫揉造作；人在发怒时也会表露出天性来，因为在这个时刻他忘记了一切的原则和规则。另外一种情况是当人脱离了习惯，且面对另一种新事物或处在一个新环境中时，将暴露出对新事物不接受或不适应的本性。职业能适合自己天性的人是很快乐的人。相反，做自己不喜欢的事时，人定会这样说："我的灵魂已是我躯体的陌生人。"

谈到读书的问题，如果一个人想要强迫自己读不爱读的书时，一定要订一个时间表，然后按照规定的时间去阅读。当然，对自己爱读的书可不必这样做，因为他的思想自然而然地会向那个方面集中，所以利用读其他书所剩下的闲暇时间来读自己爱读的书也就足够了。人的天性如同植物，可能是香草，也可能是莠草。如果是莠草，那就要及早铲除；如果是香草，则要好好地灌溉培植。

二、职业的缺陷

与学问有关的工作与行为，有三件事情：求学问的场所，讲学问的书籍，治学问的人。同水那样，不论是天上的露水或是地下的泉水，如果不收集在器皿里，都总会消失于土壤或空气中。因此，人的勤勉不但创造了水，而且制成储水的水槽、水柜和水池。知识这种优异的液体，不论是出于圣灵的感动或是出于人的感觉，如果不是在书籍传说、校勘，与同大学、学院、学校这一类专为接受与奖励知识而设的地方保存着，不久就会灭绝而消失于人的记忆中。

关于学问场所的工作有四种：屋舍的建造，经费的筹措，特权的授予，管理的制定。以上种种都足以使生活安静与隐退，免去了忧虑与烦扰，很像维吉尔为收容蜜蜂的场所所规定的那样："第一步，为你的蜜蜂觅一个安静的场所，把它们收容在避风的地方。"

关于书籍的工作有两种：第一是图书馆，这好比是神龛，在那里面，一切古代圣贤的遗物都充满了真实的裨益，没有幻觉与欺骗，都被保存与储藏着；第二是名著的修正发行，使它们的印本更加正确，译文更加忠实，字义的解释更加恰当，评注更加审慎。

关于学者本身的工作有两种：在已有的各种科学中指定讲授的人，与在学问中任何未曾得到充分的研究与探讨的部分，指定著作与研究的人。

这些大概就是与许多很好的君主和其他可敬人的功绩有关的工作与行为。至于要特别纪念哪一个，我记起西塞罗在他从放逐中被召回国向大众致谢的时候所说的话："要把每个人都提出来是很难的，遗落了任何人都是失礼的。"让我们同《圣经》所说的那样，看着还在我们前面的那一段路途，不要再去回顾那已经走过的部分就是了。

在欧洲建立的大规模的大学里，我觉得有这种奇怪的情形，就是它们都是专为几种职业而设的，而没有一个是留着为一般的文艺与科学的研究的。人以为学问应该注意应用，他们是不错的。不过在这里他们却陷于古寓言里所说的错误。在那寓言里，人体的其他部分都以为胃不做工作，因为它既不同四肢般掌管运动，又不同头脑这样掌管感觉。可是消化了食物，把它们分配于其他各部分的，就是这个胃。所以如果有人认为哲学与一般的原理的研究为无益的事，他是没有想到各种专门的职业都是得到了它们的供给的。所以我以为这种情形是阻碍学问进步的一大原因，因为这些基础的知识在那里只受到了粗略地研究。要想一株树结的果实多，加工枝干是没有用的，必须给根部松土，才能见效。这也是一件不可忘却的事，这样把屋舍、经费专用于关于几种职业的学问，不但是对于科学的发展有影响，而且于国家于政府也都不利。因为缺少高等的普通教育，人们很难致力于现代历史、外国语、政治与政治哲学的研究，以及其他可使它们适合于为国家服务的学问的研究。学校的创立者是种植，而讲授的创立者是灌溉，当然公开讲授也存在着缺陷。这种缺陷就是在多半的地方指定给他们的薪水或报酬太少，不论他们是否是文艺或专业的讲演。欲求科学的进步，他们的教师必须是最有能力与最能胜任的人，因为他们是以产生与增殖各种科学为职业的，而不是仅仅传达各种职业的信息。除非他们的境况与收入足以使最有能力的人愿意把他们全部的精力终身用于这种任务中，因此他们的报酬必须与从事高等职业者收入相当。所以你要想科学发展，一定要遵照大卫的军律，“看守辎重的所得，应该与参加战斗的相等”，要不然，就没有人肯好好地看守辎重了。教授科学的人，正是科学粮饷的守护者，应该给予高薪。不然的话，如果科学之父是那最孱弱的一类，或是没有受到好的给养，“父的弱点将要在子的身上重新出现”。

我还发现另一种缺陷，多种科学的有结果与效验的研究，尤其是自然科学与医学，都并非以书籍为唯一的工具。在这些书籍外的工具的供给上，经费也不足，因为我们看到书籍之外还有浑天仪、地球仪、量星器、地图等这一类的仪器作为天文学与宇宙志的附属品。我们又看到有些研究医学的地方得有附设种植各种药草的植物园之便利，与能够得到尸体来供解剖。除了对于实验有指定的费用外，其他经费全无。这样，在发现自然的秘密上，就不会有什么重大的进步。

亚历山大拿了许多钱给亚里士多德，让他去分给猎户、捕禽者、渔人等，因为这样可以完成他的自然史，那么从事于“开启”自然技术的人更应该得到奖励了。

还有一种我所发现的缺陷，是大学管理者的疏于商讨，与君主或其他在高位者疏于视察。审查这些起自古代流传至今的阅读、练习与其他涉及学问的习惯的制定，究竟是否妥善，再以这种审查为根据来纠正或改定那未善之处。我可举出一两件最显而易见与人所共知的事情为例。一件虽然是很早就有而且是很普通的，但我仍认为这是一种错误：这就是在大学里的学生，太早与太未成熟就去学习逻辑学与修辞学。这些学问对于毕业生来说，比儿童与初学者更相宜。这两种学问，如果能够真正地了解，都是各种学问中最重大的，因为它们是学术中的学术，一种关于判断，一种关于装饰。它们是提出如何与布置材料的规则和指示。因此，让空虚而没有装载着材料的心灵，从这种学术入手，只有这样的结果：就是把这种学术的伟大与普遍的能力弄得几乎使人鄙贱，而堕落到幼稚的诡辩与可笑的做作。并且因为学习这两种学问过早，就生出这种科目的教授与论著的肤浅与不切实际，使它们适合儿童的能力标准。还有是我在大学中所用的练习，“辩论”上发现的一种缺陷。这种习惯，把敏捷与记忆分离了。因为他们的演说是预先准备好的，用着一定的字句，在那里敏捷和记忆都没有运用的机会。而实际生活与行为上，专用这两种之一的时候极少，那常用着的却是先期的准备与临时的敏捷，略稿与记忆的混合物。因此练习与实用，影像与真相就不相合了。而练习的正当规则，是应该把它们做得与应用时的实际情形越近越好。在学生到了从事他们的职业或生活中的活动时，这种真实就会显明。到了那时，他们自己不久就会发现这种准备的缺乏，而别人发现这些却常比他们自己还早。这个涉及大学的制度与办法的纠正的部分，我可用恺撒给奥比倭与贝尔泊的信上的一句话来结束：“关于如何可使这事实现的方法，我还有些见解，我们可以找出许多方法来，我请你在这件事情上也再想想。”

还有一种我所注意到的缺陷，是要比前一种更重要一点。因为学问的进步大都是同在一国内的各大学的共同目标，所以，例如在欧洲的各大学间有着比现在更多的沟通与合作，学问还可以更加进步。我们看到有许多团体，虽然是分属于不同的主权与地域，但是他们彼此间仍有一种采取共同步调的约定、友爱与相同点。他们除了各地的社长外还有着一个共同的总社长。如同在家族中兄弟的关系，机械技术在他们的协会中，结成了兄弟的关系，上帝授予圣职在君主与主教们中间加添兄弟关系。在学问与光明中也不能没有一种类于兄弟关系的结合。我所要说的最后一种缺陷，就是至今还没有对于知识中尚未经充分探讨的部分，由政府来指定著作或研究人。因此，将学问中的哪几部分已经有人从事，哪几部分尚未为人注意的情况加以审查，是一件很有用的事。因为人人以为足够了，这就是发生缺乏的一种原因，而书籍的繁多，是表现着多余而不是缺乏。可是这种过多，是不应以停止著书来救济，而是应以多著更好的书来救济的。更好的书，好比摩西之一“杖所化的”蛇，是可以吞食那些幻术家的“杖所化的”蛇的。

消除以上学问的各种缺陷，除却最后的一种，但包含最后一种里面的积极部分都是一个君主的工作。对于这些，一个私人的努力，如在歧路口的一个影子，只可以指着那路而不能前进。但是那里面的预备部分是可以由私人的工作去推进的。因此我现在要做一个学问的普遍与忠实的检阅，附带考察哪几部分还是无人注意与荒芜的，没有借人的动力而得到改良与适于实用这一说明，可于政府指定研究人的时候供给一点光明，并且还可用来激起私人自主的努力。可是我现在的用意是只注意向来的遗落与缺点，不是来非难错误与不充分的努力。因为来指出什么地方还没有经过开垦是一件事，在已经开垦的地方来纠正不良的耕作又是另一件事。

如果对学问极端的爱好使我太过分，我可以诿过于我的爱情，因为“人是不允许把爱情与智慧两者兼而有之的”。但是我深知我除让他人来评判外，不能再有别种评判的自由，我愿意尽人类的责任，就是“向迷途者指示不错的路径”。我也预料到所要讨论的事情，一定有许多人以为有些是已经有人做过并且现在还存在着的，也有些无非是罕物与无关紧要的，以及有些是有太大的困难，几乎没有达到与做成的可能。但是对前面的两个，我可以就事论事。

我以为凡事虽非人人能做，但是有人能做；虽非一个人能做，但是有了许多人就能做；虽非一个人的一生所能做，但是几代继续着就能做；虽非个人的努力所能做，但是由政府指定了人就能做的事情，这都是应该成为可能的。

第九讲

假面与人生

一、关于真理

二、关于复仇

三、关于嫉妒

四、关于死亡

五、关于旅游

六、关于命运

七、关于青年与老年

八、关于革新

九、关于假聪明

十、关于狡猾

一、关于真理

以前，犹太巡抚派拉特曾经以嘲笑的口气说："什么是真理？"他说这话时并非要人们回答。有的人确实喜欢轻易改变，他们认为固定的是非观念是一种枷锁，他们在思想与行动上所采取的都是一种放任的态度。这派怀疑论的哲学家虽然早已不在人世，但是今天有一种与这类人性质相同的人，他们的思想也是游移不定的，不同的是，他们不如古代怀疑论者那般直率敢言。

人类并不会因为对真理的寻求感到困难，或因思想受到约束而喜欢虚假；倒是人天生有虚假的倾向。希腊有个哲学家曾研究过这个问题，但是结果仍然不能了解人类为什么喜欢虚假的事物。他觉得一般人不会像诗人那样为了兴趣而去杜撰虚幻的意境，也不会像商人那样为了利益而违背良心去欺骗别人。一般人不喜欢说实话，恐怕只是对虚假本身产生了喜爱。真理就像晴天的太阳，无所遮拦地照耀，而在这阳光普照下上演假面闹剧，不如在虚幻的烛光下表演更显得典雅。可以说真理像颗珍珠，在阳光下越见光彩，但是这光彩又不如钻石或红宝石掩映在变幻的灯光下那般光芒夺目。虚虚实实倒是趣味无穷。假如人类没有虚荣心、没有自我安慰的想法、没有虚情假意的奉承心理以及随心所欲的幻想，人类就会变得渺小或成为可怜虫，会因此闷闷不乐，不知如何自处。这个道理是不难想象的。

古代英国有个教士，他曾经很刻薄地说诗歌是“魔鬼的酒”，诗歌里总蕴含着幻想，并且多少带些虚假的成分。如果只是心中偶尔有点虚假的想法，倒也无伤大雅，最可恨的是刚才提到的那种难以破除的虚假心理。即使人在腐败的思想与感情中有这种心理，但是如果他曾追求过真理，发现过真理，并且也享受过真理的乐趣，这种人也能明了真理的价值。因此，可以这样说，人性的优点就在于能对真理去探索、发现并产生兴趣。上帝在创造万物时，首先创造知觉的光，其次创造理性的光。创造工作完成后，又在安息日以它的精神启发人的善良，它先在混沌而黑暗的虚空中显示光，而后在人的脸上显示光，最后则在它所选上的人的脸上使他们能感受到圣光。

希腊快乐学派的很多地方都不如其他学派，唯独对“真”的追求是例外。罗马诗人刘克里修斯是个优秀的人，他给这个学派增光不少。他说过一番极具妙趣的话：“站在岸上静观海上的船只在风浪中颠簸是件趣事，站在城堡的窗口俯望下面厮杀的场面也是件趣事，但站在真理的高山上看底下的人，有的误入歧途，有的浪迹四方，忽而漫天迷雾，忽而风云变幻，这种乐趣更在其他乐趣之上。”不过，观看这种现象，应持怜悯心，而不可有傲气。说真的，我们最重要的是要遵守慈和、善良的法则去活动，以心性神明为依据，以真理的原则为轴心。

以上所说的是神学与哲学方面的真理。现在我们来检视一下一般事情方面的“真”。诚实与直率是人性的光辉，这是连那些在行动上不能表现“真”的人也会承认的。凡是有虚假的成分就会损害本质，就像金币或银币里掺杂有铅物质一样，虽然钱币仍然好用，但是毕竟不是真金或白银了。如果一个人作弊被人发现了，那是极可耻的事。法国散文家蒙田在研究讲假话这种行为何以会让人感到那般无耻而受人诟病的时候，做了很好的解答：“如果我们仔细研究，发现一个人讲假话，那么这个人就是对上帝放肆，却对人类怯懦。”原来一个说谎的人胆敢违背上帝的旨意，对人类却不敢坦白认错。撒谎和不信仰造物主，终究要遭受造物主的最后审判。而当谎言盛行、不敬的邪说猖獗之时，或人间败德的事昭彰不讳之时，这就是将招致最后审判的信号了。撒谎与不敬畏造物主的罪过，不是言语可以尽述的。

二、关于复仇

报复是一种野蛮的制裁行为，人性中越有这种倾向，法律就越应该予以铲除。侵害只是一种犯法的行为，但对侵害行为施行报复，那就触犯了法律的权威，也藐视了法律的尊严。一个人如果采取报复的行为，这个人无疑是和他的敌人一样坏。宽恕是君子之风，如果能宽恕别人的过失，那么自己就表现了高人一等的节操。所罗门说："宽恕别人的过失，就是自己的荣耀。"过去的事是无法挽回的，聪明的人对现在与将来都还来不及应付，哪能再去计较过去的事呢？所以，为既往之事而烦心忙碌的人是在白费心力。

没有人是为作恶而作恶的。某人的作恶一定是为了自身的利益、快乐或荣誉等。一个人的作恶如果纯粹是出于天性顽劣，像荆棘那样地乱刺人，那是他除此以外，别无他事可干。如果人的报复行为是因为某种罪恶在法律无可补救的情形下所采取的，那是可以原谅的，但应有一个限制，即报复行为不能触犯法律，否则的话，他便会受到双重处罚：一是原来的侵害，二是因与法律抵触而受法律制裁。而他的敌人则只会受到一种罪恶行为的惩罚而已。

可是，有的人会在事前让他的仇人知道他要采取报复的行动，这倒是比较光明的行为，也许他的动机并不是想加害他的仇人，只是要使他的仇人悔过自新罢了。而“狡猾”的人常趁人不备时加以报复，这就是懦夫的卑鄙行径了。佛罗伦斯大公爵卡斯穆对失信不忠的朋友曾说过一句非常尖刻的话：“《圣经》上教我们宽恕敌人，却没有教我们宽恕朋友。”这句话是说朋友不忠的过失是不可原谅的。《圣经》中的约伯把福祸都看成是上帝的恩赐，他说：“我们从神的手中接过福泽来，难道就不肯同样地接受灾祸吗？”这种心灵是一种可贵的、虔诚的心灵。所以，我们对朋友也要宽宏大量，我们接受朋友的好处，当然也要容忍朋友的一些坏处。一个人本来可以把被人损害的事渐渐地遗忘，但如果时刻都存有报复的想法，那他的创伤永远难以痊愈。通常具有政治意识的公仇比较容易达到复仇的目的，如奥古斯都为恺撒复仇；塞维拉斯为另一位罗马皇帝派丁纳克斯复仇；法王亨利四世为亨利三世复仇等。然而，私仇就未必能如此成功。实际上，一个念念不忘设法复仇的人，常会像可怜的巫士一样，在羞辱的状况下死去。

三、关于嫉妒

在我们所有的感情中，最使人迷惑和神魂颠倒的就是爱情与嫉妒，这种强烈的渴望常使我们自己陷入想象的迷乱中。这种感情很容易流露在眼睛里，而当被爱或被嫉妒的对象出现在眼前时，更会如此。人会产生迷惑，也正是这个缘故，《圣经》里称嫉妒为“恶意的眼光”。占星术法士称星体中的邪恶力量为“邪运”，因此目光如果具有邪意，则被认为是一种嫉妒的行为。当嫉妒的目光对人伤害最猛烈时，如果有人感觉到了，那么那个人便是被嫉妒的对象；若以光荣或胜利的姿态在他眼前晃动，那么那个人嫉妒的感情就会被煽得更加炽烈起来。于是，被嫉妒的人在这个时候露出得意的神气，也容易引起别人对他的敌视。

虽然这是个值得注意的地方，但这些都不重要，我们姑且撇开不谈。我只想谈谈哪一种人最会嫉妒，哪一种人最容易被人嫉妒，以及公众的嫉妒与私人的嫉妒有何不同。

人们总是对自己的优点或美德感到暗自高兴，而对别人却幸灾乐祸。因此，没有优点或美德的人，总是对别人的优点或美德产生嫉妒心理。在某些方面不如他人者，便常会设法去破坏别人在那些方面的成就，想要使自己能跟别人列于同等的地位。一些爱管闲事的人好嫉妒他人，这对他们并非有什么好处，只是他们常以看戏的心理去观看别人的幸运，暗中希望别人的显贵结果会是白日梦一场；那些不管闲事而只顾自己、忙于自己的事情的人，便不会去嫉妒别人。

出身贵族世家的人对新的贵族最容易嫉妒，因为他们之间的差距由于后者的兴起而发生了变化，这似乎是眼睛的错觉，他们总是认为别人进步就说明自己在退步。

太监、残疾人、年迈的人和私生子都是容易嫉妒别人的，因为他们感到自己的缺陷已经无法补救，所以他们嫉妒别人，且想要去破坏别人。然而，如果一个勇敢而有英雄气概的人有了这类缺陷，却会因此激励自己成就一番事业，把缺陷转换成荣誉，像太监出身的纳西斯、残疾人出身的亚加西劳与蒙古帝国大将帖木儿，他们都有非凡的成就，因此人们会惊叹说，太监或残疾人出身的人竟然能成就如此伟大的事业，这无疑是一种奇迹。

遭遇灾难与不幸而能再度爬起来的人，也和这类人一样。但是，如果他们当中有人因时运不济而无法再度爬起，他们也会幸灾乐祸，把别人的不幸当作是对自己苦难的一种补偿。

轻浮虚荣的人在各方面都想比别人强，这种人也容易嫉妒。因为有许多人在某些方面比他强，所以他处处会遭遇可以使他嫉妒的对象。罗马有个亚德利安皇帝，他就是这种性格的人，他对诗人、画家与巨匠都会嫉妒，无法在这些方面胜过他们。

最后要提到的是那些对近亲同僚以及一起长大的人产生嫉

妒之心的人，这通常是因为他们先于他发迹起来。这类人常埋怨自己时运不济，平等的升迁就像是对他自身的批评，会因为激起他强烈的自卑感，而产生更大的嫉妒与更卑劣的妒恨。

对容易产生嫉妒的人我们已经说得很多了，现在来谈谈不易受人嫉妒的有哪些人、容易受人嫉妒的又有哪些人。

首先要提及的是道德高尚的人。他们的升迁不太会受人嫉妒，因为别人会认为那是他们应得的报酬，这种情形就像人们嫉妒奖金与赠物，却不会嫉妒用来还债的金钱一样。并且，嫉妒是产生于与他人比较的情况下的，否则不会有什么嫉妒可言。因此，只有国王才会嫉妒国王，此外谁也不会去嫉妒他们。然而，默默无闻的人一旦得势必定会遭人嫉妒，而且需要经过相当长的时日才能消除人们嫉妒的心理。另外，早已建立奇功伟绩的人，当他们以往的光辉已渐次消退，却依然享受富贵荣华，与新人的兴起相比，他们自然会遭受人们的嫉妒。

其次是出身高贵的人，当他们擢升时也不易遭人嫉妒。因为这种升迁并不表示他们增加了多少幸运，他们的升迁是符合他们的身份的，没有什么不应该的。但是升迁太快、青云直上的人，比升迁缓慢、按部就班的人要易遭人嫉妒，这就和太阳照在峭壁或斜坡上的时候，要比照在平地上更加炽热的道理是一样的。

再次就是从忧患与危险中获得荣誉的人也不易惹人嫉妒。因为他们的荣誉实在是得之不易，人们一想起这一点便会同情他们。同情心正是矫治嫉妒的良法。所以，头脑清醒又深谋远虑的政治家，当他们在官运亨通的时候，你会看到他们反而常对自己所过的生活不断地悲叹：“我们实在是活受罪！”而实际上并非如此，他们只不过是想借此消除人们对他们的嫉妒罢了。表露自己对事业独霸的野心是毫无必要的，因为那样最能引起别人的嫉妒。世上最能消除嫉妒的事，莫过于一个大人物对他的部属加以尊重，而自己又有能力巩固自己的权益，这两方面做得好就可以使他与被嫉妒离得很远。

那些骄傲自大的人最易遭受嫉妒，他们或自炫伟大，或对众人的反对与竞争加以压制，以此来满足自以为伟大的心理。聪明人是反其道而行的，他们宁愿为避开嫉妒而隐藏自己对某些方面的满足，对那些无关紧要之事逆来顺受，稍微忍耐一点挫折与压迫。表露自己的伟大是在可能获得公认的情况下，确实比巧取强争的作风不易受人嫉妒。诡诈狡猾的人之所以易遭嫉妒，是因为他的做法足以暴露自己无德无能的弱点，那样他便被人们认为不应享有既得的幸运。这样一来，人们怎能不嫉妒他呢?

这一部分谈到这里为止，得到的结论正如前面所言，嫉妒的行为多少都带有巫士的煽动心理，所以医治嫉妒最有效的方法就是消除这种煽动心理；这种煽动心理就像巫士的符咒，要把这种符咒解下，转移到第三者的身上去。大人物之中比较聪明的人为了达到这个目的，经常找个受嫉妒的替身，这个替身有时是同僚或同事，有时是佣仆或部属。这个办法不难实现，只要赋予他们权力与地位就行，这样自然就会有热心而大胆的人不惜付出代价去为你做替身了。

现在再来谈谈公众的嫉妒。公众的嫉妒多少有点好处，而私人的嫉妒就半点好处也没有了。公众的嫉妒似乎是一种公众投票表决的放逐方式，用以控制地位过于重要的人，使他们有所顾忌而不敢妄为，这可以算是对大人物的一种约束。

这种公众的嫉妒似乎是一种传染病，万一在国家里发生了这种嫉妒，即使是最好的措施，也免不了会造成某种伤害，以致实质发生变化，那就不能营造出良好的气氛了。即使是在公众的嫉妒中加上值得歌颂的德政意识的激发，也依然难以产生效果。受公众嫉妒的对象反而使人徒然产生畏惧，结果害处加大，这种情形正像普通的传染病一样，越害怕就越易于传染。谈到这里，我们得出一个确定的道理，即公众的嫉妒所打击的对象，看似是达官显要，而非统治者与国家本身。然而，如果对某一个官员以一个小的原因来把公众的嫉妒加以扩大，或对所有的政府官员都加以嫉妒的话，结果虽不能让人明白表示这种公众嫉妒的真正所指，但事实上是在打击统治者与国家本身了。

我们所提及问题的谈论到此为止。然而，我仍要对嫉妒做一般性的补充说明。在人类所有的情绪中，嫉妒是最固执、最长久的情绪，其他的情绪时有起落，但嫉妒永无休止，不是对这个嫉妒，便是对那个嫉妒。因此，有人说："嫉妒没有停止或间断的时间。"爱情和嫉妒都会使我们感觉到那种真正疲惫的心神意态，而其他的情绪因为不如嫉妒那样持续不断，所以便不会出现这种情形。说起来，嫉妒也是最卑鄙与最邪恶的情绪，嫉妒的人就是那个趁着黑夜把稗子撒在人家田里的魔鬼。事实上嫉妒也总是在暗地里捣蛋，就像坏人常在暗地里破坏别人的行为一样。

四、关于死亡

人怕死，就像小孩害怕在黑暗中行走一般。小孩常会因听到一些鬼故事而增加这种恐惧的心理；人怕死的心理也是这样的。以死赎罪或是把死作为通往另一个世界的通道，这样的想法当然是神圣而富有宗教意味的，而把对于死亡的恐惧认为是人性的一部分的看法，不一定完全正确，因为这并非是不能破除的心理作用。但是，这样的想法使宗教的冥想中掺杂了一些虚荣与迷信的成分。在一些修道士的禁欲书籍中，你会读到一些说法，说一个人的指尖受苦刑时是多么难以忍受，又说死亡是整个人体的腐烂和解体，那是更加痛苦的事。事实上，濒临死亡的时候并不如手指受苦刑那般痛苦，因为置人于死的要害处并非最敏感的地方。罗马散文家辛尼卡说得好："随着死亡而来的东西，比死亡本身更加可怕。"诸如在临死前的呻吟、痉挛、脸色苍白，以及亲朋好友的哭泣、丧服、葬仪等，都使死亡显得非常恐怖。然而，值得一提的是，人类心灵的感情还不致脆弱到因为对死亡恐惧而无法克制的程度，所以死亡并非多么可怕的敌人，人们仍可从多方面去克服它、战胜它。比如说，复仇无惧死亡，爱情不怕死亡，荣誉使人面对死亡，忧伤使人向往死亡，恐惧暗示死亡的来临等。此外，我们从历史上知道，奥图大帝自杀之后，曾经有许多人同情他，并且表示对他忠贞不贰的心志，毅然决然跟随君主而死。除此以外，对于消除对死亡的恐惧，辛尼卡还加上一项“厌倦”的说法，他说：“想想看，你做着同样的事多久了。”

求死不单是勇敢的人或不幸的人才有的行为，对生活厌倦的人也会有这种想法。当一个人并不勇敢也不悲哀，而只是厌倦单调的生活时，也会求死。还有，死亡威胁不了性格刚强与意志坚定的人，这种人直到生命的最终一刻，都表现得始终如一。罗马的恺撒大帝临终时还向他的妻子致意说：“丽维亚，再见吧！你活着一天便一天也不要忘记我们愉快的婚姻生活。”另一位罗马皇帝维思派尚在说笑中安然死去，临死时，他坐在椅子上轻松地说：“我想我是要成仙去了。”罗马皇帝卡尔巴临危时对叛军说：“你们如果是为了罗马人民的利益，那么杀了我吧！”于是，他伸出脖子，从容地让叛军砍下头来。罗马还有一个皇帝塞维拉斯死前曾急切地说：“还有什么要我做的事吗？如果有，赶快拿来办！”这类例子真是不胜枚举。

斯多噶学派的人把死亡看得很重，使死亡显得更为可怕。罗马批评家朱维诺说得好：“生命的终结是自然赋予人类的恩典之一。”生命的结束与生命的开始同样自然。对一个婴儿来说，他的出生跟死亡同样痛苦。热切追求某事而生的人，就像一个人在热血沸腾的时候受伤一样，一时不会觉得痛苦。所以，当一个人在一心一意从事一种善行时，他是不会觉得死亡可怕的。他会在达到所期望的目标后安然地说：“造物主啊，现在可按照你的话，让你的仆人安然离开尘世吧！”

五、关于旅游

旅行对年轻人来说是一种教育，对年长的人来说是一种经验。当你想要到某个国家去旅行时，对那个国家的语言文字就应先有些认识，否则，那等于是去上学，而非去享受旅行的乐趣。年轻人跟教师或仆人去旅行，我是赞成的，不过这些教师或仆人必须懂得他们要去的地方的语言，并且最好是曾经住过那些地方的人。这样他们才能把当地值得看的东西与值得认识的人，以及当地的特色、习俗等介绍给年轻人。否则的话，年轻人的眼睛就像蒙上了一块布，到处乱跑，结果是什么也没看到。

人们在海上航行时总爱记日记，这真是奇怪的事情。海上除了天空与海水之外，就没有别的东西可看了。而人们在陆上旅行时，虽然可以看到许多东西，但是很少有人记日记。大家只爱记一些稀有的事情或景象，常可见到的普通事物就不肯记述了。照理说来，记日记最好是不间断的。下面这些地方是应该去看一看的：王宫，尤其是当国王接见外国使节的时候；法庭，特别是当法官处理案件或宗教法庭开庭的时候；教堂与寺院以及里面所保存的纪念物；还有港口码头、名胜古迹、图书馆、学校、辩论会、演讲会、船舶、军舰、大厦、花园、军械库、兵工厂、仓库、市场、证券交易所、机房，甚至骑术、练兵，以及剧院、博物馆、珠宝店、古玩店等，总而言之，凡是值得看的地方都不要错过。此外，如凯旋式、化装舞会、宴会、婚礼、法场等虽不如上面所列举的那么值得一看，但也不可忽略。如果你是一个年轻游导，到一个小地方观光而想获得较大的效果时，除了像前面所说的那样要对当地的语言先有些认识或有位熟悉当地情形的人引导之外，还要带本地图或旅行指南等这类很有用的东西。

值得一提的是，旅行者应该每天记日记。在同一个地方不可逗留太久，但是在一个地方到底要多住几天还是少住几天，那要视当地的环境而定，不管怎样，都不宜久留。即使在一个城市里要多住几天，也要常移动住处，这样才有机会多认识一些人。要交朋友不可老和本国人在一起，也要和当地人来往。要到什么地方去，最好先准备几封介绍信，才好沿途向各地名流请教，这样不仅可以得到不少方便，而且旅途的收获也一定很大。在旅行时要认识怎样的人才好呢？最好设法认识大使们的秘书或随员，这样你虽然只到一国，但是能获得不只一国的经验。享有盛名的外国人士都不妨去拜访，看看他们的生活是否符合他们的声望。争吵是旅途中应该避免的。争吵多半是情绪不佳或是说话不当而引起的。暴躁易怒、性情乖戾的人，常喜欢向人挑衅，更要小心提防这类人。

旅行归来之后要回忆一下去过的地方，与那些新结交的朋友保持联络。在旅行回来后，服饰不要过分夸张，不要摆出一副自以为了不起的样子，好像你很得意去过许多地方似的，在与人交谈时可以偶尔说出你的见闻，不过最好是在人家问起你时才说，切忌对人长篇大论地说出你的旅行心得。还有一件重要的事是，你必须表明外国的习俗并未改变你原有的习惯，纵使有所改变，也是吸收外国的长处。把外国的长处纳入本国的习俗中，以作为改善生活方式的参考。

六、关于命运

不可否认，外界偶尔发生的事件会影响一个人的命运，诸如朋友对我们的关心、我们所遇到的机会、他人的死亡，以及表现才能的机会等。但是，命运大多是由我们自己创造的，诗人说："每个人都能成为自己命运的建筑师。"外界事件影响命运的原因中，最常见的是一个人的愚劣行为，这常会给另一个人带来好运，因为一个人唯有借着别人的差错才会有突然发迹的机会。所谓"蛇吃蛇变成龙"便是这个意思。

美德能博得千万人的赞扬，但使人走运的往往是隐藏的美德，这也是一个人过得幸福的有效方式。我们无法一下子说出美德的名称，西班牙人称它为"内在的睿智"，这稍可表达它的原义。假使在我们的本性不被扭曲而获得发展，没有阻碍前进的意念，不存心与命运作对而使之自然发展，这就是在表现"内在的睿智"。所以，利维就用这样的话来描述罗马政治家迦图："他具有雄伟的体魄和坚强的意志，无论他生在什么地方都能富有。"他也注意到迦图多才多艺的这个事实。因此，如果人们注意往前看，便会看到命运女神，她虽双目失明，但并无隐身术。

命运就像银河，银河是由许多星星集在一起而发出光彩的。我们也可有许多小事使我们成为幸福的人，这些难以辨识的小事就是美德，或者称为才能或习惯。意大利人最能注意到这类小的美德，这是一般人所想不到的。他们形容不会做错事的人有“三分傻气”，有“三分傻气”并非说他们诚实得很傻。如果一个人同时具有这两种特性，则谁也不会比他更幸福了。如果一个人只关心别人，他便不是为自己而活了，因此，极端的爱国主义者或独裁领袖者恐怕都与幸福无缘。

匆促中得来的幸运使人轻佻，这是冒险幸得的意识心态。如果一个人的幸运来得很艰辛，那么，他一定是一个贤能的人。命运之神值得我们尊敬，即使她只是为了她的女儿的“信心”与“名誉”，这种尊敬也是应该的。要知道“信心”与“名誉”都是由命运女神养育出来的。“信心”在我们自己的心里，“名誉”则在他人对我们的态度上。智者对自己的美德是不提及的，他们总是把信心与名誉当作是上帝与命运女神的恩赐，这样才更容易得到它们。一个人的伟大成就在于他把自己的一切都归功于最高的神力。因此恺撒在暴风雨中对船夫说：“你将恺撒跟他的命运一起载到对岸去。”从此，赛拉就取名菲力克斯（幸运之意），而不用马格纳斯（伟大之意）这样的名字了。此外，我们可以看得到，凡是公开夸耀自己聪明或夸耀自己做了什么聪明策划的人，他们的结局都是不幸的。雅典名将狄莫修斯在国会中报告他的战绩时，常这样说：“这与命运之神无关。”后来，他就没有任何一件事情做得顺利了。但是，也有些人的命运就像荷马的诗篇那样美，诗句也更加流畅，这和波禄塔克把狄莫里安的命运写得比亚吉二世和伊派米曼达的命运更美是一样的。不过，命运的好坏都是要看个人努力的情况的。

七、关于青年与老年

如果一个人没有浪费半点时光，那么，他的年纪虽然很轻，但是可以算是活得很久了。不过，这种情形并不多见。思想和年龄一样也有青年期，所以一般说来，青年就如初产生的思想一样，初生的思维总不如反复的思考来得缜密和有悟性。不过，年轻人的创造力要比老年人灵活得多，想象力也较老年人丰富而圣洁。等到壮年从事较大的活动时，就适用坚强的定力、充沛的活力和强烈的欲望了，罗马政治家恺撒和罗马皇帝塞非拉斯就是这样。有人曾评论塞非拉斯说：“他年轻时非常愚蠢荒唐，简直几近于疯狂。”但在罗马帝王中，他似乎是最能干的一位。年轻却老成持重的人，是可以有所行动的人，奥古斯都、弗罗棱斯大公柯斯摩斯、卡斯登佛瓦等都是年少有为的人。从另一方面来说，如果老年人仍具有热诚与活力，那就更是已经具备成功立业的卓越气质，可大有作为。

年轻人适合于创造、实行和从事新的计划，但不适合于判断、设想和从事固定的事务。老年人则不同，他们凭着原有的经验，可以对旧事物驾轻就熟，做起来就容易有效果，但是他们对于新事物就不太有这种把握了。年轻人都很莽撞，他们的错误在于会把事情弄糟；老年人的错误却是因顾虑太多，工作效率低。年轻人办事常不嫌多，自己的问题尚未解决，却又一下子惹出别的麻烦来。他们做起事来，常常是匆忙仓促的，不考虑应付的步骤和方法，偶尔找到一点原则便一直套用，喜欢改革而不知谨慎从事，因而常发生意外的麻烦。动辄采取激烈的手段，而又不肯认错，只知蛮干，如同未驯服的马，不肯止步和转弯。而老年人对事情的提议太多，考虑的时间也较久，所以进步缓慢，但是他们反悔很快，事情还没有做彻底，却以为做得差不多便自感满足了。因此，最好是将年轻人和老年人的气质加以配合应用，这样他们就可以用自己的优点矫正对方的缺点。当然，老年人的某些作为可以让年轻人效仿，以处理突发事件。年轻人常能讨人喜欢，而老年人是以威望服人。

不过，谈到道德，年轻人似乎反而好些，这就像老年人在政治方面比较出色一样。有一位法师根据经文说了这样一句话："你们年轻人可以见到天国，而老年人只能做梦。"按理可以做这样的推断：年轻人比老年人接近上帝，因为天国的启示比梦境中的更鲜明。经历世事越久的人越会沉迷不悟。与其说年龄会增加人们在意志与感情方面的美德，不如说它能增加人们的理解力。

早熟的人也凋谢得早。这类人之中的第一种是智力较薄弱的人，他们智慧的泉源很早就枯竭了，例如，修辞学家侯莫简尼斯很早就可以将书写得非常精练，可是在他二十五岁那年他就失去记忆力而发痴了。第二种是那些具有只适合于年轻人而不适合于老年人的特殊天赋的人，这情形就像流利而优美的演说，只适合于年轻人，而不适合于老年人。因此，罗马政治家杜利对罗马演说家郝廷修斯批评说："有所改变对他更好，但是他未曾改变。"第三种是年轻时定下的标准太高，到了老年时便无法继续下去的人，名将西比亚就是这样的一个人，历史学家利维说他是有始无终，诚然不差。

八、关于革新

初生的婴儿总是不漂亮的，革新中的事物也是如此。因为革新正是时间所孕育的婴儿。

然而，正如创业难于守成，好的开端是一切后继者的模范。在人类的心灵中，恶似乎有一种自然的动力，它可以在发展中增强。而善似乎缺乏一种动力，总是在开始时最强。革新乃是驱除“恶”的药物。有病症而不服药就意味着会不断地患上新病，因为事物终归是要随着时间而发展的。如果时间已使事物腐败，而人又无智慧使之改革，那么其结局只有毁灭。

既成的习惯，即使并不优良，也会因习惯而使人适应。而新事物，即使更优良，也会因不习惯而受到非议。对于旧习俗来说，新事物好像一位陌生的不速之客，它引起惊异，却不受欢迎。

然而，历史是川流不息的。若不能因时变事，而顽固恪守旧俗，这本身就是致乱之源。时间本身正是立志改革者的楷模，它在运行中更新了世间的一切，表面上却又使一切似乎并未改变。假如不是如此，新事物发生得太突然，就难免会遇到极大的反对力量。所以实行改革要十分谨慎。每一次改革都必须是确有必要而并非为了标新立异的。从事改革更不可轻率从事。要注意到，即使有很多人赞同，它还是很危险的！正如《圣经》所告诫我们的："你们当站在路上察看，访问古道。那是善道，便行在其间。这样，你们心里必得安息。"

九、关于假聪明

常听到一种说法，认为法国人的聪明藏在内心，西班牙人的聪明现于外表。前者是真聪明，后者则是假聪明。不论这两国人是否真正如此，但这两种人的情况是值得深思的。

圣保罗说："只有虔诚的外表，却没有虔诚的内心。"与此相似，生活中有许多人徒然具有一副聪明的外貌，却并没有聪明的实质——"小聪明大糊涂"。

冷眼看看这种人怎样算尽机关，办出一件蠢事的。例如有的人似乎是那样善于保密的人，而保密的原因其实只是因为他们的货色不在阴暗处就拿不出手。

有的人似乎永远说话只透露半句，只是因为他们对事情除了这点皮毛之外再也无所知道。

有的人乐于装腔作势，就如同与西塞罗交谈的那位先生一样，把一条眉毛耸上额角，把另一条眉毛推到下巴说："我并不是生性残酷的人。"

有人说话专拣伟大的辞藻，对任何不了解的事物都敢果断地议论，似乎如此便可证明自己的高明。

有的人藐视一切他们搞不懂的事物，以蔑视来掩盖自身的无知。

还有的人对一切问题都永远持与别人不同的见解，以此来标榜自己具有独立的判断力。

其实这些人正是盖留斯所说：“一种疯子，全靠诡辩来坏事。”柏拉图在《智术之师》一文中刻画的普罗太戈斯，可以算做这种以诡辩空论误人子弟的典型。这种人总是否定多于肯定，批评多于建树。之所以如此，恰是因为建树比批评要困难得多。这种假聪明的人为了骗取有才干的虚名，简直比破落子弟设法维持自己的阔面子的诡计还多。但是这种人，在任何事业上也都是言过其实、不可大用的。因为他们的那种假聪明，恐怕比一个荒唐鬼更容易误事呢!

十、关于狡猾

狡猾是一种邪恶的机智。但狡猾与机智有所貌似，又很不相同——不仅是在诚实方面，而且在才智方面也是如此。例如，有人赢牌靠的是狡猾地配牌，其实他的牌技并不高明。还有人很善于结党钻营，可是真做起事来却身无一技。

要知道，人情练达与理解人性并不完全是一回事。有许多很世故且很会揣摩人的脾气性格的人，却并不是真正有学问的人。这种人所擅长的是阴谋而不是研究。他们尽可以摸透几种人，但一遇到新类型的人，老一套就会吃不开。所以古人鉴别人才的那种方法——“让他们到生人面前去试试身手”，对他们是不合适的。

其实狡猾的人正像那种只会做小买卖的商贩，我们不妨在这里抖一下他们的家底。

有一种狡猾的人是专门在谈话时察言观色的人。因为世上许多诚实的人，都有一颗觉悟的心和一张无掩饰的脸。但这种人一面窥伺着你，一面却假装恭顺地瞧着地面。

有一种狡术是把真正要达到的目的掩盖在东拉西扯的闲谈中。例如有一名官员，当他想促使女王批准某项文件时，每一次都先谈一些其他的事务，以转移女王的注意力，结果女王往往忽视了去留意正要她签字的那个文件。

还有一种方法是在对方毫无思想准备的情势下，突然提出你的一项建议，让他来不及思考就做出仓促的答复。

当一个人试图阻挠一件可能被别人提出的好事时，最好的办法就是先由自己把它提出来，但提出来的方式又要恰好足以引起人们的反感，因而使它不能通过。

装作正想说出一句话却突然中止，仿佛制止自己去说似的，这正是刺激别人加倍想知道你要说的话的妙法。

如果你能使人感到一件事是他从你这里追问出来，而并非你乐意告诉他的，这件事往往更能使他相信。

如果你不想对一种说法负责任的话，就不妨借用别人的名义，例如说“听人家说……”或“据别人说……”

我知道一位先生，他总是把最想托别人办的事情写在信的附言里，好像这是偶然一提的小事一样。

我还知道一位先生，他总是把最想说的事情放在最后说，好像只是忽然又想起一件已经忘了的事情似的。

还有的人，他故意到会碰见一个人的地方，当那人出现时，他却故作惊慌地又假装想躲藏，仿佛正在做一件怕被那人知道的事情，这一切的目的都恰恰是引起那个人的疑心和发问，这样就可以把他难于直接吐口的东西告诉那个人了。

还有一种俗称“翻烧饼”的狡猾，就是把你对别人讲的话，反赖成是别人对你所讲的。反正两人之间没有第三个人对证，没有人知道事实究竟是怎样的。还有一种影射的狡术，比如当着某人面故意对别人说“我才不干那种事呢”，言外之意只有那个人才会干……

有的人搜集了许多奇闻轶事，当他要向你暗示一种东西时，便给你讲一个有趣的故事，这个方法既保护了自己，又有助于借他人之口去传播你的话。

有人故意在谈话中自问自答，这也可以作为一种狡术。

猛然提出一个突然的、大胆的、出其不意的问题，常能使被问者大吃一惊，从而坦露其心中的秘密，这就好像一个已经改名换姓的人，在没想到的情况下突然被人呼叫真名，必然会本能地有所反应一样。

总而言之，这种狡猾的处世方法是形形色色的。所以把它们都说明一下是有必要的，以免许多老实人不明其术而上当受骗。

但是归根结底，狡猾并非人的真正聪明，而只是一些捣鬼取巧的小技术，虽可施之于一时，但终难欺骗于久远。以这些小术要得逞于世最终还是行不通的。所以所罗门说得好："聪明人修检于自身，愚蠢者才欺惑于大众。"